खुशहाल जीवन की कहानियाँ

दादा जे.पी. वासवानी की अन्य हिंदी पुस्तकें

- दैनिक प्रेरणा
- क्रोध को जलाएँ स्वयं को नहीं
- भले लोगों के साथ बुरा क्यों?
- आलवर संतों की महान् गाथाएँ
- संतों की लीला
- साधु वासवानी उनका जीवन और शिक्षाएँ
- आत्मिक पोषण
- भक्तों की उलझनों का सरल उपाय
- प्रार्थना की शक्ति
- ईश्वर तुझे प्रणाम!
- सफल विवाह के दस रहस्य
- मृत्यु है द्वार···फिर क्या?
- लघु-कथाएँ
- डर से मुक्ति पाएँ
- श्रीमद्‍भगवद्‍गीता गागर में सागर
- आपके कर्म, आपका भाग्य बनाते हैं!
- चाहत है मुझे इक तेरी, तेरी
- क्षमा करो, सुखी रहो
- सर्वोत्तम संबंध (गुरु और शिष्य)
- न भूलने वाली 100 कहानियाँ
- क्षमा करने की अलौकिक शक्ति

खुशहाल जीवन की कहानियाँ

जे.पी. वासवानी

प्रकाशक

प्रभात पेपरबैक्स

4/19 आसफ अली रोड, नई दिल्ली-110002

फोन : 23289555 • 23289666 • 23289777 ❖ फैक्स : 23253233

इ-मेल : prabhatbooks@gmail.com ❖ वेब ठिकाना : www.prabhatbooks.com

संस्करण

प्रथम, 2017

अनुवाद

संतोष सोनी

मूल्य

दो सौ पच्चीस रुपए

अ.मा.पु.स. 978-93-5186-758-6

मुद्रक

आर-टेक ऑफसेट प्रिंटर्स, दिल्ली

———— ★ ————

KHUSHHAAL JEEVAN KI KAHANIYAN
by J.P. Vaswani

Published by **PRABHAT PAPERBACKS**
4/19 Asaf Ali Road, New Delhi-110002

ISBN 978-93-5186-758-6

₹ 225.00

दादा जे.पी. वासवानी भारत के लोकप्रिय और सम्मानित आध्यात्मिक गुरुओं में से एक हैं। वे विख्यात 'साधु वासवानी मिशन' के शीर्ष पद पर आसीन जीवनशक्ति हैं। यह मिशन एक अंतरराष्ट्रीय, अलाभकारी, सामाजिक कल्याण और सेवा करनेवाला संगठन है, जिसका मुख्यालय पुणे में है; दुनिया भर में इसके कई सक्रिय केंद्र हैं।

2 अगस्त, 1918 को हैदराबाद-सिंध में जन्मे दादा एक प्रतिभासंपन्न व्यक्ति थे, जिन्होंने असीम संभावनाओं से भरे अपने शैक्षणिक कॅरियर को ठुकराकर अपने आपको अपने चाचा और गुरु साधु वासवानी के चरणों में समर्पित कर दिया, जो आधुनिक युग के अत्यधिक सम्मानित संत थे। आज अपने गुरु का दायित्व दादा पर आ गया है, जिन्हें श्रद्धालु और प्रशंसक धरती पर भगवान् के दूत के रूप में देखते हैं। उन्हें जीवन-मूल्यों और आध्यात्मिक आकांक्षाओं वाला एक गुरु मानते हैं।

दादा हिंदू धर्म की उस उदार तथा सहिष्णु भावना से ओतप्रोत हैं, जिनके बीच उनका पालन-पोषण हुआ। उनका अटल विश्वास है कि जितनी मानवीय आकांक्षाएँ हैं, देवत्व की प्राप्ति के लिए उतने ही मार्ग उपलब्ध हैं। हम में से हर एक भगवान् तक पहुँचने के लिए अपने ही नए, अपरीक्षित और अज्ञात मार्ग को अपना सकता है और भगवान् निश्चित रूप से हमें आधे रास्ते में मिल जाएँगे। सभी को अपने साथ शामिल करनेवाले, मानवीय तथा अपने व्यापक दृष्टिकोण के कारण वे दुनिया भर के आकांक्षियों को स्वीकार्य हैं, जो उन्हें गैर-सांप्रदायिक, गैर-आलोचनात्मक गुरु और मार्गदर्शक मानते हैं, जिनके प्रति वे अपनी आस्था व्यक्त कर सकते हैं।

शाकाहार के प्रबल समर्थक होने के कारण दादा ने सभी प्रकार के जीवन के प्रति सम्मान के उस संदेश के प्रसार को अपने जीवन का ध्येय बना लिया, जिसकी हिमायत गुरुदेव साधु वासवानी किया करते थे। उनके प्रेरणादायी नेतृत्व में साधु वासवानी मिशन ने आध्यात्मिक प्रगति, शिक्षा, चिकित्सा सेवा, महिलाओं के सशक्तीकरण, गाँवों के उत्थान, राहत और पुनर्वास, पशु-कल्याण तथा समाज के वंचितों और शोषितों की सेवा जैसे क्षेत्रों में विभिन्न प्रकार के सेवा-कार्य शुरू कराने के लिए निरंतर प्रयास किए हैं। दादा का अपने गुरु के इन शब्दों में अटल विश्वास है : 'गरीब की सेवा भगवान् की पूजा है।'

एक धाराप्रवाह, प्रभावशाली और सरस वक्ता तथा प्रेरणादायी लेखक होने के साथ ही दादा ने सौ से अधिक पुस्तक-पुस्तिकाओं की रचना की है। 95 वर्ष में भी उन सारे युवाओं से युवा हैं, जिनसे कभी आपकी मुलाकात हुई होगी। युवाओं के साथ उनका तालमेल सचमुच अद्‍भुत है। वे विश्व के प्रख्यात मंचों के साथ ही उन छात्रों और युवा पेशेवरों के बीच भी एकदम सहज रहते हैं, जो उनके व्यक्तिगत आकर्षण, विनम्रता और आभा के सामीप्य से अपने आपको रोक नहीं पाते। आध्यात्मिक गुरु, शिक्षाविद्, दार्शनिक और रहस्यवादी दादा जे.पी. वासवानी भारत के ज्ञान और सार्वभौमिक भावना के सारतत्त्व का प्रतिनिधित्व करते हैं।

अनुक्रम

सिख धर्म

सूफी धर्म

बहाई धर्म

यहूदी धर्म

भूमिका

धर्म के तीन पहलू होते हैं—मूल्य, कर्मकांड और प्रतीक। नैतिक और आध्यात्मिक मूल्य सभी प्रथाओं में समान होते हैं। प्रतीक एवं अभ्यास, वे कर्मकांड और प्रथाएँ, जो किसी एक धर्म के अंतर्गत जीवन-शैली का निर्माण करते हैं—एक प्रथा से दूसरी प्रथा को अलग करते हैं और उनमें से प्रत्येक को उनका आकर्षण प्रदान करते हैं। प्रतीक और अभ्यास केले के छिलके की तरह होते हैं और आध्यात्मिक गुण केले की तरह। किंतु प्रत्येक प्रथा के अंतर्गत लोगों ने केले को फेंक दिया है और छिलके को पकड़े हुए हैं।

आज संसार जिस संकट से जूझ रहा है, वह आधारभूत रूप में पहचान का संकट है। लोग स्वयं की पहचान लिंग, जाति, धर्म और राष्ट्रीयता जैसे सीमित लक्षणों से करते हैं और भूल जाते हैं कि वे सार्वभौमिक आत्मा का हिस्सा हैं। इन सीमित पहचानों से अंतरराष्ट्रीय और व्यक्तिगत स्तर के दोनों संघर्ष उत्पन्न होते हैं।

प्रत्येक व्यक्ति इन सीमित पहचानों के योग से कहीं अधिक बढ़कर है। हमारी सबसे ऊँची पहचान यही हो सकती है कि हम दिव्यता के अंश हैं; उसके पश्चात् मनुष्य के रूप एवं मानवीय परिवार के सदस्य के रूप में हमारी पहचान का क्रम आता है। इस दैवीय सृष्टि में संपूर्ण मानवजाति एक परिवार की तरह संगठित है। जहाँ विविध धर्मों में बाह्य अभ्यास और कर्मकांड पृथक् हो सकते हैं, वहीं उन सभी में निहित मूल्य और ज्ञान समान हैं तथा यही वह एक डोर है, जो इस मानव परिवार को एकता के सूत्र में बाँध सकती है।

विविध मतों के लोगों को साथ लाने और उन्हें अपनी सार्वभौमिक शिक्षा से संगठित करने के लिए दादा जे.पी. वासवानी कई दशकों से अनवरत कार्य कर रहे हैं; इसी दिशा में यह पुस्तक एक और प्रयास है। गहन ज्ञान की छाप छोड़ने में कहानियाँ युगों-युगों से अत्यधिक प्रभावशाली व मनोरंजक माध्यम रही हैं। विविध मतों के सूक्ष्म रत्नों को यह कहानी-संग्रह, ज्ञान की समान डोर में पिरोता है। मुझे यकीन है कि पाठक आगे के पृष्ठों में सन्निहित ज्ञान को ग्रहण करते हुए आनंदित होंगे।

—गुरुदेव श्री श्री रविशंकरजी

आर्ट ऑफ लिविंग, बेंगलुरु

लेखक की प्रस्तावना

शैतान की वकालत के रूप में प्रचलित प्रतीकात्मक प्रतिरोधी से मैं अपनी बात शुरू करूँ—

ऐसे युग में शास्त्रों की कहानियाँ पढ़ना कौन पसंद करेगा, जहाँ पाँच-छह साल के बच्चे टैब्स और खेल युक्तियों में जुटे हों तथा उनके किशोरवय के भाई-बहन यू-ट्यूब वीडियो देख रहे हों, जबकि उनके माता-पिता और परिवार के बड़े सदस्य (जिन्हें वास्तव में बेहतर जानकारी होनी चाहिए) संभव तन्मयता या एकाग्रता के साथ टी.वी. देखने में खोए हों?

मैं एक घोर आशावादी हूँ। मेरा यकीन है कि मानव सभ्यता की कुछ अच्छी बातें समय की कसौटी पर सदा बरकरार रहेंगी, फिर चाहे समय कितना भी कठोर क्यों न हो! प्रेम, हँसी, संवेदना, समझदारी और कथावाचन—ये खतरे में पड़ सकते हैं, ये कुछ लोगों को पुराने चलन के व असंबद्ध लग सकते हैं, लेकिन हमारे अंधकारमय क्षणों को प्रकाशित करते हुए, लोगों की सर्वाधिक जरूरत पर उनमें आशा व खुशी का संचार करते हुए ये सदा हमारे साथ रहेंगे।

जब महान् ग्रंथ हमारे पास मौजूद हैं, तो भला हमें कहानियों की जरूरत क्यों है? इस प्रश्न का साधारण उत्तर है—ओषधि को बच्चों के गले उतारने के लिए हमें चम्मच भर चीनी की आवश्यकता क्यों होती है? ऐसा नहीं है कि बच्चे या बेसब्र वयस्क महान् मूल्यों एवं सत्यों को प्रस्तुत करने पर उन्हें ग्रहण नहीं कर सकते; ऐसा इसलिए है कि कहानी एक बोलती तसवीर होती है, यह चरित्रों एवं स्थितियों द्वारा चित्रण करनेवाली सार्वभौमिक समस्याओं और सामान्य मानवीय मूल्यों से संबंध स्थापित करने में हम सबकी मदद करती है।

आइए, भारत को ही लें। हमारे पास वेद हैं, जो संसार के प्राचीनतम प्रकाशित ग्रंथ हैं। भला फिर क्यों आदिगुरु वेदव्यास ने वेदों को विभाजित करके हमें दो महान् महाकाव्य और अठारह पुराण प्रदान किए?

कहा जाता है कि भगवान् विष्णु ने वेदव्यास के माध्यम से अपनी दिव्यता स्वयं प्रकट की, ताकि वेदों को विधिबद्ध किया जा सके। वेदों का वर्गीकरण व्यास ने पूर्ण किया और बाद में समय के अंतराल में प्रत्येक वेद की शाखाएँ और उप-शाखाएँ विकसित हुईं। कहा जाता है कि महर्षि व्यास से वेदों का मौलिक वर्गीकरण सुनने के लिए देवतागण स्वयं उनके शिष्य का रूप धारण कर आए थे—क्योंकि वे अच्छी तरह जानते थे कि अपने भक्तों के हित में इस विशाल कार्य को संपन्न करने के लिए भगवान् विष्णु ने ही स्वयं को मानव रूप में प्रकट किया था। इस तरह हमारा यह श्लोक है—

व्यासा विष्णुरूपाया व्यासारूपाया विश्नेव।
नमो वै ब्रह्मानिधाये वसिश्ठाया नमो नमः॥

(मैं व्यास रूप विष्णु और विष्णु रूप व्यास को प्रणाम करता हूँ; क्योंकि वह महर्षि वशिष्ठ की संतान हैं और सच्चे ब्रह्मज्ञानी हैं (परमात्मा)।

हम जानते भी हैं कि भगवद्‌गीता के दसवें अध्याय 'विभूति योग' में भगवान् श्रीकृष्ण इस बात की पुष्टि तब करते हैं, जब वे कहते हैं, ''सभी ज्ञानियों में व्यास मैं हूँ।'' (मुनीमपायनम् व्यासा)

हमें बताया जाता है कि जब व्यास अपना शारीरिक रूप छोड़ इस धरती से जाने की तैयारी कर रहे थे, तब महर्षि नारद उनके पास आए और अठारह पुराणों को लिखने के लिए उन्हें प्रेरित किया। नारद ने व्यास को बताया कि यदि अठारह पुराण नहीं लिखेंगे तो जीवन में उनका कार्य अधूरा रहेगा। व्यास ने उनकी सलाह मान ली और प्राचीन पुराणों की रचना करने के साथ-साथ कथाओं के माध्यम से उन्हें पढ़ाने की प्रणाली भी निर्धारित की। इस तरह उनके लेखन उच्च शिक्षित पंडितों से लेकर निरक्षर व्यक्तियों जैसे समाज के प्रत्येक स्तर तक पहुँच सके। यह वेद व्यास का सनातन धर्म के प्रति महान् योगदान है—वे वैदिक धर्म और इसकी महान् अवधारणाओं को जनसाधारण के घरों और हृदयों में ले गए। इस कार्य के लिए हम उनके बहुत ऋणी हैं।

हमारी महान् अनश्वर कहानियाँ इसी तथ्य से संबंधित हैं; ये महान् धार्मिक सत्य और सिद्धांतों को सीधे जन-जन तक पहुँचाती हैं। इस उद्‌देश्य के लिए, इस उद्‌देश्य की सेवा में, हमारी अनश्वर कहानियाँ एक ऐसा खजाना हैं, जिन्हें हम खो नहीं सकते और न ही खोना चाहिए।

मेरे अपने जीवन काल में स्मरण करते हुए मैं देख सकता हूँ कि किस तरह कथावाचन की प्रथा कुछ नई और विचित्र रूप में रूपांतरित की जा रही है। मेरी

अपनी पीढ़ी के बच्चों को दादी माँ, माँ, चाची-चाचाओं से सीधे कहानियाँ सुनने का सौभाग्य प्राप्त था। स्कूलों और महाविद्यालयों में शिक्षक जो कुछ भी पढ़ाते, उस पर जोर देने के लिए कहानियाँ सुनाने के अभ्यस्त थे।

जब घर और स्कूल में समय एक मूल्यवान वस्तु बन गया, तो हमने देखा कि उन्हीं महान् कहानियों का चित्र-चित्रण करने के लिए हास्य पुस्तकें, चित्र वाली कहानी की किताबें नजर आ रही हैं। इसके पूर्व पीढ़ी के माता-पिता जब अपने बच्चों को 'अमर चित्रकथा' की कॉमिक पुस्तकों का संग्रह उपहार में देते थे, तो उन्हें महसूस होता था कि बच्चों के प्रति उन्होंने अपना कर्तव्य निभा दिया।

इसके बाद फिल्मों का युग आया, तदुपरांत दूरदर्शन से प्रसारित होनेवाले ग्रंथ और महाकाव्य आए। हमारे बच्चों ने अभिनयकर्ताओं के रूप में राम, कृष्ण, मूसा और मेरी को देखा, जिन्होंने छोटे पर्दे पर इसके बड़े रूप, रुपहले पर्दे पर उन्हें प्रभावी तरीके से प्रस्तुत किया।

इस महान् प्रथा को जीवित रखने के लिए मैं टी.वी. के महाकाव्यों और 'अमर चित्रकथा' का अत्यंत आभारी हूँ। लेकिन यह सोचकर मुझे दु:ख होता है कि हम परिवार में युगों पुराने जुड़ाव के तरीके को खो रहे हैं—वह है कथावाचन की कला, और बैठकर कहानियाँ सुनने का अभ्यास।

संसार की महान् धर्म आस्थाओं से जुड़ी अनश्वर कहानियों की यह पुस्तक अपने पाठकों को कथावाचन की इस आश्चर्यजनक कला के प्रति रुचि उत्पन्न करने की दिशा में एक छोटा सा कदम है। यह पुस्तक महान् ग्रंथों की कहानियों, अवतारी पुरुषों एवं मसीहाओं द्वारा कहे गए आख्यानों के साथ-साथ पूर्व और पश्चिम की महान् आत्माओं से जुड़ी घटनाओं को साथ लाकर प्रस्तुत करती हैं। मुझे आशा है कि मेरे कुछ पाठकों में ही सही, यह ज्यादा-से-ज्यादा पढ़ने की ललक जगाएगी और उसे उनके बच्चों तक पहुँचाएगी। क्योंकि जैसा कि गुरुदेव साधु वासवानी ने हमें सदा स्मरण कराया है कि बच्चे हमारा सबसे बड़ा खजाना है। जीवकोपार्जन व धन-संग्रह करने के निरंतर दबाव में हम इस सर्वोत्तम विरासत को न भूलें, जिसे हम बच्चों के लिए सुनिश्चित कर सकते हैं—मूल्यों व आदर्शों का धन, जिससे मानव व्यवहार सदा शासित होना चाहिए।

ग्रंथों की कहानियों और महान् विभूतियों के जीवन में ऐसे मूल्य और सिद्धांत प्रकट होते हैं, जो हमारी भलाई और नैतिक विकास के लिए परम आवश्यक हैं। ये हमें अनोखे अनुभव के साथ यादगार चरित्र प्रस्तुत करते हैं, जिन्हें उनके मानवीय रुचि के कारण हम स्वयं से सापेक्ष रखते हैं। हम कहानी के अनुभव से वैसे जुड़ते हैं, जैसे कहानी में दर्शाए गए मौलिक शिक्षक और छात्र जुड़ते हैं। कहानियों का

आशय मनन, ग्राह्यता, आत्मसात् बोध, तत्पश्चात् और निर्वाणी कर्म एवं जाग्रत् चेतना को प्रोत्साहित करने से है।

कहानियाँ हमें उन कालों में ले जाती हैं, जब अवतारी पुरुष और मनुष्य के रूप में ईश्वर इस धरती पर विचरण करते थे और हमारे बीच हम में से ही एक की तरह जीते थे। अपने महान् ज्ञान से ईश्वर उन्हें हमारे बीच रहने के लिए भेजते थे, जिसका उद्‌देश्य किसी बात को सिद्ध करना नहीं होता था, न ही उसके सर्वशक्तिमान होने का प्रदर्शन करना होता था, अपितु मनुष्य के रूप में हमारे लाभ और भलाई के लिए होता था। अगर हम अब सतयुग में नहीं हैं तो क्या हुआ? महान् विभूतियों के लेख-प्रमाण और साक्ष्य हमें आज भी उपलब्ध हैं। हमें केवल उन कहानियों की आत्मा में प्रवेश करना है, जिन्हें हम पढ़ते हैं; और वे महान् विभूतियाँ हमारे लिए जीवंत हो जाती हैं। हमें इससे अधिक और क्या चाहिए?

मुझे यकीन है कि ये कहानियाँ हम सभी के सर्वोत्तम गुणों का विकास करेंगी—जैसे कि ईश्वर के प्रति आभार; हमारे साथियों के प्रति सहृदयता, औरों के प्रति क्षमा, दूसरों के साथ समझ और सहानुभूति तथा इस मानव जन्म के लक्ष्य को खोजना और उसे हासिल करना।

यह पुस्तक गुरुदेव साधु वासवानी के चरण कमलों में समर्पित है, जिन्होंने मुझे अनेकों में प्रच्छन्न उस एक को देखना सिखाया।

—जे.पी. वासवानी

हिंदू धर्म

संक्षिप्त परिचय

भारतीय जन एक समृद्ध विरासत के समृद्ध उत्तराधिकारी हैं—एक ऐसी विरासत, जिसे लोग 'हिंदुत्व' कहते हैं; क्योंकि हिंदू आस्था, मेरा मानना है, एक 'वाद' नहीं है, यह एक पंथ या सिद्धांत नहीं है। मुझे अपने पूज्य गुरु, गुरुदेव साधु वासवानी के शब्द याद आते हैं—''पंथ टूटे हुए हैं और सिद्धांत बाँटते हैं। हिंदू आस्था सिद्धांत नहीं है—यह रास्ता है, यह जीवन पद्धति है। इसलिए हमें हिंदू दृष्टिकोण या हिंदू भाव या हिंदू आस्था से बोलना चाहिए।''

हिंदुत्व को बिना आदि व अंत के, आस्था के रूप में सोचना मुझे पसंद है। यह सुदूर भूतकाल से अस्तित्वान रहा है। इसीलिए इसे एक नाम से पुकारना जरूरी है, और वह नाम है सनातन धर्म—शाश्वत धर्म।

सनातन धर्म शब्द को 'सदैव धार्मिकता' या 'वह, जिसका न आदि है, न अंत है' के रूप में अनुवादित किया गया है। इन चिरंतन सत्यों पर जोर देकर हिंदुत्व निर्विवाद रूप से उस सत्य को ग्रहण करता है, जिसे सबसे पहले ऋषियों ने प्राप्त किया और जिसे कोई भी प्राप्त कर सकता है, जो उन्हें समर्पण और अथक अनुसरण से खोजता है।

श्रेय का मार्ग

''इंद्रियों से परे मन है। इससे परे दिमाग या अंतर्ज्ञान है। इससे परे है महान् आत्मा। महान् आत्मा से परे अप्रकट या अदृश्य (या सर्वोच्च दैवीय सत्ता, जिसे अव्यक्त कहा जाता है।)
उस अप्रकट से ऊपर है पुरुष (सर्वज्ञ और सर्वव्यापी आत्मा)। वह सर्वव्याप्त है और किसी खास चिह्न या विशेषता से रहित है। उसे ऐसा जानकर, जीव मुक्त हो जाता है और अमर हो जाता है।''
''पुरुष का रूप आँखों के सामने नहीं रहता। कोई भी इसे आँखों से देखता भी नहीं है। इसे एक पूर्ण नियंत्रित मन और मजबूत इच्छाशक्ति तथा बुद्धि से देखा जा सकता है। जिन्होंने इसे ऐसा जाना है, वे अमरता प्राप्त करते हैं।''

—कठोपनिषद, अध्याय : 6

कठोपनिषद इस स्मरणीय कहानी के साथ शुरू होता है। एक बार एक गरीब ब्राह्मण वाजश्रवास ने यज्ञ करने का निश्चय किया। यह कोई सामान्य यज्ञ नहीं था, यह 'विश्वजीत यज्ञ' था, जिसके लिए ऐसा नियम है कि व्यक्ति को स्वर्ग के आश्वासन के बदले अपना सारा धन, सारा स्वामित्व दान करना पड़ता है।

अब वह गरीब ब्राह्मण संसार के धन से समृद्ध नहीं था और यज्ञ में जो उसने अपना खजाना दिया, उसमें कुछ बूढ़ी गायें और टूटे-फूटे बर्तन थे। उसके पास इतना कुछ ही था और यज्ञ में हिस्सा लेनेवालों को वह इतना ही दे सकता था।

उस गरीब ब्राह्मण का एक बहुत ही बुद्धिमान पुत्र था, जिसका नाम नचिकेता था। वह अपने पिता के द्वारा 'खजाने' को बाँटे जाते हुए देखकर दुःखी और परेशान हुआ। उसने मन ही मन में सोचा, 'ऐसी गायें, जो दूध देना तो दूर, चल भी नहीं सकतीं, को वितरित करके मेरे पिता को किस तरह का स्वर्ग हासिल होगा?' अपने पिता के प्रति उसकी चिंता जायज थी। उसे मालूम था कि यज्ञ में व्यक्ति को अपना जो भी सर्वोत्तम है, उसे देना पड़ता है। उसके पिता का एक पुत्र, स्वयं नचिकेता था, जो मन और शरीर से दुरुस्त, पवित्र व बुद्धिमान था। उसने सोचा, 'मुझे पीछे रखकर तुच्छ चीजों को उपहार में देकर मेरे पिता क्या कर रहे हैं? यदि यज्ञ का उद्देश्य सार्थक होना है, तो उन्हें मुझे ही दान कर देना चाहिए, क्योंकि पुत्र तो व्यक्ति का सबसे समृद्ध खजाना होता है। बेहतर होगा, यदि मेरे पिता मुझे ही दान में दे दें! मैं उनका प्रिय पुत्र हूँ। यदि वे मुझे दान कर देते हैं, तो यह यज्ञ सचमुच धन्य हो जाएगा।'

वह बालक अविलंब, उपहार बाँट रहे अपने पिता के पास पहुँचा और उनसे पूछा, "पिताजी, क्या आपने अभी तक मुझे दान किया है?"

यह उसका अपने पिता को स्मरण कराने का तरीका था कि वह दान में दिए जाने के लिए तैयार है, ताकि उनके यज्ञ की सफलता सुनिश्चित हो सके। पिता, जिसने निश्चित रूप से इतनी गंभीरतापूर्वक अपने धन को दान करने की व्याख्या नहीं की थी, ने लड़के के प्रश्न को बचकाना समझकर टाल दिया।

लेकिन नचिकेता बचकानी हरकत नहीं कर रहा था। वह अपने पिता से प्रेम करता था और वह पवित्र यज्ञ के नियमों का सम्मान करता था। इसलिए उसने अपना प्रश्न दोहराया—"पिताजी, क्या मैं आपका खजाना, आपका सर्वाधिक कीमती स्वामित्व नहीं हूँ? क्या आपने मुझ किसी को दान में दिया है?"

जब तीसरी बार इस प्रश्न को दोहराया गया, तो पिता के सब्र का बाँध टूट गया और उसने चीखकर कहा, "हाँ, कर दिया है। मैंने तुम्हें मृत्यु के देवता को दान कर दिया है।"

नचिकेता निश्चित रूप से भौंचक्का रह गया। लेकिन ये बात बार-बार उसके मन में उठने लगी—"कुछ लोग मुझे युवकों में सर्वोत्तम मानते हैं। दूसरे सोचते हैं कि मैं औसत से बढ़कर नहीं हूँ, मुझे मृत्यु के देवता को दान करके मेरे पिता को क्या हासिल हो सका?"

लड़के ने महसूस किया कि उसके पिता ने यह बात क्रोध में कही है, लेकिन शब्द तो निकल ही गए और उनके वचन को तो निभाना ही पड़ेगा। उसी समय नचिकेता ने सोच लिया कि अपने पिता के कहे अनुसार वह स्वयं को मृत्यु के देवता को अर्पित कर देगा।

कहा जाता है कि नचिकेता ने अपने व्यग्र पिता को समझाया और मृत्यु के देवता के लोक में पहुँचने के लिए अकेले संसार की सीमाओं की यात्रा की। यम को घर में न पाकर लड़के ने तीन दिन और तीन रात उसका इंतजार किया। तीन दिन, तीन रात वह बालक बिना भोजन-पानी के अपलक धैर्यपूर्वक बैठा रहा।

जब यम घर लौटे, तो द्वार के बाहर उसका इंतजार करते हुए बालक को देखकर वे हैरान रह गए। उनके दरवाजे पर एक बालक अतिथि था, जिसका स्वागत-सत्कार नहीं किया गया था। उसे एक गिलास पानी भी नहीं दिया गया था, भोजन इत्यादि की बात तो दूर थी! हमारे ग्रंथ हमें अतिथि को भगवान मानने का आदेश देते हैं 'अतिथि देवो भव:!' यम को लगा कि उससे भारी अपराध हो गया है। हालाँकि उसकी ओर से यह अप्रत्याशित और अनजाने में हुआ था।

बड़े प्रेम और सम्मानपूर्वक वह बालक के नजदीक पहुँचा और उससे कहा, ''हे बाल ब्राह्मण! तुमने तीन दिनों और तीन रातों से मेरे निवास पर बिना भोजन-पानी और निद्रा के बिताए। तुम मुझसे इस भूल की क्षतिपूर्ति में तीन वरदान माँग सकते हो—प्रत्येक वरदान हरेक उस दिन के लिए है, जिसमें तुमने मेरा इंतजार किया।''

अब मैं आपसे अनुमान लगाने के लिए कहता हूँ कि उस बालक ने आपके अनुसार क्या माँगा होगा? मैं सोचता हूँ कि आपने क्या वरदान माँगा होता, यदि आप उस बालक की जगह होते!

सबसे पहले नचिकेता का विचार उसके पिता पर गया। वह जानता था कि उसके पिता ने उसे वहाँ गुस्से में भेजा था—'मेरी इच्छा है कि मेरे पिता क्रोध से बचें,' उसने सोचा। उसने यमराज से कहा, ''हे स्वामी! मेरे पिता को आशीष दें कि वे क्रोध की बीमारी से मुक्त हो जाएँ। जब मैं उनसे मिलूँ या जब उनका मुझसे मिलने का संयोग हो, तो मैं उन्हें चिंता व क्रोध से मुक्त, मन की शांति में पाऊँ और मेरे प्रति हर तरह से वे संतुष्ट हों।''

यमराज बालक के कर्तव्य से बहुत खुश हुआ और उससे कहा, ''तथास्तु! जो तुम्हारी इच्छा है, वह पूरी हो। तुम्हें मौत के मुँह से बचा हुआ देखकर तुम्हारे पिता का क्रोध उनके हृदय से विलुप्त हो जाएगा। अपने पुत्र से पुन: एकात्म पाकर वह यकीनन शांति और खुशी हासिल करेंगे। तुम्हारे प्रति उनका प्रेम और अनुराग पहले की तरह पुनर्जीवित हो उठेगा।''

नचिकेता ने दूसरा वरदान क्या माँगा? सबसे पहले वह अपने पिता के प्रति चिंतित रहा। उसका दूसरा विचार इस दु:खी संसार की ओर गया। उसने सोचा, 'इस धरती पर बहुत कष्ट है, लेकिन स्वर्ग की दुनिया में बहुत सुख है। वहाँ लोग भूख-प्यास से परेशान नहीं रहते। वे कभी बीमार नहीं होते, कभी बूढ़े नहीं होते। वे सब काफी खुश रहते हैं।

लोगों को संसार के दु:ख और कष्ट से मुक्त होकर स्वर्ग प्राप्ति के लिए कैसे प्रशस्त किया जा सकता है?'

इसलिए नचिकेता यमराज से कहता है, ''मेरा दूसरा वरदान है—हमें वह रास्ता दिखाएँ, जिससे लोग अपना सुख और फिर स्वर्ग की प्राप्ति कर सकें।''

यमराज पुन: बालक की दूसरों को मदद करने की निस्स्वार्थ इच्छा से खुश हुआ। उसने कहा, ''यह कोई बहुत बड़ी बात नहीं है। मैं तुम्हें एक यज्ञ के विषय में बताऊँगा, जिसे यदि कोई भी संपादित करेगा, तो उसे स्वर्ग-लोक की प्राप्ति होगी। तुम इतने छोटे हो, फिर भी तुममें मानवीय संवेदना के भाव इतने भरे हुए हैं कि इस यज्ञ का नाम, मैं तुम्हारे नाम पर रखूँगा। यह 'नचिकेता यज्ञ' कहलाएगा।'' और यमराज ने इस यज्ञ के विषय में बतलाते हुए वचन दिया कि जो भी इस यज्ञ को श्रद्धा और भक्ति के साथ संपादित करेगा, उसे स्वर्ग की प्राप्ति होगी।

तीसरा वरदान, वह क्या माँगता है? बालक अपने संरक्षक और उदार, मृत्यु के देवता से कहता है, ''मैं जानता हूँ कि बहुत से लोग स्वर्ग-लोक प्राप्त तो करते हैं, लेकिन वे सब वापस लौट आते हैं। वे पुन: इस जन्म-मृत्यु के चक्र में लौट आते हैं। वे इस निरंतर घूमते हुए चक्र में कैसे पिसते रहते हैं। कृपया मुझे बताइए कि इस भयंकर, विशाल बोझ से वे कैसे मुक्त हो सकते हैं?''

कबीर हमसे कहते हैं—

चलती चाकी देख के दिया कबीरा रोय।
दुई पाटन के बीच में साबुत बचा न कोय।।

बालक के ज्ञान और जीवन के लक्ष्य, अंतिम सत्य, मुक्ति के प्रति उसकी दृढ़ जिज्ञासा को देखकर यमराज हैरान रह गए। वह बड़े प्रेम से बालक को बताते हैं, ''तुमने एक बहुत कठिन प्रश्न पूछा है। इस रास्ते को देवतागण भी नहीं जानते। देवताओं में भी इस मुद्दे पर झगड़ा हो चुका है। यह गूढ़ और जटिल है और तुम बहुत छोटे हो। इसके बदले कुछ और माँग लो और मैं खुशी-खुशी वह तुम्हें दे दूँगा। जमीन, गायें, घोड़े, हाथी, सोना-चाँदी, धरती का राज्य, जो कुछ भी तुम माँगो, मैं तुम्हें दे दूँगा—धन-दौलत, लंबी आयु, पुत्र-नाती, ये सब तुम्हें मिलेंगे। खूबसूरत कन्याएँ तुम्हारी सेवा में रहेंगी, तुम्हारे लिए गीत गाएँगी और तुम्हारा जीवन खुशियों से भर देंगी। मैं तुम्हें सब कुछ दे दूँगा, लेकिन मुझसे इस प्रश्न का उत्तर मत पूछो।''

नचिकेता कहता है, ''मैं निस्संदेह आपसे जमीन, गायें, हाथी, संसार की सारी खुशी और धन माँग सकता हूँ। लेकिन हे स्वामी, आप जानते हैं और मैं जानता हूँ कि ये सब क्षणिक हैं, ये सब गुजरती हुई खुशियाँ है। वे आज मेरी हैं तो कल कहीं और चली

जाएँगी। मैं उन्हें अपनी कैसे कह सकता हूँ? मैं आपसे वह खजाना माँग रहा हूँ—सत्य का खजाना, जो सचमुच स्थायी है और इस प्रश्न का उत्तर आप (मृत्यु के देवता) से बेहतर और कौन दे सकता है? मुझे सच्ची और पूर्ण स्वतंत्रता की राह दिखाइए, मुझे बताइए कि कोई अपने आपको कैसे जान सकता है? क्योंकि मैं जानता हूँ कि जब तक कोई आत्म-ज्ञान नहीं प्राप्त कर लेता है, तब तक उसे ईश्वर की प्राप्ति नहीं हो सकेगी। सत्य की इस खोज में उसकी ज्ञानेंद्रियाँ, उसका ज्ञान किसी काम का नहीं है। इसलिए प्रभु, मैं आपसे और कुछ नहीं, मात्र इस पवित्र सत्य के बारे में जानना चाहता हूँ।''

यमराजजी देखते हैं कि लड़के में आस्था है, निष्ठा है, पवित्रता है, उद्‌देश्य के प्रति ईमानदारी है, वह लालच से मुक्त है और सबसे बढ़कर उसमें सत्य को जानने की गहन आंतरिक इच्छा है। मृत्यु के देवता को महसूस होता है कि यदि इस पवित्र सत्य को जानने का कोई अधिकारी है, तो यह ब्राह्मण-पुत्र ही है।

और इस तरह प्रारंभ होता है उपनिषदों में दर्ज सर्वाधिक स्मरणीय व्याख्यान—श्रेय और प्रेय के दो रास्ते—आत्मिक राह और विषय सुख की राह। यमराज नचिकेता को बताते हैं कि श्रेय का मार्ग ही ईश्वर को प्राप्त करने का मार्ग है। हम अपनी इंद्रियों और मन की मदद से यह रास्ता प्राप्त नहीं कर सकते, क्योंकि वे हमें बाहर की दुनिया की ओर खींचते हैं। यदि हम ईश्वर को प्राप्त करना चाहते हैं, तो हमें भीतर झाँकना होगा, अपने हृदय के मंदिर में, जहाँ ईश्वर स्वयं विराजमान है। जो भीतर की यात्रा करता है, ईश्वर को प्राप्त कर लेता है, जबकि जो बाहर भागता है, वह ईश्वर से और दूर चला जाता है।

यह ध्यान का रास्ता है। शांत, एकांत में बैठकर वह एक-एक पर्दे खोलता जाता है। भीतर कई पर्दे हैं। इन पर्दों में वह ज्योति छिपी है, जो हम सबके भीतर चमक रही है। वह धीरे-धीरे उस ज्योति के निकट ले जाता है। अत: यह रास्ता आत्म-नियंत्रण का रास्ता है। यह आत्मज्ञान, स्वयं को मिटाने, सेवा और त्याग का मार्ग है।

यमराज नचिकेता से कहते हैं, ''मेरे प्रिय, इंद्रियों से ऊपर है मन और मन से ऊपर है बुद्धि—समझने की शक्ति, विवेक की शक्ति। बुद्धि से ऊपर है आत्मा, लेकिन आत्मा से ऊपर है परमात्मा। यहाँ तक कि परमात्मा से भी ऊपर है अधीष्ठ। लेकिन इन सबसे ऊपर है पारब्रह्म—जो व्यक्त और अव्यक्त से परे है, क्योंकि वह अंदर से उन दोनों का समन्वय है।

यमराज नचिकेता को बताते हैं कि जब मन के अंदर की सारी वासनाएँ मर जाती हैं और जब संदेह दूर हो जाते हैं, तो सचमुच मनुष्य को सर्वोच्च की प्राप्ति होती है।

अंत में यमराज नचिकेता को बतलाते हैं, ''मेरे बच्चे, यह रास्ता, जो मैंने आज तुम्हें बताया है—यह संकीर्ण रास्ता है, यह कठिन है और फिसलने वाला है। जब तुम इस राह पर चलोगे तो बहुत से कष्टों, उतार-चढ़ाव का सामना करना होगा और एक समय आएगा,

जब तुम महसूस करोगे कि तुम्हें तलवार की धार पर चलना पड़ रहा है। तुम्हें इन सभी कठिनाइयों का सामना करना पड़ेगा। लेकिन यदि तुम अपने प्रयास में अडिग रूप से लगे रहे और श्रद्धा-भक्ति से निरंतर इस राह पर बढ़ते रहे, तो तुम्हें सर्वोच्च की प्राप्ति होगी।''

~•~

विचार मनन

उपनिषद् हमें उस रुचि या पसंद के विषय में बताते हैं, जो हमारे सामने है। यहाँ इसे 'श्रेय' और 'प्रेय' कहा गया है। श्रेय अच्छाई है और प्रेय विषय-सुख है। हमें विषय-सुख आकर्षित करता है। हम भोग-विलास खोजते हैं, हम भोग-विलास के पीछे भागते हैं और अंततः भोग-विलास में इतने उलझ जाते हैं कि उसमें फँसकर रह जाते हैं। लेकिन यह हमारी पसंद ही है, जिसे हमने चुना है।

श्रेय का रास्ता, अच्छाई का रास्ता-एक ऊँची ढलान वाला रास्ता है। यह ऊबड़-खाबड़ और चुनौती भरा रास्ता है। यह पथरीला और काँटेदार मार्ग है। इसके विपरीत, प्रेय का रास्ता सरल, चिकना और फिसलनकारी है। आप इस रास्ते पर बिना किसी अवरोध के फिसलते चले जाएँगे। लेकिन फिसलकर आप अपने विनाश की अवस्था पर पहुँच जाते हैं। जब आप श्रेय के पथ पर अग्रसर होते हैं, तो आप संघर्ष करते हैं, आप कष्ट सहते हैं, लेकिन आप अपने उच्चतर सौभाग्य की ओर बढ़ रहे होते हैं।

अब पसंद आपकी है। आप जो भी रास्ता चुनते हैं, आप अपनी पसंद का प्रयोग ही करते हैं। अब यदि मैंने रास्ता चुन लिया है और मैं कड़वे अनुभव का सामना करता हूँ, जिसे मैं निगल नहीं सकता, तो मैं ईश्वर के न्याय पर प्रश्न कैसे उठा सकता हूँ? क्या मेरी ओर से यह पूछना उचित है, ''क्या ईश्वर न्यायपूर्ण है?'' मेरे अपने चयन के लिए ईश्वर को दोष देना कहाँ तक उचित है? अपने कर्तव्य निभाओ, लेकिन इसके फल पर अधिकार मत रखो।

यह हमारे जीवन का मोड़ बिंदु—प्रेय से श्रेय—पाया जाता है। प्रेय से श्रेय की ओर मुड़ना, इसी में हमारे जीवन के परिवर्तन का रहस्य छिपा है। कर्म स्वयं में बुराई नहीं है। यह तब बुराई बन जाता है, जब इसमें इच्छा को मिला दिया जाए। यह सच है, इच्छा प्रेरित कर्म निरंतर जन्म-मृत्यु के चक्र की ओर अग्रसर करता है। जिन्हें स्वर्ग-लोक पाने की चाहत होती है, श्रीकृष्ण कहते हैं, वे भी इच्छाओं के गुलाम हैं। इसलिए स्वधर्म पालन में हमें फल की इच्छा नहीं करनी चाहिए। इच्छा से मुक्ति ही परम मुक्ति है। जिसको अपने कर्म के फल की इच्छा

नहीं होती, वह इच्छाओं का विजेता होता है।

हमें समझना चाहिए कि इंसान के साथ जो भी होता है, वह उसी का किया-धरा है। दूसरे शब्दों में, इंसान अपने भाग्य का स्वयं निर्माण करता है। भाग्य उस पर थोपी गई कोई चीज नहीं है, वह अपने भाग्य का निर्माता है। वह अपने भाग्य का रचयिता है, वह अपने भविष्य का वास्तुकार है। ईश्वर ने मनुष्य को चयन करने की पूर्ण स्वतंत्रता दी है। हममें से प्रत्येक को, प्रत्येक मनुष्य को यह चयन करने की पूर्ण स्वतंत्रता दी गई है। हम बुराई और अच्छाई के बीच चुनाव कर सकते हैं। हम प्रेय व श्रेय के बीच चुनाव कर सकते हैं।

विजय उसकी है

''ॐ ब्रह्मा! हम दोनों (गुरु और शिष्य) की रक्षा करें। ब्रह्मा, हम दोनों को ज्ञान का फल प्रदान करें! हम दोनों को ज्ञान प्राप्त करने की ऊर्जा मिले! हम दोनों, जिसका अध्ययन करें, उससे सत्य प्रकट हो! हम एक-दूसरे के प्रति दुर्भावना न रखें! ॐ शांति! शांति! शांति!''

—उपनिषद् का शांति मंत्र

यह गूढ़ और गहन प्रतीक कथा 'केन उपनिषद्' के अंत में सुनाई जाती है।

केन उपनिषद् के शीर्षक की उत्पत्ति इसके प्रथम शब्द, जिसका अर्थ 'किसके द्वारा' है, से होती है—

- किसके आदेश से मन अपनी अभीष्ट वस्तु की ओर जाता है?
- किसके आदेश से प्राण (श्वास) आगे बढ़ता है?
- किसकी इच्छा से हम जो शब्द बोलते हैं, वह भाष्य प्रकट होता है? वह ईश्वर कौन है, जो हमारी आँखों और कानों को निर्देशित करता है?

उत्तर बड़े स्पष्ट शब्दों में दिया गया है—''वह (ब्रह्मा) कान का कान, मन का मन है, भाषा की भाषा है। सचमुच वह जीवन का जीवन है और आँख की आँख है। उसे जानकर ज्ञानी मुक्त हो जाते हैं और इस संसार से प्रस्थान करने पर वे अमर हो जाते हैं।''

ऋषियों ने हमें सिखाया है कि उसे अकेले इंद्रियों और मन से नहीं समझा जा सकता।

इस उपनिषद् के अंतिम दो भागों में इस महान् सत्य को समझाने के लिए एक कहानी सुनाई गई है।

प्राचीन काल में देवों और असुरों के बीच एक बड़ा युद्ध हुआ, जिसमें देवताओं की विजय हुई। निश्चित रूप से यह विजय ब्रह्मा के द्वारा देवताओं के पक्ष में हासिल की गई थी; लेकिन अपनी विजय के उत्साह और मूर्खतापूर्ण दंभ में देवता अपनी श्रेष्ठता और

ख्यातिपूर्ण विजय की खुशियाँ मनाने लगे।

ब्रह्मा एक उज्ज्वल आत्मा का रूप धारण कर उनके सामने उपस्थित हुआ; लेकिन अपने दंभ के मद में वे उसे पहचान नहीं सके। उन्होंने अग्नि देव, आग के देवता को बुलाया और उससे कहा, "तुम इस आत्मा के पास जाओ और ज्ञात करो कि यह कौन है?"

अग्नि देवता दिव्य आत्मा के पास पहुँचा। दिव्य आत्मा ने उससे पूछा, "तुम कौन हो?" उसने उत्तर दिया, "मैं अग्नि हूँ। मुझे जतावेदा या सर्वज्ञ के रूप में जाना जाता है।"

"तुम्हारी शक्ति की प्रकृति क्या है, जो तुम इतने विख्यात हो?" दिव्य आत्मा ने पूछा।

"मैं अपने सामने आनेवाली हर चीज को जला देता हूँ—कुछ भी जो इस धरती पर है," अग्नि ने उत्तर दिया, जिसे प्राथमिक देवों में एक माना जाता है, क्योंकि यही वह देव है, जो यज्ञ की आहुति की वेदी पर डाले गए नैवेद्य को सबसे पहले ग्रहण करता है।

दिव्य आत्मा ने उसके सामने एक तिनका रखा और कहा, "इसे जला दो।"

अग्नि देवता तिनके की ओर अपनी संपूर्ण दाहकता के साथ बढ़ा, लेकिन उसे छू भी नहीं सका।

निराश होकर वह देवों के पास लौट गया और उनसे कहा, "मुझे नहीं मालूम हो सका कि वह दिव्य आत्मा कौन है!"

परेशानी और उलझन में देवों ने हवा के देवता वायु से संपर्क किया। वायु बड़े वेग से उस दिव्य आत्मा के पास पहुँचा। "तुम कौन हो?" दिव्य आत्मा ने पूछा। वायु ने उत्तर दिया, "मैं वायु हूँ और मैं मतारिस्वा (जो अंतरिक्ष में भ्रमण करता है) हूँ।"

"तुम में कौन सी शक्ति है?" दिव्य आत्मा ने पूछा।

"मैं धरती पर हरेक चीज को उड़ा ले जा सकता हूँ।"

दिव्य आत्मा ने उसके सामने एक तिनका रखा और उससे कहा, "इसे उड़ाकर दिखाओ।"

वायु अपनी पूरी शक्ति के साथ प्रवाहित हुआ, लेकिन उस तिनके को जरा भी हिला नहीं सका।

उसका घमंड चूर होने के बाद वह भी अपने बंधु देवताओं के पास लौट गया और स्वीकार किया कि वह भी उस दिव्य आत्मा की पहचान नहीं कर सका।

अब देव अपने राजा इंद्र के पास पहुँचे और उनसे कहा, "हे शक्तिमान, अब आप ही बताएँ कि वह दिव्य आत्मा कौन है?"

"तथास्तु," इंद्र ने कहा और दिव्य आत्मा के पास पहुँच गए। लेकिन जैसे ही वह नजदीक पहुँचे, वह दिव्य आत्मा विलुप्त हो गई। उसी क्षण, उसी स्थान पर एक सोने से जड़ी खूबसूरत महिला उपस्थित हुई। वह हिमालय देवता हिमवान की बेटी उमा हैमावती थी।

''यह आकर्षक जीव कौन है?'' इंद्र ने उससे पूछा।

इस बिंदु पर उपनिषद् का अध्याय-4 समाप्त होता है। इस तरह इंद्र के प्रश्न का उत्तर एक विराम के बाद, अध्याय-5 की शुरुआत में दिया जाता है।

उमा ने उत्तर दिया, ''वास्तव में वह ब्रह्मा है और वस्तुतः जिस विजय को तुम इतना महिमामंडित कर रहे हो, वह उसी की है।''

इंद्र को अब ब्रह्मा की प्रकृति समझ में आई और उसने महसूस किया कि जिस विजय के लिए देव श्रेय लेने का दावा कर रहे थे, वह उसकी है। उसके निकट पहुँचने के लिए अग्नि, वायु और इंद्र का देवों में महानतम होने का गुणगान किया गया।

उनमें अग्नि का संबंध आँख से है और वायु का संबंध कानों से है। ब्रह्मा को आँख और कान (इंद्रियों) के द्वारा नहीं जाना जा सकता।

इंद्र मानस का प्रतीक है। मानस ब्रह्मा के निकटतम पहुँच जाता है, लेकिन पाता है कि ब्रह्मा सचमुच उसकी पहुँच से परे है। केवल श्रेष्ठ चेतना या उच्चतर बोध (उमा के द्वारा चित्रित) की मदद से ही मानस या बुद्धि दिव्य आत्मा तक पहुँच सकती है। उसे 'तद्वन' (प्रसंशनीय व्यक्तित्व) के रूप में जाना जाता है, जो कोई भी उसे जानता है, उसे सभी प्रेम करते हैं।

अध्याय-4 और अध्याय-5 के मध्य का विराम (प्रश्न, 'वह कौन है?' और उमा का उत्तर, 'वह ब्रह्मा है,' के बीच) यह दर्शाता है कि मात्र मनन, गहन विचार और ध्यान के माध्यम से ही कोई अंततः ब्रह्मा को जान सकता है।

~•~

विचार मनन

हम ईश्वर से क्यों नहीं जुड़ पाते? इसके कारणों में से एक है, क्योंकि ईश्वर हमारे लिए शाश्वत नहीं है। हममें से अनेकों के लिए ईश्वर दूर रहनेवाला अस्तित्व है। वह दूर, धुँधली उपस्थिति में, किसी सुदूर तारे में रहता है। मैं कई लोगों से पूछता हूँ, ''ईश्वर कहाँ रहता है?'' उँगली को ऊपर की ओर उठाते हुए वे आकाश की ओर इशारा करते हैं, मानो ईश्वर हमारी पहुँच से दूर है! सच है कि ईश्वर ऊपर आसमान में रहता है, लेकिन धरती में ऐसा कोई कोना नहीं है, जहाँ वह नहीं रहता।

दुःख की बात है, हममें से कइयों को उसकी उपस्थिति का भान नहीं होता। वह अभी तक हमारे लिए शाश्वत नहीं है। सर्वोपरि हमें जिस बात की आवश्यकता है, वह इस तथ्य की पुनर्खोज—कि ईश्वर है—कि वह शाश्वत है—कि हमें उसके प्रति अपनी आस्था को फिर से नया करने की आवश्यकता है।

युधिष्ठिर का स्वर्गारोहण

''वह ज्ञानी पुरुष, जो इन पवित्र दिनों के पवित्र इतिहास के वृत्तांत को श्रोताओं के बीच सुनाता है, वह हर पाप से मुक्त हो जाता है, स्वर्ग का विजेता बनता है और ब्रह्मा की स्थिति को प्राप्त होता है। वह व्यक्ति, जो तन्मयता के साथ कृष्ण-द्वैपायन व्यास कृत वेद को सुनता है, उसके करोड़ों पाप, जिसमें ब्रह्म-हत्या जैसा गंभीर पाप भी शामिल है, धुल जाते हैं। वे व्यक्ति, जो श्राद्ध के समय इस इतिहास का एक छोटा सा हिस्सा भी उच्चारते हैं, उनके पितरों को कभी न समाप्त होने वाला भोजन-जल प्राप्त होता है। महाभारत के एक भाग को सुनाने से वे पाप, जिन्हें हम अपने इंद्रियों और मन से दिन के दौरान करते हैं, शाम तक धुल जाते हैं।

भारत की उच्च जाति इसका विषय है, इसलिए इसे भारत भी कहा जाता है और इसके गंभीर महत्त्व के कारण, भारत इसका विषय होने के कारण भी, इसे महाभारत कहा जाता है। वह, जो इस महान् ग्रंथ रचना की व्याख्या में निपुण हो जाता है, उसके सारे पाप धुल जाते हैं। ऐसा व्यक्ति धर्मनिष्ठता, धन और सुख में रहते हुए मुक्ति प्राप्त करता है।

—'*महाभारत*' किसारी मोहन गांगुली

हममें से बहुतों के लिए विश्व के सबसे लंबे महाकाव्य की कहानी कुरुक्षेत्र की विजय के साथ समाप्त हो जाती है। दुर्योधन का वध, जो पांडवों की विजय और द्रौपदी की शपथ के पूरा होने को दर्शाता है, वस्तुत: महाकाव्य के नौवें पर्व के अंत में होता है। इसके पश्चात् नौ अन्य पर्व (पुस्तक) भी हैं, अनुकरण करने के लिए। हममें से अनेक इन अनुभागों से परिचित नहीं हैं। अंतिम तीन अनुभागों को बहुत कम पढ़ा जाता है, क्योंकि वे अत्यधिक दार्शनिक और अलंकारिक हैं।

कुरुक्षेत्र युद्ध समाप्त होने के छत्तीस साल बाद श्रीकृष्ण की मृत्यु द्वारका के राज्य में धोखे से एक बहेलिया के तीर लगने से हुई थी। समस्त यादव वंश मद में चूर, एक-दूसरे से लड़ते हुए लगभग नष्ट ही हो चुका था। कृष्ण अवतार का उद्देश्य पूरा हो चुका था और समय आ गया था, जब श्रीकृष्ण मनुष्य का चोला त्यागकर भगवान् विष्णु में समाहित हो जाएँ।

इस बीच इंद्रप्रस्थ में धर्मनिष्ठ शासन की स्थापना में युधिष्ठिर की मदद कर रहे अर्जुन ने सुना कि द्वारका में सब कुछ ठीक नहीं है और वह अपने महान् मित्र और संरक्षक श्रीकृष्ण की मदद के लिए द्वारका भागा। उसके द्वारका तक पहुँचते-पहुँचते, समस्त द्वारका नगरी समुद्र में निमग्न हो चुकी थी और कभी समृद्ध, यादवों के गढ़ में, वृद्ध पुरुष, औरतें और बच्चे ही रह गए थे। अवसाद और दु:ख की अवस्था में अर्जुन ने बहादुरीपूर्वक बचे हुए लोगों को सुरक्षित वापस लाने का प्रयास किया, किंतु भयंकर बदमाशों और लुटेरों ने उन पर आक्रमण कर दिया, अर्जुन को यह देखकर बड़ा सदमा लगा कि अब जब श्रीकृष्ण नहीं रहे तो उसकी वीरता और उसके शक्तिशाली अस्त्र-शस्त्र उसके लिए कारगर नहीं रह गए। इस आत्मबल क्षीण अवस्था में उसकी मुलाकात महत्रऋषि वेदव्यास से हुई, जिससे उसने स्वीकार किया कि वह उन लोगों को बचा नहीं सका, जो उसके आश्रय में आए थे। इसके अलावा उसने यह भी कहा कि उसके मार्गदर्शक और अभिभावक, उसके दिव्य शिक्षक के चले जाने के बाद उसकी जीने की इच्छा पूरी तरह से समाप्त हो चुकी है।

महत्रऋर्षि ने इस पर अर्जुन को समझाया कि कृष्ण अवतार अपने अंतिम चरण पर था और पांडव भी उस उद्देश्य को पूरा कर चुके थे, जिसके लिए उन्होंने मानव जन्म लिया था। उसने अर्जुन से कहा, "वह समय आ गया है, जब तुम और तुम्हारे भाई सांसारिक जीवन त्याग कर वन प्रस्थान करें और मुक्ति पाने का यत्न करें।"

अर्जुन के लिए सारी दुनिया बंजर हो चुकी थी और उसके दिव्य गुरु के चले जाने के बाद उसके जीवन में शून्यता और अँधेरा छा चुका था। अब उसका जीवन के प्रति कोई उद्देश्य नहीं रह गया था। उसके द्वारा द्वारका से लाए गए इस दु:खद समाचार का वैसा ही प्रभाव उसके अन्य चारों भाइयों और उनकी पत्नी द्रौपदी पर पड़ा। सभी पांडवों

ने निर्णय लिया कि वे अपने राज्य का एक उत्तराधिकारी नियुक्त करेंगे और उच्चतम लक्ष्य की प्राप्ति करेंगे।

अब उन्हें उनके निर्णय से न तो लोगों की दलीलें, न ही दरबारियों और राजकुमार परीक्षित की अनुनय-विनय डिगा सकी। परीक्षित का राजतिलक करके पांडव बंधुओं ने संन्यासियों के वस्त्र धारण कर लिये। युधिष्ठिर अपने महल से बाहर निकला, उसके पीछे भीम, अर्जुन, नकुल, सहदेव और सबसे पीछे द्रौपदी। दलील देते, अनुरोध करते नागरिक कुछ दूर फूट-फूटकर रोते हुए उनके पीछे चलते रहे। लेकिन वंश के छह बुजुर्गों के चेहरों पर ऐसी चमक और खुशी थी कि लोगों को लगा कि उन्हें लौटने के लिए मनाना लगभग असंभव है। उन्होंने मन में ठान लिया था।

और फिर राज्य छोड़नेवालों में केवल छह लोग ही नहीं थे। पाँचों भाइयों के पदचिह्नों का अनुसरण करते हुए एक कुत्ता भी आ रहा था, जो इतना निष्ठावान और अनुरक्त था कि उन्हें नहीं छोड़ सकता था।

हमारे महान् ग्रंथ बतलाते हैं कि यह समय ही है, जो हमारे पैरों में बेड़ियाँ डाल देता है और यही समय उन बेड़ियों को अंततः तोड़ देता है। वे राजघराने के पुरुष, जिन्होंने एक दिन पहले तक धन, सत्ता और विलासिता का जीवन जिया था, उन्होंने सांसारिक जीवन से मुँह मोड़ लिया और विनम्र तीर्थयात्रियों की तरह मुक्ति हेतु संन्यास के मार्ग पर चल निकले। छाल के वस्त्र शरीर पर धारण करने के अलावा वे अपने साथ कुछ भी नहीं ले गए। यद्यपि अर्जुन ने अपना शक्तिशाली धनुष गांडीव और दो तरकश साथ ले लिये थे। जब वे विशाल पूर्वी सागर के निकट पहुँचे, तो उनके रास्ते में एक शक्तिशाली आकृति उपस्थित हुई, जिसे उन्होंने अग्नि देवता के रूप में पहचान लिया।

''हे अर्जुन, इसी समुद्र से मैंने तुम्हारे सहारे के लिए यह गांडीव प्राप्त किया था। अब चूँकि युद्ध और सांसारिक विजय तुम्हें मिल चुकी है, अपने इन अस्त्रों को वापस समुद्र में डाल दो, जहाँ से यह आया था। यदि ऐसी ईश्वर की इच्छा हुई कि इनकी जरूरत तुम्हें बाद के जन्मों में पड़े, तो ये स्वयं तुम्हारे पास आ जाएँगे।''

उसके भाइयों ने अग्नि की आज्ञा मानने के लिए अर्जुन से कहा। इस तरह अर्जुन ने समुद्र तट पर खड़े होकर अपने प्रिय गांडीव धनुष और दोनों तरकशों को समुद्र में फेंक दिया।

ये तीर्थयात्री पवित्र भारतवर्ष की धार्मिक परिक्रमा करते हुए आगे बढ़ते रहे। यह उनकी मातृभूमि की पूजा का एक अंतिम कृत्य था। अंततः वे द्वारका के पूर्व स्थल के समीप पहुँच गए और बड़े दुःखी मन से देखा कि उनके प्रिय भगवान् के राज्य का कोई निशान भी वहाँ नहीं है।

तभी उन्हें याद आया, ''ऐसा ही तो श्रीकृष्ण ने कहा था। सब कुछ गुजर जाएगा और कुछ नहीं बचेगा।''

आगे बढ़ते हुए तीर्थयात्रियों का दल शीघ्र ही महान् हिमालय पहुँच गया, जहाँ घने, गहरे जंगल और बर्फ से ढकी पर्वत चोटियाँ थीं। यह सचमुच संन्यासियों का आवास था, जिन्होंने ध्यान का जीवन चुना था। नर और नारायण धाम, ऋषिकेश और बदरीनाथ से परे विशाल मेरू पर्वत, देवताओं का धाम, गोचर हो रहा था। जैसे-जैसे वे खड़ी चढ़ाई और काँटों भरे रास्ते से गुजरते गए, उनमें से प्रत्येक को जाने-अनजाने किए हुए उनके कई पापों से आमना-सामना हुआ, ये भयंकर पाप नहीं थे, किंतु उनमें से प्रत्येक ने अपने-अपने तरीके से तुच्छता, घमंड, धृष्टता, झूठ और ऐसे ही अन्य पाप किए थे। उन्होंने महसूस किया कि वे पूर्णता का जीवन नहीं जिए थे और इस बात का उन्होंने गहन पश्चात्ताप किया। इस ज्ञान के साथ कि उन्हें इन गलत कार्यों के लिए ईश्वर से माफी माँगनी होगी, एक-एक करके वे रास्ते में गिरते गए। सबसे पहले द्रौपदी के प्राण गए, तदुपरांत नकुल, सहदेव, अर्जुन और भीम ने प्राण त्यागे। अब केवल युधिष्ठिर अपने निष्ठावान कुत्ते के साथ जीवित रह गए थे। युधिष्ठिर, जिसे लोग धर्मराज कहते थे, को कोई दुःख नहीं हुआ, क्योंकि उन्हें मालूम था कि यह कर्म का महान् सिद्धांत है, जो उसके प्रियजनों पर लागू हो रहा था।

वह दृढ़तापूर्वक निर्जन पर्वत पर आगे कदम बढ़ाता जा रहा था, तभी उसे बिजली की तीव्र गड़गड़ाहट सुनाई दी और उसने देखा कि उसके सामने चमकता हुआ सोने का रथ उतर रहा है। प्रकाश के बादलों के बीच से देवताओं के राजा इंद्र ने आगे कदम बढ़ाया।

''आर्यपुत्र! ईश्वर का आदेश है कि आप अपने मानव स्वरूप में ही स्वर्गारोहण करेंगे,'' इंद्र ने कहा, ''इसलिए मैं आपके लिए अपना रथ लाया हूँ। इसमें विराजिए, मुझे आपको स्वर्ग-लोक ले जाकर बहुत खुशी होगी।''

''मैं अपने प्रियजनों को पीछे छोड़कर कभी स्वर्ग नहीं जा सकता,'' युधिष्ठिर ने कहा, ''हम एक-दूसरे के लिए जिए-मरे हैं। अब उन्हें पीछे छोड़कर मैं स्वर्ग में प्रवेश कैसे कर सकता हूँ? या तो हम सभी या हममें से कोई नहीं।''

इंद्र ने मुस्कराते हुए कहा, ''आपकी इतनी स्पष्ट और न्यायपूर्ण बात उचित है।'' ''लेकिन आपको आभास होना चाहिए कि आपके प्रिय भाई और आपकी पत्नी आपसे पहले ही उस धन्य प्रदेश में पहुँच चुके हैं। आपको केवल स्वर्ग में प्रवेश करने की आवश्यकता है और आप चिरकाल के लिए उनके साथ एक हो जाएँगे। इसलिए विलंब मत करो, आओ और इस रथ पर सवार हो जाओ।''

युधिष्ठिर ने गहन भाव से अभिवादन किया और एक ओर खड़े होकर कुत्ते को रथ में सवार होने का संकेत किया। लेकिन इंद्र ने कुत्ते को रोक दिया और कहा, ''स्वर्ग-लोक कुत्तों और ऐसे तुच्छ प्राणियों के लिए नहीं है। यह लोक आप जैसी धन्य आत्माओं के लिए आरक्षित है। इस कुत्ते को पीछे छोड़ दो। यह इस प्राणी के साथ क्रूरता नहीं होगी, क्योंकि इसे चिरंतन जीवन का कोई ज्ञान नहीं है।''

युधिष्ठिर ने कहा, ''हे देवेंद्र, मैं इतना गंभीर अपराध नहीं कर सकता कि उस प्राणी का त्याग करूँ, जो मेरे प्रति इतना निष्ठावान और समर्पित रहा है। अब मैं अपने जीवन के अंतिम क्षण पर हूँ और यदि मैं ऐसा कायरतापूर्ण कार्य करता हूँ, तो यह सारा जीवन व्यर्थ हो जाएगा।''

इंद्र ने उससे कहा, ''लेकिन यह सही नहीं है। क्या आपको नहीं मालूम कि जिस क्षेत्र में आप प्रवेश करने जा रहे हैं, वह कितना पवित्र और धन्य है। एक कुत्ते की उपस्थिति से स्वर्ग गंदा हो जाएगा। हे पांडव नरेश! अशोभनीय जिद को त्याग कर अपनी स्वयं की मुक्ति पाओ।''

लेकिन युधिष्ठिर मन में ठान चुका था। उसने कहा, ''मैं ऐसा नहीं कर सकता। मैं ऐसा कृत्य कभी भी नहीं करूँगा, जो एक आर्य को शोभा नहीं देता हो। यदि इतनी आसानी से मैं किसी ऐसे को त्याग दूँ, जिसने मेरे प्रति ऐसा समर्पण प्रकट किया है, तो जिस समृद्धि की आप बात कर रहे हैं, मैं उसका हृदय से आनंद कैसे ले सकता हूँ?''

''हे राजन! आपको भान होना चाहिए कि आप अमरत्व प्राप्त कर चुके हैं,'' इंद्र ने कहा, ''आप न्यायप्रिय और धर्मराज के रूप में विख्यात हैं। मैं आप से कह रहा हूँ कि स्वर्ग में कुत्ते के साथ मनुष्यों के लिए कोई स्थान नहीं है।''

''मुझे किसी भी ऐसे को त्यागने के लिए न कहा जाए, जिसने मेरी शरण ली है, मेरे प्रति निष्ठा प्रकट की है। कोई जो इतना कमजोर है कि स्वयं की रक्षा न कर सके। अपनी खुशी की रक्षा करने के लिए, अपनी इच्छा से इस कुत्ते का त्याग करने से मैं इनकार करता हूँ।''

जैसे ही उसने ये बातें कहीं, कुत्ता विलुप्त हो गया और उसके स्थान पर एक प्रकाशपुंज प्रकट हुआ। वह और कोई नहीं धर्मनिष्ठता के देवता धर्म थे। ''तुम्हारी जय-जयकार हो युधिष्ठिर,'' उसने कहा, ''सचमुच तुम्हारे जैसा कोई इस धरती पर नहीं है। तुमने एक तुच्छ प्राणी, जिसने समर्पणवश तुम्हारा अनुगमन किया है, के लिए स्वर्ग के रथ में सवार होने से इनकार कर दिया। जाओ, तुम सदा चिरंतन आनंद के लोक में रहो।''

धर्मराज युधिष्ठिर तुरंत इंद्र के दिव्य रथ में सवार हुए, धर्म के देवता से आशीर्वाद पाकर उन्होंने अपने मानव रूप में स्वर्ग में प्रवेश किया। रथ से उतरने पर स्वर्ग के

देवताओं के द्वारा उसका अभिनंदन किया गया, जो उससे मिलने और अपने बीच उसका स्वागत करने के लिए उत्सुक थे। लेकिन वह अपने प्रिय भाइयों और द्रौपदी को खोज रहा था। वे कहीं नजर नहीं आ रहे थे।

उसने इंद्र से कहा, ''अपने प्रिय लोगों के बिना मुझे बेचैनी हो रही है। मेरे भाई और प्रिय पत्नी कहाँ हैं? मैं आपसे अनुरोध करता हूँ कि मुझे उनके पास ले चलो।''

इंद्र ने कहा, ''हे राजन्! बहुत विचित्र बात है कि आप आनंद के क्षेत्र में प्रवेश कर चुके हैं, फिर भी आप अपने सांसारिक बंधनों से छुटकारा पाने से इनकार कर रहे हैं। यह देवताओं का लोक है। अपने चारों ओर देखो और स्वर्गीय आत्माओं की ओर नजर डालो। आपके भाई और पत्नी सभी जिस योग्य थे, उसके अनुरूप स्थान प्राप्त कर चुके हैं। उनमें से प्रत्येक अपने नियत स्थान पर है। अपने मानवीय प्रेमानुराग से ऊपर उठो और मेहनत से कमाए गए अपने स्वर्ग का आनंद लो।''

''मेरे प्रिय लोगों के बगैर मेरे लिए कहीं स्वर्ग नहीं है,'' युधिष्ठिर ने कहा, ''मेरी आपसे प्रार्थना है कि जहाँ कहीं भी वे हैं, मुझे वहाँ ले चलो।''

उन्होंने स्वर्ग में अपने भाइयों की तलाश में जब इधर-उधर देखा, तभी उनकी दृष्टि दुर्योधन और उसके कौरव भाइयों पर पड़ी। भौंचक्का और दु:खी, वह विस्मय से कह उठा, ''जो मैं देख रहा हूँ, उस पर मुझे यकीन नहीं हो रहा है। क्या इसीलिए हमने न्याय और धर्म का युद्ध लड़ा? क्या इसीलिए हमने अपने संबंधियों और मित्रों का वध किया? मैं ऐसे लोक में कतई नहीं रह सकता, जहाँ इन जैसी आत्माएँ निवास करती हैं। मेरी आपसे विनती है, मुझे इसी क्षण उस स्थान पर ले चलो, जहाँ मेरे भाई रह रहे हैं।''

इंद्र ने उसे तर्क से समझाने का प्रयास किया, ''युधिष्ठिर, आप धर्मशास्त्रों के मर्मज्ञ हैं। क्या आप नहीं जानते कि स्वर्ग में सभी लड़ाइयाँ समाप्त हो जाती हैं? युद्धभूमि पर बहादुर सैनिकों के रूप में वीरगति प्राप्त करने पर आपके कौरव भाई भी स्वर्ग-लोक पहुँच गए हैं। यहाँ खुशी से निवास कीजिए। आप स्वर्ग में भी दुश्मनी कायम कैसे रख सकते हैं?''

''यदि मेरे चचेरे भाई जैसे लोग स्वर्ग के योग्य हैं, तो यह स्थान मेरे लिए नहीं है,'' युधिष्ठिर ने कहा, ''जहाँ तक मेरा मानना है, मेरी इच्छा अधर्मी लोगों के साथ रहने की कतई नहीं है, चाहे स्वर्ग ही क्यों न हो! मैं आपसे अनुरोध करता हूँ कि मुझे मेरे भाइयों के पास ले चलो। उनके बिना इस स्वर्गीय स्थान पर रहने की मेरी कोई इच्छा नहीं है।''

देवताओं ने स्वर्ग के एक दूत को बुलाया और उससे कहा कि युधिष्ठिर को निचले क्षेत्र में ले जाएँ, जहाँ उसके भाई रह रहे हैं। अब पांडव नरेश को अपेक्षाकृत ज्यादा असाध्य और कठिन मार्ग से गुजरना पड़ रहा था। रास्ता मनहूस, अंधकारमय,

दूषित-प्रदूषित था। दूत आगे-आगे और युधिष्ठिर उसके पीछे-पीछे चल रहा था। रास्ता न केवल अंधकारमय और थकाऊ-उबाऊ था, बल्कि अनेक खतरों से भरा हुआ भी था। सँकरे से रास्ते के दोनों ओर झुलसा देने वाली आग प्रज्वलित हो रही थी, रास्ते में डंकधारी कीट-पतंगे उड़ रहे थे, भयंकर दुर्गंध से उन्हें घुटन महसूस हो रही थी। रास्ते में मनुष्य के शरीरों के अवशेष बिखरे पड़े थे और इस क्षेत्र में अज्ञात भय की छाया मँडराती सी महसूस हो रही थी।

अपने चारों ओर यह सब देखकर युधिष्ठिर दु:खी हो उठा—क्या यही वह जगह है, जहाँ उसके प्रिय भाइयों को भेजा गया है? यदि सचमुच ऐसा है, तो वह स्वर्ग-लोक के बदले उनके साथ ही रहेगा।

तभी वे एक नदी के नजदीक पहुँचे, जिस पर खौलता हुआ सा पानी प्रवाहित हो रहा था। यहाँ तो जमीन भी लोहे के सदृश्य लग रही थी। पेड़ों की पत्तियाँ तलवार की तरह धारदार और नुकीली लग रही थीं। चारों तरफ बड़े-बड़े कड़ाह से खौलते हुए तेल के वाष्प के बादल उठ रहे थे, जिनमें मनुष्यों को तरह-तरह के कष्ट दिए जा रहे थे। खून की नदियाँ बह रही थीं।

''यहाँ से और कितना आगे हमें जाना होगा,'' युधिष्ठिर ने अपने मार्गदर्शक से पूछा, ''कृपया मुझे बताइए कि हम किस दुनिया में आ गए हैं? मेरे भाई कहाँ हैं?''

दूत ने उत्तर दिया, ''बस यहीं तक, इसके आगे मैं आपके साथ नहीं जाऊँगा। यदि आप अपने भाइयों की तलाश में जाना चाहते हो, तो यह निर्णय मैं आप पर छोड़ता हूँ। किंतु यदि आप राह में थक गए और इस अंधकूप में, आगे जो आने वाला है, इसके प्रति भयभीत हैं, तो आपको अधिकार है कि आप मेरे साथ स्वर्ग वापस लौट चलें।''

एक क्षण के लिए युधिष्ठिर उदास हो गया। भयंकर वाष्प और चहुँओर भयंकर भू-भाग देखकर, ज्येष्ठ पांडव चारों ओर नजर फैलाने ही जा रहे थे, तभी उन्हें आस-पास सिसकियाँ और विलाप सुनाई दिया—''रुको, अरे रुको, हमें कष्ट में अकेला मत छोड़ो।'' आवाजें सुनाई दीं, ''आपकी उपस्थिति से हमारे कष्ट और दर्द कुछ कम हुए हैं। इस भयावह संसार में आपके साथ आई हुई आभा का सुखद अहसास हमसे दूर मत करिए।''

युधिष्ठिर ठिठककर खड़ा हो गया। आवाजें जानी-पहचानी लग रही थीं।

''तुम कहाँ हो?'' उसने आवाज दी।

''तुम अर्जुन ही हो, न! मैं तुम्हारी आवाज सुन रहा हूँ, प्रिय द्रौपदी, क्या भीम और जुड़वाँ भाई भी यहीं हैं?''

जब यह सत्य उसे समझ में आया तो उसे ऐसा लगा, मानो समय का पहिया थम सा गया हो। दुर्योधन अपने भाइयों के साथ स्वर्ग में था। पांडव और द्रौपदी इस नर्क में, यह विधि का विधान था और उससे अपेक्षित था कि वह स्वर्ग, देवताओं के लोक लौट

जाए, जिन्होंने यह पाप किया था। उसने दूत से कहा, ''तुम मेरे बिना स्वर्ग लौट जाओ। अपने भाइयों के बिना मेरे लिए वहाँ कोई स्वर्गीय चिरंतन सुख नहीं है। मैं इन दु:खी आत्माओं को कष्ट में छोड़कर अपनी मुक्ति और सुख-चैन के लिए नहीं लौट सकता। मैं यहीं इसी नर्क में उनके साथ तब तक रहूँगा, जब तक कि उनको यहाँ रखा जाएगा।''

''जैसी आपकी इच्छा,'' कहते हुए दूत राजा के इनकार और चुनौती का संदेश इंद्र तक पहुँचाने के लिए विलुप्त हो गया। लेकिन जैसे ही वह गया, वहाँ छाए हुए अंधकार के वातावरण में प्रकाश छन-छनकर आने लगा। वाष्प और दुर्गंध की परतें ऐसे छँटने लग गईं, मानो जादू-सा हो गया हो। उस क्षेत्र में शीतल पवन मंद-मंद बहने लगी। वे भयंकर दृश्य, खौलती हुई नदी, तेल के खौलते कड़ाहे, खून की धाराएँ और यातना के दृश्य विलुप्त हो गए और अचानक प्रकट हुए प्रकाश की चकाचौंध से आँखों को ढकने के लिए जैसे ही युधिष्ठिर ने हाथ उठाया, उसने स्वयं को देवताओं से घिरा पाया।

''आपकी जय-जयकार हो, राजन!'' उन्होंने उसका अभिवादन किया। ''आप सचमुच धन्य हो और धन्य हैं आपके अपने प्रिय। भ्रम अब समाप्त हो गया है। आप जैसे धर्मनिष्ठ और न्यायप्रिय को नर्क एक भ्रम के रूप में दिखाया गया था। वे खुशकिस्मत हैं, जो कुछ देर कष्ट सहकर अपने अच्छे कर्मों के फल का आनंद पाते हैं। आप, आपके भ्रातागण और आपकी प्रिय द्रौपदी ने नर्क को एक मृग-मरीचिका के रूप में देखा है। अब हम इस देवलोक, जिसके आप अधिकारी हैं, में आपका स्वागत करते हैं। यहाँ इस पवित्र नदी में स्नान करो। इसमें आप स्वयं को मानवीय दु:ख और वैर निवृत्त कर लेंगे, यहाँ अपना मानव शरीर छोड़ देंगे और ख्याति-यश के क्षेत्र में आरोहण करेंगे।''

धर्म के देवता ने उससे कहा, ''हे ज्ञानी पुरुष, यह मैंने आपकी तीसरी बार परीक्षा ली है। आप अपने उस निष्ठावान कुत्ते के लिए डटे रहे, जिसने आपका अनुसरण किया। आपने अपने प्रियजनों के लिए स्वर्ग से मुँह मोड़ा और अपने भाइयों की खातिर नर्क में ही रहने का विकल्प चुना। कुछ समय के लिए ही सही, राजाओं और शासकों को नर्क से गुजरना चाहिए। इसलिए यही कारण था कि दिन के तीसवें भाग के बराबर समय तक आपको भी नर्क का कष्ट भोगना पड़ा। न ही आपका महान् अर्जुन, न वीर भीम; न ही जुड़वें भाई नकुल और सहदेव, कोई भी नर्क में नहीं है। निष्पाप द्रौपदी भी हमारे बीच सुरक्षित है। देखिए, वस्तुत: यह स्वर्ग-लोक है। इसलिए दु:खी होना बंद कीजिए।''

धर्मपुत्र युधिष्ठिर रूपांतरित हो गए। उनका नश्वर ढाँचा दूर जा गिरा और अब वह स्वर्ग-लोक के निवासी, देवता थे। मानव शरीर के विलुप्त होते ही, क्रोध, दु:ख और घृणा के सारे निशान भी दूर हो गए। तभी युधिष्ठिर ने अपने बड़े भाई कर्ण और अपने सभी भाइयों तथा धृतराष्ट्र के पुत्रों को देखा। उनमें से प्रत्येक देवताओं की

अवस्था प्राप्त कर, क्रोध और घृणा से रहित थे। इस स्वर्गीय पुनर्मिलन में युधिष्ठिर को अंतत: शांति और वास्तविक सुख प्राप्त हुआ।

~•~

विचार मनन

स्वर्ग इंतजार कर सकता है!

साधु वासवानी ने कभी भी स्वर्ग-लोक की खुशियों की कामना नहीं की। उन्होंने कभी भी मुक्ति, मोक्ष या जन्म-मृत्यु के चक्र से मुक्त होने की आकांक्षा नहीं की।

उनसे कई बार पूछा गया, ''क्या मुक्ति से बढ़कर भी कुछ है?'' तो उन्होंने उत्तर दिया, ''मैं मुक्ति नहीं माँगता। मैं खुशी-खुशी, बार-बार जन्म लेना पसंद करूँगा, यदि मैं उनके कुछ काम आ सकूँ, जो कष्ट में हैं और दु:ख भोग रहे हैं।''

गुरुदेव साधु वासवानी हमें एक ऐसे संत की याद दिलाते हैं, जो ईश्वर के प्रेम में मानवता का सेवक बन गया। धरती पर अपनी सेवा के मिशन को पूरा करने के बाद, कथानुसार वह स्वर्ग-लोक में प्रवेश करते हैं। जब वह स्वर्ग की ड्योढ़ी पार कर ही रहे होते हैं, तो उन्हें दु:ख से भरी रोने की आवाज सुनाई देती है, ''मैं दु:ख और दर्द में हूँ, क्या मेरी मदद करने वाला कोई नहीं है?'' यह आवाज धरती के एक कोने से आ रही थी। और संत कहते हैं, ''स्वर्ग-लोक के सुख मेरे लिए नहीं हैं। मुझे वापस धरती पर जाना होगा, ताकि मैं उस भाई या बहन की मदद कर सकूँ, जिसे मेरी आवश्यकता है।''

ऐसे थे गुरुदेव साधु वासवानी! धरती की तीर्थयात्रा की समाप्ति के दौर में एक दिन एक आवारा कुत्ते की ओर इशारा करते हुए उन्होंने कहा, ''यदि मैं किसी दु:ख और कष्ट गें पड़े व्यक्ति की मदद कर सकूँ या उसके काम आ सकूँ तो कुत्ते के रूप में दुबारा जन्म लेना भी मुझे बुरा नहीं लगेगा।''

एक अवसर पर उन्होंने कहा, ''मैं स्वार्थ और लालच की आग में जल रहे लोगों को प्रेम देने के लिए नर्क में भी प्रवेश करना पसंद करूँगा।''

स्वर्ग इंतजार कर सकता है!

जड़भरत की कहानी

''यह ब्रह्मांड की आत्मा है, वह अविनाशी है--उसी की सत्ता है, वह सर्वज्ञ है, वह सभी में व्याप्त है, वह ब्रह्मांड का रक्षक, चिरंतन शासक है। विश्व में चिरंतन शासन करने के लिए कोई और कुशल नहीं है। वह, जिसने सृष्टि की शुरुआत में ब्रह्मा (सार्वभौमिक चेतना) को व्याप्त किया एवं जिसने उस पर वेदों को संचारित किया—मुक्ति की कामना रखते हुए, मैं उस देदीप्यमान की शरण में जाता हूँ, जिसका प्रकाश समझदार या विवेकवान की आत्मा की ओर उन्मुख करता है।''

—श्वेताश्वतार उपनिषद्
VI-17-18

हमारे इस प्राचीन देश को हमारे ग्रंथों में भारतवर्ष, भारत की भूमि के रूप में उल्लेख किया जाता है। क्या कभी आपने सोचा है कि हमारे देश को यह नाम कैसे मिला?

भरत एक प्रसिद्ध और महान् शासक था, जो प्राचीन काल में इस देश का स्वयंभू राजा था। उसकी कहानी 'विष्णु पुराण' और श्रीमद्भागवत में भी सुनाई जाती है। भरत का विवाह पंचाजनी नामक गुणवती रानी के साथ हुआ था, जिसने राज्य में काफी समय तक शासन किया। उसके पाँच पुत्र थे और उसने उनकी अच्छी शिक्षा अर्थात् शास्त्रों और शासकों को नियंत्रित करनेवाले नियमों में निपुणता सुनिश्चित की। जब उसके पुत्र अच्छी तरह राज-काज में जम गए, तो उसका विचार वनप्रस्थान और संन्यास की ओर

उन्मुख हुआ। अंतिम सत्य की खोज, जो भारत के ऋषियों की महान् परंपरा में मुक्ति का लक्ष्य है।

राज्य को अपने पुत्रों के सुरक्षित हाथों में सौंपकर राजा भरत तपोवन में चले गए, जहाँ तप और ध्यान में जीवन व्यतीत करने लगे।

उन्होंने अपने लिए एक नदी किनारे सूखी पत्तियों, घास इत्यादि से एक छोटी सी कुटिया बना ली। प्रतिदिन वे सुबह जल्दी सोकर उठते, पवित्र नदी में स्नान करते और एक पेड़ के नीचे बैठकर ईश्वर का नाम जपते थे। आवश्यकतानुसार आस-पास पेड़ों पर लगे फल इत्यादि ग्रहण कर लेते थे। ईश्वर और मुक्ति के अलावा दूसरा कोई विचार उनके मन में नहीं आता था।

एक दिन जब वे ध्यान में बैठे थे, तो किसी प्राणी के करुण विलाप से उनकी तपस्या भंग हो गई। चौंककर उन्होंने अपनी आँखें खोलीं और देखा कि नदी के दूर तट पर एक शेर खड़ा दहाड़ रहा था और वह एक गर्भवती हिरणी पर झपटने ही वाला था। शेर से डरकर हिरणी नदी में कूद पड़ी। कुछ देर तक वह तीव्र धारा के विपरीत तैरती रही, लेकिन नदी को पार करने की थकान उस हिरणी के लिए असह्य थी और उसने बीच नदी में ही बच्चे को जन्म देकर प्राण त्याग दिए। नवजात हिरण का बच्चा तेज धार के बहाव में बहा जा रहा था।

ऋषि भरत ने देखा कि उस बच्चे की जान खतरे में है, वह डूब सकता है। उनका हृदय, जिसमें सभी जीवों के प्रति करुणा थी, इस अबोध और असुरक्षित प्राणी के लिए द्रवित हो उठा। वह अपने आसन से उठे और अतिशीघ्र हिरण के बच्चे की रक्षा की। वह उसे अपनी कुटिया में ले गए और अग्नि प्रज्वलित कर ठिठुरते शावक को ऊष्मा प्रदान की। धीरे-धीरे शावक स्वस्थ हो उठा। वह, जिन्होंने बिना किसी प्रयास के अपने राज्य, रानी और पुत्रों से मुँह मोड़ लिया था, अब उनका हृदय एक नन्हे मातृहीन शावक से आसक्त हो गया।

करुणा का यह सुंदर कार्य एक साधक के रूप में उनके जीवन में एक बड़ा रोड़ा सिद्ध हुआ। जब दिन के समय वह ध्यान कर रहे होते, तो उनका मन उस हिरण के बच्चे में लगा होता कि कहीं वह जंगल में दूर न चला जाए! रात को जब वह ईश्वर के साथ एकाकार होने का प्रयास करते, तो वे चिंतातुर होकर उस प्रिय शावक के लौटने का इंतजार करते। संक्षेप में, उस कमजोर और खूबसूरत पशु से प्रेम उनके जीवन का हिस्सा बन गया।

हमारे ग्रंथ बताते हैं कि जैसा हम सोचते हैं, वैसे ही हम हो जाते हैं। 'गीता' में यह सत्य तब प्रतिध्वनित होता है, जब यह बताती है कि मृत्यु के समय के हमारे विचार हमारे अगले जन्म का निर्धारण करते हैं। जब ऋषि भरत अपनी मृत्युशय्या पर थे, तो

हिरण के अलावा उनके मन में कोई और विचार ही नहीं था। मेरे न रह जाने के बाद मेरे इस प्राणी की देख-रेख कौन करेगा, दु:खी मन से वह यही सोचा करते थे। आँखों में आँसू भरकर दु:खी मन से अंतिम बार उन्होंने उस खूबसूरत जानवर की ओर देखा और शरीर से उनके प्राण निकल गए।

अगले जन्म में भरत ने हिरण की योनि में जन्म लिया, जो सर्वाधिक सात्त्विक और कोमल हिरण के रूप में अस्तित्व में आए। देखनेवालों के लिए यह एक मूक जानवर मात्र था, लेकिन हमारे द्वारा किया हुआ कोई भी कर्म कभी नष्ट नहीं होता। इसके अच्छे कर्मों के कारण पिछले जन्म में जो कुछ हुआ था, वह उसे स्मरण था। इसने निर्णय किया कि यह ऐसी किसी आसक्ति को नहीं आने देगा, जिससे यह अपने जीवन के लक्ष्य से भटक जाए।

इसने (हिरण) अपनी माँ और वंशज को त्याग दिया और जंगल में तपस्वियों के पास रहने के लिए आ गया। यह प्राणी अन्य जानवरों के साथ कभी भी जंगल में नहीं जाता था। यह ऋषियों की कुटियों के आस-पास मँडराता रहता था। यह उनकी यज्ञ अग्नि की ओर बड़े पवित्र भाव से देखता रहता, उनके मंत्रों-जाप को खड़े होकर ध्यान से सुना करता और जो प्रसाद इत्यादि ऋषिगण उसे दे दिया करते, वह उसी से अपना पेट भर लिया करता था। वह ऋषियों के आश्रम का एक हिस्सा बन चुका था। इस तरह अपने कर्मों का पश्चात्ताप करके यह हिरण मृत्यु को प्राप्त हुआ और तदुपरांत उसका जन्म एक ब्राह्मण परिवार में सबसे छोटे पुत्र के रूप में हुआ।

उन दिनों ब्राह्मण बहुत सादा जीवन जीते थे। वे सादा, सात्त्विक भोजन ग्रहण करते थे, ग्रंथों का पठन-पाठन किया करते और समर्पण व कर्तव्य-भक्ति का जीवन जीते थे।

भरत, जिसे उसके पूर्व जन्मों की बातें अभी भी स्मरण थीं, ने देखा कि यह मानव जीवन उस मुक्ति को पाने का सर्वोत्तम अवसर है, जिसकी लालसा वह इतने वर्षों से कर रहा था। शैशवावस्था में ही उस लड़के ने निश्चय कर लिया कि अपने लक्ष्य पर ध्यान केंद्रित रखने का सबसे अच्छा तरीका है—चुप रहना, एक भी शब्द किसी से न बोलना। उसने सोचा कि इस तरह वह सांसारिक बातों में नहीं उलझेगा और निरंतर हृदय में ईश्वर के ध्यान में लीन रहेगा। उसके पिता ने उसे वेदों की शिक्षा देने का प्रयास किया, लेकिन वह कभी इसमें रुचि लेता हुआ प्रतीत नहीं हुआ। वह लक्ष्यहीन रूप से यहाँ-वहाँ घूमता, इधर-उधर निहारता रहता, मानो पिछली किसी खोई हुई वस्तु को खोज रहा हो! वह स्वस्थ और तंदुरुस्त था, लेकिन वह एक भी शब्द नहीं बोलता था।

उसके परिवारवालों ने उसे एक मूर्ख गूँगा मान लिया और उसे जड़ कहकर बुलाया करते थे। उसके भाई और उनकी पत्नियाँ उससे एक नौकर की तरह बर्ताव

करते थे और सारे जटिल कार्य उस पर थोप दिया करते थे। जो भी उससे करने के लिए कहा जाता था, बिना किसी शिकायत के वह कर दिया करता था। जब कुछ गलत हो जाया करता तो उसके भाइयों द्वारा उसकी पिटाई भी की जाती थी। वह चुपचाप एक पेड़ के नीचे बैठकर अपने भविष्य के बारे में सोचा करता था। उसमें कोई रोष या क्रोध नहीं था। मौन और मनन के निरंतर अभ्यास से उसे ज्ञान की प्राप्ति हुई। अब वह एक पक्का ज्ञानी था, जिसे दुनिया मूर्ख समझती थी।

एक दिन जब पेड़ के नीचे बैठकर आकाश में वह शून्य की ओर ताक रहा था, तभी वहाँ से गुजर रहे एक राजा के नौकर उसके पास पहुँचे। राजा की पालकी ले जाने वाले कहारों में से एक के पैर में चोट लग गई थी और उन्हें एक हट्टे-कट्टे ताकतवर व्यक्ति की आवश्यकता थी, ताकि पालकी आगे ले जाई जा सके। उन्होंने जड़भरत को देखा और सोचा कि पेड़ के नीचे समय नष्ट करता हुआ वह कोई मूर्ख है। ''ऐ, तुम!'' उन्होंने पुकारा। ''हमारे साथ आओ और इस राजसी पालकी को अपने कंधों पर उठाकर ले चलो।''

जड़भरत चुपचाप सभी आदेशों को मानने का आदी था, आज्ञा का पालन करते हुए झट से वह पालकी के पास पहुँचा और उसे अपने कंधों पर उठा लिया। वस्तुत: राजा आध्यात्मिक ज्ञान की खोज में कपिल मुनि के आश्रम जा रहा था। अब ज्ञानी जड़भरत की मदद से राजा ने पुन: यात्रा शुरू की, लेकिन यात्रा बड़ी कष्टदायी रही। रह-रहकर राजा को झटके लगने लगे। उसने पालकी का पर्दा उठाया और पाया कि एक मूर्ख-सा दिखनेवाला व्यक्ति पालकी के सामनेवाले भाग के बाएँ हिस्से को उठाकर चल रहा था। वह समझ गया कि यही उसकी परेशानी का कारण है।

जबकि अब वास्तविकता यह थी कि जड़भरत रास्ते में आने वाले हर तरह के छोटे-छोटे कीड़े-मकोड़े के प्रति सजग था, इसलिए वह धीरे-धीरे, सावधानीपूर्वक और प्राय: उन्हें कुचलने से बचने के लिए इधर-उधर पैर रखता हुआ चल रहा था। इस तरह उसकी चाल और गति पालकी ढो रहे शेष कहारों की स्थिर कदमताल के अनुरूप नहीं थी। इस तथ्य से अनजान राजा क्रोधपूर्वक उस पर गरज उठा, ''ऐ देहाती, शरीर से तो तू बड़ा मजबूत है। क्या तुम्हारे जैसे ताकतवर व्यक्ति के लिए थोड़ी देर तक मेरी पालकी उठाकर चलना इतना कठिन है? इतनी जल्दी तुम थक कैसे गए? क्या तुम देखकर सावधानी से नहीं चल सकते?''

जड़भरत पीछे मुड़ा और अपने कंधे से पालकी नीचे उतार दी। शीघ्र ही दूसरे कहार भी पालकी उतारकर नीचे रखने के लिए बाध्य हो गए। राजा नीचे उतरा और क्रोध से गरजा, ''तुम अपने आपको क्या समझते हो? इस तरह बर्ताव करने की तुम्हारी हिम्मत कैसे हुई?''

अपने जीवनकाल में पहली बार जड़भरत ने कुछ शब्द अपने मुँह से निकाले। उसने ये शब्द मुस्कराते हुए बड़ी मृदुता के साथ कहे। लेकिन उसके पहली बार के शब्दों का असर अविश्वसनीय था—

''आप स्वयं को क्या समझते हैं? आप मुझे क्या समझते हैं? वस्तुत: आप कौन हैं? मैं कौन हूँ? आप जिसे 'आप' कहते हैं, वह कौन है? वह देहाती कौन है, जिसे आप पसंद नहीं करते? क्या इस विशाल संसार में कोई ऐसा प्राणी है, जो वस्तुत: 'आप' या आपका हिस्सा नहीं है? मैं कौन हूँ और आप कौन हैं? आपने केवल मेरा शरीर और अपना शरीर देखा है। लेकिन मैं अपना शरीर नहीं हूँ और आप अपना शरीर नहीं हैं। मेरी आत्मा न तो ताकतवर है, न थकी हुई है, न ही वह अपने कंधे पर आपकी पालकी ढो रही है। हमारी आत्माएँ वास्तविक हैं और वही असली महत्त्व रखती हैं। क्या संपूर्ण सृष्टि उस आत्मा का हिस्सा नहीं है? और क्या वह आत्मा कभी थक-हार सकती है?''

उसकी अभिव्यक्ति में इतनी स्पष्टता थी, उसकी आँखों में ऐसी चमक थी कि राजा उस मूर्ख के पैरों पर गिर पड़ा और उसके चरणों की धूल लेकर अपने माथे पर लगाई। ''मुझे माफ कर दो, महात्मा'' उसने रोकर कहा, ''मैं जानता हूँ कि आप सामान्य व्यक्ति नहीं हैं। आप ब्रह्मज्ञानी हो, मैं विनम्रतापूर्वक अनुरोध करता हूँ, मुझमें 'आत्मा' का सच्चा ज्ञान संचारित कीजिए।''

इस पर जड़भरत, जो तब तक गाँव का मूर्ख समझा जाता था, ने राजा को व्यक्तिगत आत्मा और सार्वभौमिक आत्मा अर्थात् जीवात्मा और परमात्मा के विषय में बतलाया। उसने जीवन के लक्ष्य, सत्य की खोज, मुक्ति या मोक्ष की इच्छा पर बड़ी स्पष्टता से व्याख्यान दिया। उसने राजा को इस सच्चाई से अवगत कराया कि हम वह मृतप्राय शरीर नहीं हैं, जो हमने धारण कर रखा है, बल्कि अमर आत्मा हैं, जो हममें से प्रत्येक में निवास करती है। यह समझना कि आत्मा उस दिव्य आत्मा का हिस्सा है और दिव्यता के साथ एकात्म होना ही जीवन का अंतिम लक्ष्य है। इस ऐक्य के प्रति सचेत होना ही मुक्ति प्राप्त करना है।

''इसलिए हे राजन! अन्य सभी सांसारिक बंधनों से विलग हो जाओ, उन सभी संबंधों को तोड़ दो, जो क्षणभंगुर हैं और उसकी तलाश या साधना करो, जो नित्य है।'' उसने निष्कर्ष में कहा।

राजा का जीवन रूपांतरित हो गया। उसने सांसारिक जीवन का त्याग कर दिया और जंगल में जाकर उस महान् सत्य की खोज करने लगा, जो उसने जड़भरत से जाना था। जहाँ तक जड़भरत की बात है, वह अपनी मौन अवस्था में पुन: लौट गया और अपने लोगों के बीच रहने के लिए चला गया। मौन साधे उसने अपना शेष जीवन

बिताया और मूर्ख ही बना रहा। जबकि स्वयं में वह सर्वोच्च सत्य पर मनन करता रहा और जब उसकी सांसारिक तीर्थयात्रा का अंतिम समय आया, तो उसे वह मुक्ति मिली, जिसे वह पिछले जन्मों से बड़ी तत्परतापूर्वक खोज रहा था।

विचार मनन

आप जैसा सोचते हैं, वैसे बन जाते हैं। इसलिए मुक्ति के विचार मन में लाइए।

ध्यान कीजिए और मुक्त हो जाइए। जब आप ध्यान में बैठेंगे तो आपको रास्ता नजर आएगा, आपको अपने लक्ष्य की दिशा प्राप्त होगी।

'कठोपनिषद्' में यम जिज्ञासु बालक नचिकेता को अकारण यह ज्ञान नहीं देते, "अग्नि, जो स्वर्ग का रास्ता प्रशस्त करती है, वह तुम्हारे हृदय के गुप्त स्थान में छिपी है।"

अग्नि हमारे भीतर है; दैवी चिनगारी हमारे भीतर है। प्रश्न यह उठता है कि हम इस चिनगारी को प्रज्वलित कैसे करें?

उत्तर साधारण है—'कर ध्यान, पाओ पदनिर्वाण!' (ध्यान करो और भीतर का प्रकाश खोजो।)

ध्यान मन को शांत और निस्तब्ध करने की कला है, ताकि हमारी आंतरिक चेतना शांत और ज्यादा सचेत हो सके। इससे आनेवाली वैराग्य की अवस्था में साधक चेतना की उच्चतर अवस्था प्राप्त करता है।

जब हम अभ्यास के रास्ते पर आगे बढ़ते हैं, तो ध्यान आध्यात्मिक अनुभवों की संभावनाओं को परत-दर-परत खोलता जाता है। ये मात्र शरीर से परे और आप्लावित अनुभवों तक ही सीमित नहीं है, बल्कि गहन अंतर्ज्ञान के अनुभवों तक पहुँचता है, जिससे हम जीवन के उच्चतर आयामों से परिचित होते हैं, जो हमें सर्वोच्च अवस्था तक ले जाते हैं।

गुरुभक्ति की सर्वोच्च शक्ति

"गुरुह पिता गुरुर माता
गुरुर देवो गुरुर गतिहः,
शिवे रुष्ठे गुरुर त्राता
गुरौ रुष्ठे ना कस्कानह।

"गुरु पिता है, गुरु माता है, गुरु ईश्वर है, गुरु आश्रय है। यदि शिव नाराज हो जाएँ तो तुम्हारी ओर से गुरु बीच-बचाव करेंगे और यदि गुरु नाराज हो जाएँ तो आप असहाय हो जाएँगे।"

—कुलर्नवा-रहस्य 12

इस कहानी को 'ब्रह्मावैवर्त पुराण' में सुनाया जाता है और यह गुरु-चरित्र का भी भाग है।

युगों के प्रारंभ में भगवान् ब्रह्मा ने ब्रह्मांड और इसी के साथ चार वेदों की रचना की, जो हर तरह के ज्ञान के भंडार थे, जो धर्म या कर्तव्यनिष्ठता के संरक्षण के लिए आचार संहिता का उच्चारण करते हैं। उन्होंने चार युगों, उनके अभिभावक देवों की भी रचना की। चार में से प्रत्येक युग पुरुष की यह जिम्मेदारी थी कि वह अपने युग के धर्म के संरक्षण की जिम्मेदारी निभाए। प्रत्येक युग और इसके युगपुरुष की अनोखी विशेषताएँ थीं, जिसे ब्रह्मा ने निर्धारित कर रखा था।

ब्रह्मा ने कहा, "सतयुग का पुरुष विशुद्ध सत्त्वगुण से परिपूर्ण होगा। इस युग में केवल एक ही धर्म होगा और सभी लोग स्वभाव से संत की तरह और मननशील

होंगे, प्राय: तपस्या में लगे रहेंगे, किसी के द्वारा किसी धार्मिक कर्मकांड का संपादन नहीं किया जाएगा। यह युग बिना बीमारी एवं घृणा का होगा। घृणा, क्रोध और शत्रुता पूरी तरह से अस्तित्वहीन होंगे। मनुष्य के मन में किसी तरह के बुरे विचार नहीं होंगे। दु:ख की भी उपस्थिति नहीं होगी।''

ब्रह्मा के अनुसार, त्रेता युग के पुरुष में सत्त्व और रजस का मिश्रण होगा। त्रेता युग के लोग अपनी सांसारिक इच्छाओं की पूर्ति के लिए बाह्य और कर्मकांडीय अनुशासनों तथा तपों, विशेषकर बलि का सहारा लेंगे।

द्वापर युग का पुरुष (कांस्य युग) ज्यादातर राजसी प्रवृत्ति का होगा और सदा अपने साथ धनुष व तीर धारण करेगा। किंतु फिर भी वह शांत मन का और सहृदय होगा। इस युग में वेदों को चार भागों में बाँट दिया जाएगा और वेदों से लोगों का परिचय निरंतर कम होता जाएगा। मन की शक्ति का बहुत पतन होगा और सत्य इतना शक्तिशाली नहीं होगा, जितना यह हुआ करता था। इच्छाओं और बीमारियों का प्रभाव रहेगा और बहुत से व्यक्ति पाप में पड़ जाएँगे।

ब्रह्मा के अनुसार, कलिपुरुष में तामसिक विशेषताएँ होंगी। कलियुग के लोग भौतिक प्रवृत्ति के होंगे और जीवन के प्रत्येक उच्चतर और संभ्रांत मूल्यों को छोड़नेवाले होंगे, उनमें से अधिकतर नास्तिक होकर बुरे कार्यों में जुट जाएँगे। कलियुग में नैतिक मूल्य निम्नतम स्तर तक गिर जाएँगे और कलि लोगों को पथभ्रष्ट करके बुराई और पाप की ओर ले जाएगा। लोग भोग-विलास या इंद्रिय सुख, विशेषकर स्वाद और कामुकता की लालसा की तरफ लालायित होंगे।

भगवान् ब्रह्मा ने यद्यपि कलिपुरुष को चेतावनी दी कि वह ऐसे लोगों को नुकसान पहुँचाने से बचे, जो अपने गुरु के प्रति समर्पित हों। उसे ऐसे लोगों के मामले में हस्तक्षेप करने से रोका गया, जो कलियुग के सर्वोच्च गुण, जैसे गुरुभक्ति को व्यवहार में लाएँगे। ब्रह्मा ने इस बात पर जोर दिया कि इस युग में गुरु के हाथ में सर्वोच्च आध्यात्मिक सत्ता, देवताओं की सत्ता से बढ़कर रहेगी। और ब्रह्मा ने इस बात से भी आश्वस्त किया कि जो कोई अपने गुरु के प्रति समर्पित रहेगा, उसकी सभी विपरीत परिस्थितियों और हानि से सदा सुरक्षा होगी। गुरु की कृपा एक ताबीज के रूप में होगी, जो उनके शिष्यों और भक्तों के लिए एक अभेद्य कवच होगा। ब्रह्मा ने कलिपुरुष को सचेत किया कि यदि उसने गुरु के सच्चे भक्तों के जीवन में हस्तक्षेप किया, तो वह स्वयं ईश्वरीय प्रकोप से ग्रस्त होगा और कोई भी उसकी रक्षा नहीं कर सकेगा। ब्रह्मा, विष्णु, महेश भी उसे नहीं बचा सकेंगे।

कलिपुरुष को गुरुभक्ति की शक्ति का उदाहरण देते हुए ब्रह्मा ने उसे यह कहानी सुनाई—

पवित्र गोदावरी नदी के किनारे, जहाँ ब्रह्मापुत्र, महर्षि अंगीरस ने प्राचीन काल में अपना आश्रम स्थापित किया था, वहाँ बहुत से ऋषिगण रहते थे, जो सदा अपने आध्यात्मिक साधना में लगे रहते थे। बहुत से युवा शिष्य इन आत्मज्ञानी, शास्त्रज्ञ ऋषियों के चरणों में शिक्षा ग्रहण करने के लिए आश्रम में प्रवेश प्राप्त करते थे। इन ऋषियों में एक थे महान् पैला महर्षि के पुत्र वेदधर्म। उन्हें उनके गहन ज्ञान और आध्यात्मिक क्षमता के लिए अत्यधिक सम्मान दिया जाता था। सचमुच वे एक योग्य ऋषि के योग्य पुत्र थे। शिष्य उनके चरणों के निकट बैठकर प्राचीन ग्रंथों के सत्य ज्ञान को सीखने के लिए बड़ी संख्या में आते थे। उन्हीं शिष्यों में एक था संदीपक।

एक दिन ऋषि अपने शिष्यों को कर्म के महान् सिद्धांत के विषय में बता रहे थे। उन्होंने समझाया, ''कर्म का सिद्धांत बीज का सिद्धांत है। मनुष्य जैसा बोता है, वैसा ही वह काटता है। कोई भी इन कर्मों के बंधन से बच नहीं सकता। जीवन रूपी खेत में जो हम बीज रूपी प्रत्येक विचार, प्रत्येक शब्द, प्रत्येक कार्य बोते हैं, उसका परिणाम हमारे जीवन में अभी या आने वाले जन्मों में पड़ता है, क्योंकि नैतिक नियम कठोर हैं और इनसे बचा नहीं जा सकता।''

ऋषि ने आगे बताया, ''मैं भी अपने पूर्वजन्मों के कर्मों का बोझ ढो रहा हूँ। हालाँकि उनमें से अधिकतर का प्रायश्चित्त मैंने तप के माध्यम से कर लिया है, किंतु मैं बहुत अच्छी तरह जानता हूँ कि कुछ मात्रा में प्रारब्ध कर्म अभी भी संचित हैं, जिन्हें मुझे इसी जीवनकाल में समाप्त करना है। मैं जानता हूँ कि मुझे अत्यधिक कष्टकारी समय बिताना पड़ेगा, जिससे मैं बच नहीं सकता। मेरे प्रिय शिष्यों, वह समय आ गया है, जब मुझे तुम्हें छोड़कर एकांतवास में जाना पड़ेगा। यह समय अत्यधिक कष्ट और पीड़ा का है, जिसे भोगने से मैं कतई नहीं बच सकता।

''अब शीघ्र ही मुझ पर एक भयंकर बीमारी हावी हो जाएगी, जो मुझे लंबे समय तक अपनी गिरफ्त में रखेगी। मुझे आपमें से किसी एक की सेवा की आवश्यकता है, अर्थात् आप लोगों में से केवल एक, जो महान् अग्निपरीक्षा में स्वयं को समर्पित कर सके। याद रहे, आपको निरंतर मेरी सेवा और शुश्रुसा करनी होगी। मेरी देख-रेख करनी होगी और जिस सीमा तक हो सके, मेरे कष्ट का शमन करना होगा। मैं आपको चेतावनी दे दूँ कि जिस बीमारी की गिरफ्त में, मैं आनेवाला हूँ, वह बहुत ही घृणास्पद है और तुम मेरी उपस्थिति सहन नहीं कर पाओगे, मेरी देख-रेख करना तो दूर की बात है, मेरा मानना है कि जो भी मेरी सेवा करने का कार्य चुनेगा, उसे अत्यधिक तनाव और कष्ट से गुजरना होगा। इन परिस्थितियों में यदि आपमें से कोई भी यह कष्टदायी सेवा देने का इच्छुक नहीं है, तो मैं इस बात को अच्छी तरह समझ सकता हूँ।'' इतना

कहकर ऋषि चुप होकर अपने शिष्यों के मन का अध्ययन करने लगे।

जब ऋषि वेदधर्म ने अपने सैकड़ों शिष्यों को इस परीक्षा की कसौटी पर कसा तो उनमें से सभी अयोग्य पाए गए। केवल एक शिष्य था, जो इस परीक्षा की कसौटी पर खरा उतरा, वह था संदीपक।

जैसे ही गुरु ने अपनी बात पूरी की, संदीपक ने गुरु के चरण छुए, उनके सामने साष्टांग होकर उसने प्रार्थना की कि उनकी सेवा करने का अवसर और विशेषाधिकार उसे ही दिया जाए। उसने कहा, ''गुरुजी, हर परिस्थिति, कठिन और अच्छे समय में, सुख और दु:ख में, कष्ट और अच्छे स्वास्थ्य में गुरु की सेवा से बढ़कर आशीर्वाद और क्या हो सकता है? मेरी आपसे विनती है, इस महान् आशीर्वाद को मेरी झोली में डाल दें।''

वेदधर्म ने युवक की विनती स्वीकार कर ली। उन्होंने घोषणा की कि वे पवित्र नगरी काशी की तीर्थयात्रा पर निकल रहे हैं, क्योंकि जो बीमारी उन्हें गिरफ्त में लेने वाली है, वह घातक हो सकती है और प्रत्येक पवित्र हिंदू की तरह वे भी अपनी अंतिम साँस पवित्र गंगा के तट पर भगवान् विश्वनाथ के चरणों में लेना चाहेंगे।

अपने अन्य शिष्यों को आश्रम में बंधु ऋषियों को सौंपकर ऋषि वेदधर्म संदीपक के साथ पवित्र नगरी काशी की यात्रा पर निकल गए। यहाँ वे एक छोटी सी कुटिया में ठहरे, जो शिव के पवित्र मणिकर्णिका घाट के उत्तर में थी।

परिस्थितियाँ वैसी ही निर्मित हुईं, जैसी ऋषि ने स्वयं के लिए भविष्यवाणी की थी। वे कुष्ठ रोग से ग्रसित हो गए और बीमारी तेजी से उनके शरीर को धराशायी करते हुए फैलने लगी। उनके कुष्ठग्रस्त घावों से खून रिसता रहता था, जिसमें भयंकर मक्खियाँ और कीड़े लगे रहते थे, जिसके कारण सोना तो दूर, वे थोड़ी देर आराम भी नहीं कर पाते थे। वे बहुत व्यथा में थे, जिसके कारण छोटी-छोटी बातों से वे चिड़चिड़ा उठते। बीमारी का कठोर आघात तब हुआ, जब वे पूरी तरह अंधे हो गए।

गुरु अपना सारा क्रोध, खीझ, दर्द, कष्ट, व्यथा अपने अभागे शिष्य संदीपक पर ज़ाहिर करते। वह युवक गुरु के बेसब्री और क्रोध का लक्ष्य बना रहता। जब संदीपक उनके शरीर के कुष्ठ के घाव साफ कर रहा होता, तो गुरु दर्द से चीख पड़ते और शिष्य को दोष देते कि वह असावधानी बरत रहा है। जब शिष्य ताजा बना हुआ शोरबा उन्हें लाकर देता तो गुरु बेस्वाद भोजन पकाने के लिए उसे डाँटते।

लेकिन इन बातों से संदीपक जरा भी नाराज नहीं होता था। वह निरंतर बड़े प्रेम

और सम्मानपूर्वक दिन-प्रतिदिन गुरु की सेवा करता रहा। सचमुच वह एक समर्पित शिष्य और अपने बीमार गुरु का समर्पित सेवक था। जैसा कि हम समझ सकते हैं कि किसी बीमार, अंधत्व के शिकार और कुष्ठ जैसी भयंकर बीमारी से ग्रसित वृद्ध की सेवा करना कोई सरल काम नहीं है। क्यों आजकल वृद्ध, अंधे माता-पिता को संस्थागत संरक्षण में रखे जाने के हृदय विदारक मामले हमारे सामने आते हैं, क्योंकि उनके अपने बच्चे उनकी सेवा का कष्ट स्वयं नहीं उठा पाते। किंतु संदीपक एक अपवाद था। उसने अपना जीवन अपने गुरु की सेवा में समर्पित कर दिया। शारीरिक तनाव और प्रयास, गुरु का प्राय: बिगड़ा हुआ मिजाज, बिना सोए रातों का बीतना और गुरु का बार-बार पुकारना—इन सभी बातों को उसने अपने गुरु से प्राप्त वरदान की तरह ग्रहण किया। इतना ही पर्याप्त था कि गुरु ने उसे सेवा की स्वीकृति दी थी।

उसका एकमात्र दु:ख यही था कि वह इतनी ईमानदारी से सेवा करने के बाद भी गुरु के कष्ट और दर्द का शमन नहीं कर पा रहा था। यदि गुरु के कष्ट और दर्द को वह अपने स्वयं पर ले सकता तो ऐसा करने में उसे अपार खुशी मिली होती। लेकिन यह हमारे वश में नहीं है कि गुरु के कर्म को हम स्वयं पर ले सकें। और वह जानता था कि वेदधर्म जान-बूझकर अपने प्रारब्ध कर्मों का पश्चात्ताप करने के लिए पवित्र तप कर रहे थे। वो रात को थोड़ा भी नहीं सो पाता था, गुरु के पैर दबाने, उन पर पंखा झलने या अन्य सेवा कार्य के लिए सदा सजग रहता था। गुरु के भोजन के बाद बचे हुए शोरबे को ग्रहण करने के अलावा वह कुछ खाता भी नहीं था। किंतु उसका समर्पण और देख-रेख अपवादजनक थी। कभी एक बार भी उसने शिकायत नहीं की थी। कभी उसने थकावट को ज़ाहिर भी नहीं किया था।

देवताओं की नजर में ऐसी भक्ति और समर्पण छिप नहीं सकता था। एक दिन भगवान् शिव संदीपक के समक्ष उपस्थित हुए और कहा कि वे गुरु के प्रति उसके समर्पण और भक्ति से बहुत प्रसन्न हैं। भगवान् विश्वनाथ ने उनसे कहा, ''माँग लो, जो तुम्हारी इच्छा हो, तुम्हें मेरी ओर से विशेष वरदान दिया जाएगा।''

संदीपक ने एक ही वरदान की लालसा की—'अपने गुरु की भलाई और पूर्ण आरोग्य।' तत्क्षण यह वरदान उसे प्रदान किया गया। किंतु ऋषि वेदधर्म ने यह प्रस्ताव ठुकरा दिया, क्योंकि वे स्वस्थ नहीं होना चाहते थे, बल्कि अपने कर्मों का प्रायश्चित्त करना चाहते थे। इसलिए भगवान् शिव वहाँ से चले गए और संदीपक निरंतर अपने गुरु की सेवा करता रहा। एक भी बार संदीपक को आश्चर्य नहीं हुआ कि क्यों उसके गुरु ने भगवान् के वरदान को स्वीकार नहीं किया, ताकि स्वयं गुरु और वह कष्ट से मुक्त हो जाते।

उसके शीघ्र बाद भगवान् विष्णु संदीपक के समक्ष उपस्थित हुए—"मैं तुम्हारी गुरुभक्ति और गुरुसेवा से अति प्रसन्न हूँ। तुम जो वरदान माँगना चाहते हो, माँग सकते हो, तुम्हें उसे प्रदान किया जाएगा।"

"मेरे गुरु की आज्ञा ही मेरी इच्छा है," संदीपक ने कहा, "जरा कुछ देर ठहरिए भगवन्, मैं गुरु से पूछ लूँ कि वे आपसे क्या चाहते हैं?"

विनम्रतापूर्वक उसने गुरु से पूछा कि क्या वह भगवान् से अपने गुरु के स्वास्थ्य और भलाई वरदान में माँग ले? गुरु क्रोध से आग-बबूला हो गए और कहा कि वह किसी से कोई मदद नहीं लेंगे। उनकी एक मात्र इच्छा थी कि अपने पापों का प्रायश्चित करने के लिए उन्हें अकेला छोड़ दिया जाए।

संदीपक भगवान् विष्णु के पास लौट आया और कहा कि वह उनसे कोई वरदान नहीं चाहता।

अब ब्रह्मा, विष्णु और महेश एक साथ संदीपक के समक्ष उपस्थित हुए और उससे कहा, "तुम्हारे जैसे युवक का भगवान् से उदार दया की याचना, मात्र अपने गुरु के जिद की वजह से न करना कौन सी बुद्धिमानी की बात है? जब हम सर्वोच्च ईश्वर, जो किसी से भी बढ़कर हैं, कृपापूर्वक तुम्हें वरदान देना चाह रहे हैं, तो क्या यह तुम्हारी मूर्खता नहीं है कि तुम अपने जिद्दी गुरु की आज्ञा सुनो और उस अवसर को ठुकरा दो, जो तुम्हारे पास चलकर आया है।"

संदीपक ने विनम्रतापूर्वक प्रकाशमय देवताओं का अभिवादन किया और विनम्र भाव से उत्तर दिया, "मैं गुरु-सेवा से बढ़कर कोई और धर्म नहीं जानता, मैं गुरु से बढ़कर किसी और ईश्वर को नहीं जानता और मैं यह जानता हूँ कि गुरु सर्वोच्च ईश्वर से भी बढ़कर हैं। दूसरी हर चीज की अपेक्षा मुझे अपने गुरु की कृपा और उनकी सेवा का अवसर चाहिए, न कि किसी और की कृपा। यदि आप अब भी कुछ वरदान देने के इच्छुक हैं, तो मुझे आशीर्वाद दीजिए कि गुरु के प्रति मेरी भक्ति ज्यादा-से-ज्यादा बढ़ती जाए और यह कभी न कमजोर पड़े, न डिगे।" देवताओं ने उसे उसकी इच्छानुसार वरदान दिया और अंतर्ध्यान हो गए।

वस्तुतः वेदधर्म अपने शिष्य के समर्पण एवं निष्ठा की परीक्षा लेना चाहते थे। उन्होंने अब अपने प्रिय शिष्य के सामने यह प्रकट किया कि उनका कुष्ठ एक दशा थी, जिसे उन्होंने अपने सच्चे शिष्य की पहचान करने के लिए स्वयं निर्मित किया था।

धन्य है ऐसा शिष्य, जिसके पास इतनी सेवा और समर्पण का उपहार है, क्योंकि वह शिष्य से, गुरु होने की ओर विकसित होता है।

~•~

विचार मनन

गुरुदेव साधु वासवानी हमें बताते हैं—वह, जो स्वयं को अपने गुरु में खो देता है, वह सच्चा शिष्य है। वह, जो अपनी इच्छाओं और अपनी मर्जी का अनुसरण करे, वह सच्चा शिष्य नहीं है। वह, जिसके हृदय में संदेह हो और व्यक्तिगत महत्त्वाकांक्षा से प्रभावित हो, वह बौद्धिक रूप से ताकतवर हो सकता है; वह, जो बहुत ज्यादा तर्क करता है और अपनी बात के सही होने पर जोर देता है, वह अपेक्षाकृत योग्य वाद-विवाद करनेवाला हो सकता है—लेकिन शिष्य नहीं हो सकता, क्योंकि वह स्वयं का पुजारी है।

एक सच्चे शिष्य की पहचान क्या है, हमने गुरुदेव साधु वासवानी से पूछा। उन्होंने उत्तर में निम्नलिखित विशेषताएँ बताईं—

1. **विनम्रता**—जब एक सच्चे शिष्य से पूछा गया कि क्या वह एक शिष्य है, तो उसने जवाब दिया, ''मैं शिष्य होने का प्रयास कर रहा हूँ, इसलिए ईश्वर मेरी मदद कीजिए।'' विनम्रता से हमें शिष्य होने के मार्ग में आनेवाली अनेक बाधाओं और बुराइयों, जैसे कि दिखावा और बहानेबाजी को दूर करने में मदद मिलती है।
2. **गुरु की आज्ञाकारिता**—शिष्य को सदा याद रखना चाहिए कि गुरु की आज्ञा का पालन करके वह ईश्वर की आज्ञा का पालन करता है। गुरु-शिष्य की कई कठोर परीक्षाएँ ले सकते हैं। सबसे कठिन परीक्षा गुरु द्वारा शिष्य को स्वयं से दूर रहने के लिए कहा जाना हो सकता है; क्योंकि एक गुरु जानता है कि कच्चे फल को पकने के लिए सूर्य के प्रकाश और छाँव, दोनों की आवश्यकता होती है। इसलिए शिष्य को गुरु का साथ और अलगाव, दोनों की आवश्यकता होती है; क्योंकि अलगाव में भी एक मिलन या जुड़ाव है। गुरु की आध्यात्मिक आज्ञाकारिता, न कि उससे शारीरिक समीपता, एक सच्चे शिष्य की निशानी है।
3. **सेवा**—शिष्य को हृदय से गुरु की सेवा करनी चाहिए। विनम्रता, आज्ञाकारिता और सेवा में पल्लवित होकर शिष्य का अंतर्ज्ञान विकसित होगा और वह बोधि के स्तर पर अपने गुरु से मिलने के लिए ऊँचा उठेगा।

बौद्ध धर्म

संक्षिप्त परिचय

बौद्ध धर्म, महान् भारतीय धर्मों में से एक है, जिसका आरंभ गौतम बुद्ध ने उत्तरी भारत में ईसा पूर्व पाँचवीं शताब्दी के आस-पास किया। यह पूरी तरह बुद्ध की शिक्षाओं पर आधारित है और इसे स्वयं बुद्ध के द्वारा स्थापित किया हुआ कहा जा सकता है। लेकिन बहुतेरे बौद्धधर्मी मानते हैं कि उनके (बुद्ध) समय के पहले भी असंख्य बुद्ध रहे हैं, ठीक उसी तरह जैसे कि उसके बाद रहेंगे।

बुद्ध को साधारणत: 'एक बोधि प्राप्त व्यक्ति' के रूप में परिभाषित किया जा सकता है। हालाँकि कुछ पाली विद्वान् इस शब्द से आशय 'एक जाग्रत् शिक्षक' के रूप में रखते हैं। बौद्ध-धर्म एक ऐसा मत है, जिसमें विविध प्रथाएँ, मान्यताएँ और व्यवहार, जो मुख्यत: गौतम बुद्ध की शिक्षाओं पर आधारित हैं, समाहित हैं।

एक अर्थ में बौद्ध-धर्म अनेक नए धार्मिक और दार्शनिक समूहों में से एक था। जिसने ब्राह्मण प्रथा को तोड़कर, वेदों और ब्राह्मणों के आधिपत्य को अस्वीकार किया था। ये समूह जिनके सदस्यों को 'श्रामनस' कहा जाता था, अब भारतीय विचार के अवैदिक भाग से संबंधित माने जाते हैं, जो कि भारतीय आर्य मत से अलग हैं।

बौद्ध धर्म का इतिहास गौतम बुद्ध के जीवन से प्रारंभ होता है जो कि एक ऐतिहासिक व्यक्ति है और जिनकी जीवनगाथा बहुत सी प्रारंभिक बौद्ध पुस्तकों में दर्ज है। बौद्ध धर्म की नींव वास्तव में बुद्ध की शिक्षाओं में है, जिसने लोगों के बीच जाकर अपने संदेश का प्रचार करते हुए भिक्षु का जीवन व्यतीत किया। सभी भारतीय धर्मों की स्थली भारत में शुरू होकर—बौद्ध धर्म एशिया भर में फैल गया और आज लगभग सभी महाद्वीपों में एक धर्म और जीवन-शैली की तरह स्थापित है।

बहुत से बौद्धधर्मी अपने धर्म को धर्म के बजाय एक दर्शन के रूप में मानते हैं। लेकिन मान्यताओं और व्यवहारों की यह एक निश्चित प्रणाली है और आज बौद्ध धर्म के बहुत से पंथ एवं संस्थाएँ हैं, जिसमें दो शाखाएँ थेरावदा (बुजुर्गों की संस्था) और महायना (दि ग्रेट व्हीकल) शामिल हैं। इसके उप पंथों में प्योर लैंड (Pure Land),

ज़ेन (Zen), निचिरेन बुद्धिज्म, तिब्बती बौद्ध धर्म, शिंगॉन (Shingon), टेंडई (Tendai) और शिनंयौं (Shinnyoen) सम्मिलित हैं। एक तीसरी शाखा वज्रायना भी है, जिसे बहुतेरे मान्यता देते हैं। हाल ही के समय में विद्वानों ने पुरानी विचारधारा को नए संस्करण के रूप में बदलते देखा है, जिसका वर्गीकरण वे आधुनिक बौद्ध के रूप में करते हैं।

कोई एक बात, जो सभी पंथों में समान है, वह है परंपरागत सूत्र के आधारभूत जुड़ाव, जिसमें अनुयायी तीन रत्नों : बुद्ध, धम्मा (बुद्ध की शिक्षाएँ) और सांगा (बौद्ध संप्रदाय) में आश्रय लेता है। इससे जुड़े लोगों द्वारा बहुत सी अन्य धार्मिक प्रथाओं के साथ बौद्ध धर्म का पालन समस्त उत्तरी और पूर्वी एशिया में किया जाता है, जिनमें ताओवाद, कन्फ्यूशिवाद, शिंटो (Shinto), प्रथागत धर्म, शमानिज्म (Shamanism) और एनीमिज्म (Animism) सम्मिलित हैं। आधुनिक प्रभावों के कारण बौद्ध धर्म के अनेक नए रूप सामने आए हैं, जो प्रथागत मान्यताओं और व्यवहारों से दूर हो गए हैं।

संघम्
शरणम्
गच्छामि:
बुद्ध और उनका भिक्षु समुदाय

संघ ऐसे लोगों का समुदाय है, जिन्हें तुम्हारी राह में आकर अपने ज्ञान से सराबोर करने का पूर्ण अधिकार होता है। साथ-ही-साथ उन्हें अपनी धुन में प्रदर्शन करने और तुम्हारे द्वारा देखे जाने का पूर्ण अधिकार होता है। संघ के अंदर सहचरता—बिना अपेक्षा, बिना माँग, किंतु साथ ही परिपूर्णकारी—निर्मल मैत्री होती है।

—चोग्यम तृंगपा रिंपोछ

बुद्ध द्वारा स्थापित मठ प्रणाली किसी तरह का दमनकारी समुदाय नहीं था, जिसमें लोग अपनी निजता की स्वतंत्रता त्याग देते हों और नियम तथा कानूनों से बँधा हुआ जीवन जीते हों, अपितु ये साधक अंतिम आश्रय लेने की चाहत के अभ्यास के लिए संघ को चुनते थे—इस तरह अपने स्वयं के आंतरिक सत्य को खोजने के लिए वे अनिकेतन, निराधार और निर्मूल होकर रहते थे। इस तरह से उनमें से कई के लिए संघ में आश्रय लेना स्वतंत्रता की अभिव्यक्ति बन जाता था : सांसारिक बंधनों और इच्छाओं से स्वतंत्रता और महान् सत्य से जुड़ाव और स्वयं के बुद्ध स्वभाव को खोज करने की स्वतंत्रता।

बुद्ध के प्रारंभिक संघ की कई बड़ी खूबसूरत कहानियाँ हैं, जो आंतरिक अन्वेषण की इस बंधनमुक्त और आकांक्षी जीवन के बारे में हमें बतलाती हैं।

धम्मा की शक्ति

एक दिन बुद्ध और उनका सर्वाधिक विश्वासपात्र शिष्य आनंद एक गाँव की ओर जा रहे थे, तभी उन्होंने निधि नामक एक अछूत को गाँव के बाहर अपनी ओर आते हुए

देखा। उन्होंने देखा कि निधि मानव विष्ठा को एक आधान में भरकर ढो रहा था, ग्रामीणों के घरों से विष्ठा साफ करना ही उसका पेशा था। जब निधि ने स्वामी (बुद्ध) को आते देखा तो वह उलझन में पड़ने के साथ-साथ परेशान भी हो गया। उसके सामने बोधि प्राप्त एक व्यक्ति राह से गुजरने वाला था और वह एक निम्न जाति का अछूत, विष्ठा ढोते हुए''' नहीं नहीं! यह नहीं हो सकता!

सच तो यह था कि निधि का हृदय बुद्ध के प्रति गहरी भक्ति और सम्मान से भरा था और यह उसके स्वयं के प्रति हीन-भावना तथा जन्मजात घृणा के गहरे भाव से ज़ाहिर होता था। संक्षेप में, उसने महसूस किया कि वह बुद्ध के सामने खड़े होने के लायक भी नहीं है। जो उसने महसूस किया, उसे टालना बहुत ही असम्मानजनक होता, इसलिए निधि अचानक रास्ता छोड़कर झाड़ियों की ओर एक सँकरी गली में प्रवेश कर गया।

बुद्ध ने निधि को देख लिया था और तुरंत ताड़ गए थे कि उसके मन में क्या चल रहा था। उसने आनंद को गाँव की ओर बढ़ने का इशारा किया और स्वयं एक दूसरी गली से सीधे निधि के पास जाने के लिए चल पड़े।

एक ऐसे समय में स्वामी से सीधे आमना-सामना होने से जब उसने उनसे मिलना टाल दिया था, निधि इतना परेशान हो गया कि उसने विष्ठा का आधान वहीं पटक दिया। विष्ठा जमीन पर चारों ओर फैल गई। शर्म और हताशा के वशीभूत वह जमीन में गड़ा जा रहा था। सुबकते हुए वह कह रहा था, ''स्वामी, स्वामी, इस तुच्छ को क्षमा कीजिए!''

बुद्ध ने धीरे से उस व्यक्ति के कंधे पर अपना हाथ रखते हुए कहा ''उठो निधि!''

निधि को अपने कानों पर यकीन ही नहीं हुआ। इस धन्य आत्मा ने उससे मिलने के लिए न केवल अपना रास्ता छोड़कर उसके पास पहुँचने की सोची, बल्कि वह उसका नाम भी जानता है। 'उन्हें मेरा नाम कैसे मालूम हो सकता है?' वह आश्चर्यचकित हो उठा। उसने यह भी कैसे जान लिया कि मैं उन्हें नजरअंदाज करना चाहता था? और उसने मुझ अछूत से मिलने यहाँ आने का कष्ट क्यों किया?

और झर-झर उसकी आँखों से आँसू बहने लगे।

बुद्ध ने उसकी आँखों से आँसू पोंछे और कहा, ''निधि मैं चाहूँगा कि तुम मेरे संघ में शामिल होकर साधु बन जाओ।''

निधि अब स्वयं को नहीं रोक सका, ''स्वामी, मैं एक नीच और मैला-कुचैला व्यक्ति हूँ, आपके समुदाय में तो नामी-गिरामी विद्वानों, सैनिकों और सामंतों का आश्रय है। मैं ऐसी वैभवशाली संगत में जाने के योग्य नहीं हूँ।''

बुद्ध मुस्कराए, ''हम ऐसा नहीं सोचते निधि।'' उन्होंने समझाया।

''मैं तुम्हें बता दूँ कि धम्मा निर्मलतम और शुद्धतम जल की तरह है। इससे जन्म-जन्मांतरों की गंदगी और अशुद्धता धुल जाती है। धम्मा एक तीव्र आग की तरह है; इससे हर तरह का अज्ञान जलकर नष्ट हो जाएगा। धम्मा उस समुद्र की तरह है, जो स्वयं में बहुत सी चीजें धारण कर सकता है। धम्मा में हम जाति, पंथ, जन्म और हैसियत के भेदभाव का ध्यान नहीं रखते, क्योंकि हम जानते हैं कि यह सब तो केवल माया है।''

''यहाँ तक कि, जो शरीर हमने धारण किया हुआ है, वह भी माया ही है, प्रिय निधि। मैं चाहता हूँ कि तुम इस ऊँच-नीच, स्वच्छ और मलिन के भ्रम से छुटकारा पा लो और अभी के अभी मेरा अनुसरण करो।''

उसी क्षण निधि के मन और हृदय से अज्ञान का पर्दा हट गया और उसने कहे अनुसार बुद्ध का अनुसरण करने का निश्चय किया। स्वामी के समुदाय से जुड़ते ही उसका पुराना जीवन छूट गया।

झाड़ू लगाओ और सफाई करो

एक दिन जब बुद्ध भिक्षुओं के कमरों की तरफ से गुजर रहे थे, तभी उन्होंने किसी के जोर से सुबकने की आवाज सुनी। जैसा कि करुण आत्मा वे थे ही, इस बात को जानने के लिए वे उसी दिशा में चल पड़े।

सुबकने की यह आवाज शांत व अंतर्मुखी स्वभाव के एक युवा भिक्षु कसूद्रपंथक की थी, जो रो-रोकर बेहाल हुआ जा रहा था। भिक्षुओं का एक समूह उसे घेरकर खड़ा था, जिनमें उसके प्रति सहानुभूति नहीं थी।

पूछने पर बुद्ध को ज्ञात हुआ कि कसूद्रपंथक ने अपने बड़े भाई का अनुसरण करके मठवासी बन गया था, क्योंकि उसके अलावा उसकी देख-भाल करनेवाला कोई और नहीं था। वह कुछ सुस्त और मंद बुद्धि का था; हालाँकि उसके भाई ने उसे धम्मा सिखाने का पूरा प्रयास किया था, लेकिन वह नहीं सीख सका, वह कोई तरक्की नहीं कर सका। अब बड़े भाई ने उससे छुटकारा पा लिया था और उसे समुदाय छोड़कर जाने के लिए कह दिया था।

कसूद्रपंथक ने रोते हुए कहा, ''मैं घर जाना नहीं चाहता। यहाँ संघ में मैं बहुत खुश और आनंदित हूँ, लेकिन मैं सीख नहीं सकता। मेरा भाई मुझे जो कुछ भी पढ़ाता है, उसे मैं याद नहीं रख सकता। मैं उस शिक्षा को, उससे सुनने के बाद, उसे बोलकर दोहरा भी नहीं सकता। अब वह मुझसे थक गया है। उसने मुझे संघ छोड़कर वापस गाँव

जाने के लिए कहा है, क्योंकि मैं कुछ भी सीखने में असक्षम हूँ। हे स्वामी, कृपया मेरी मदद कीजिए! मुझे बताइए कि मैं सीखूँ कैसे? मुझे जो पढ़ाया गया है, उसे याद रखना सिखाइए, क्योंकि मैं आपकी उपस्थिति से दूर जाना सहन नहीं कर सकता।''

साख्य मुनि ने वहाँ इकट्ठे सभी लोगों से कहा, ''भिक्षु भाइयो, अपनी अज्ञानता जानना भी एक तरीके का ज्ञान है, जैसे स्वयं को बहुत ज्ञानी होने की कल्पना करना एक तरह की अज्ञानता है। आप कितना जानते हैं और आपने कितना सीखा है, वह उतना महत्त्वपूर्ण नहीं है, जितना आप सोचते हैं।'' रोते हुए भिक्षु कसूद्रपंथक की ओर मुड़ते हुए उन्होंने कहा, ''आज से प्रतिदिन सुबह तुम सभी अपना अध्याय सीखने के लिए आनंद के पास आओगे।''

स्वामी ने आनंद से दु:खी कसूद्रपंथक का खास ध्यान रखने के लिए कहा। लेकिन कुछ ही दिनों बाद आनंद को हार माननी पड़ी। उसने बुद्ध से कहा, ''इसे सिखाना असंभव है, स्वामी।'' तब बुद्ध ने तय किया कि वह स्वयं कसूद्रपंथक को सिखाने की जिम्मेदारी लेंगे।

अगले दिन बुद्ध ने कसूद्रपंथक को एक साधारण सूत्र सिखाया, ''झाड़ू लगाओ और साफ करो! झाड़ू लगाओ और साफ करो!'' उन्होंने अपने सामने भिक्षु से कई बार इस सूत्र को दोहराने के लिए कहा और उससे कहा कि कुछ भी करते समय वह इस सूत्र को दोहराता रहे।

दुर्भाग्यवश, कसूद्रपंथक इस साधारण सूत्र को भी याद नहीं रख सका। बुद्ध तो सब्र का दूसरा नाम था; दिन-प्रतिदिन वे इस मंदबुद्धि भिक्षु के साथ बहुत सा समय बिताया करते। वे शब्दों को दोहराते और उन्हें उससे स्वयं याद रखने के लिए प्रेरित करते। जब यह कारगर नहीं हुआ तो बुद्ध ने एक अलग तरीका सोचा। वे कसूद्रपंथक को बाहर आँगन में ले गए, उसे एक झाड़ू पकड़ा दिया और सारे आँगन की सफाई करने के लिए कहा। सफाई करने के साथ-साथ उसे यह दोहराने के लिए भी कहा, 'झाड़ू लगाओ और साफ करो! झाड़ू लगाओ और साफ करो!'

अफसोस! बुद्ध के भिक्षु बंधु इतने धैर्यवान और सहनशील नहीं थे, जितने वे स्वयं थे। उन्होंने बुद्ध के पास आकर शिकायत की कि कसूद्रपंथक उनके सुबह के ध्यान एवं जप में व्यवधान उत्पन्न करता है। वह बार-बार सूत्र को बड़बड़ाते और झाड़ू लगाते हुए उनके रास्ते में आ जाता है। वह सूत्र के शब्दों को याद करते हुए जब ऊपर देखता है, तो वह आँगन में उनके टहलने के दौरान उनके पैरों पर झाड़ू टकराता रहता है और वो निरंतर बड़बड़ाकर उनका ध्यान भंग करता है।

सभी ने एक स्वर में कहा ''आओ उसे दूर भेज दें। वह कुछ भी नहीं सीख

सकता।'' लेकिन संघ के दूसरे भी सदस्य थे, जो स्वामी द्वारा उसकी मदद किए जाने के उदाहरण से प्रेरित थे। उनके समर्थन और बुद्ध की कृपा से कसूद्रपंथक ने उस सूत्र को सीख लिया। लेकिन वह वहीं नहीं रुका, वह झाड़ू लगाने का कर्म करते हुए उन शब्दों के बारे में सोचने लगा और आँगन को झाड़ू लगाकर साफ कर दिया करता। आँगन की सभी गर्द और धूल को झाड़ू लगाकर साफ करते हुए वह मन ही मन सोचा करता, ''लेकिन दो चीजें हैं, जिन्हें झाड़ू लगाकर साफ किया जाना चाहिए; एक बाहर की ओर और दूसरी अंदर की ओर। इसलिए मुझे अपने मन की सारी अशुद्धताओं को भी झाड़ू लगाकर साफ कर देना चाहिए। और जब वह इन पंक्तियों पर विचार करने लगा, तो वह ज्ञान और मनन में विकास करने लग गया।

वह बुद्ध के शब्दों पर मनन करता था, उसे जो भी पढ़ाया जाता था, उसे याद करके धारण करने की उसकी क्षमता धीरे-धीरे सुधरती गई। वह स्वयं से तर्क करने लगा, ''स्वामी हमसे कहते हैं कि क्रोध, घृणा और लालच आंतरिक अशुद्धताएँ हैं, जिनकी हमें सफाई करनी चाहिए। और इसके लिए ज्ञान की जरूरत है, जो मुझे केवल स्वामी से ही हासिल हो सकता है।''

कसूद्रपंथक लगातार सोचता रहा, यह विचार-प्रक्रिया तब भी लगातार जारी रहती, जब वह झाड़ू लगाता था। स्वामी की शिक्षाओं पर लगातार मनन के अभ्यास से उसकी सोच रूपांतरित हो गई और वह निरंतर बुद्धिमान होता गया। 'ज्ञान ही कष्ट का इलाज है,' वह मनन किया करता। ''ज्ञान से ही यह महसूस किया जा सकता है कि तृष्णा ही सभी कष्टों की जड़ है। तृष्णा पर विजय पाने और सभी दु:खों के नाश के लिए ज्ञान आवश्यक है।''

जितना ज्यादा वह सोचता और मनन करता, उसकी आँखें और चेहरा उतना ही देदीप्यमान होता गया। तप से अर्जित किए गए ज्ञान के प्रकाश से वह चमक उठा। शीघ्र ही वह पूर्ण समता की स्थिति में पहुँच गया, जहाँ वह तृष्णाओं से मुक्त, दु:ख और सुख से अछूता और सदा सचेत चेतना की स्थिति में रहता था। देखते-ही-देखते एक मंद, सुस्त और मूर्ख भिक्षु को ज्ञान प्राप्त हो गया।

स्वामी के सामने जाकर उसने सिर झुकाया और कहा, ''आपने मुझे 'झाड़ू लगाओ और साफ करो,' का सूत्र सिखाया। इससे मुझे स्वयं को अंदर से निर्मल करने में सहायता मिली। मुझे यह बोध हो गया है, अपने मन के धूल और गर्द झाड़कर साफ कर दिया। चेतना के इस महान् उपहार के लिए मैं आपको धन्यवाद अर्पित करता हूँ।''

मुस्कराकर स्वामी ने आनंद और दूसरे भिक्षुओं से कहा, ''व्याख्यानों से सीख लेना और सूत्रों को रटना ही पर्याप्त नहीं है। यदि कोई बहुत से सूत्रों का पाठन करता है और उनके अर्थ का बोध नहीं करता, तो उसे कैसे लाभ मिल सकता है? सूत्र क्या

सिखाते हैं, यदि कोई उसका अभ्यास नहीं करता, तो वे भला किस काम के? बेहतर है कि हममें से प्रत्येक एक ही सूत्र सीखे और सचमुच अच्छी तरह प्रयास करे, जिससे वह राह पाने के प्रति आश्वस्त हो जाए। कसूद्रपंथक सचमुच हम सबके लिए एक शानदार उदाहरण है।''

तभी से कसूद्रपंथक समुदाय का सर्वाधिक सम्माननीय भिक्षु बन गया।

दो भिक्षा पात्र

गोधूलि वेला थी। संघ का साधारण भोजन समाप्त हो चुका था। भिक्षु टहलने के साथ वाला ध्यान करने लगे, लेकिन स्वामी ने पाया कि एक होनहार युवा भिक्षु कुछ परेशान है।

उस भिक्षु को अपने पास बुलाकर स्वामी ने धीरे से पूछा, ''कोई बात है, जिससे तुम परेशान हो?''

युवा भिक्षु ने उत्तर दिया, ''भिक्षुओं के लिए बनाए गए नियमों को मैं तोड़ना नहीं चाहता। लेकिन मैं बड़ी उलझन में हूँ।''

''वह बात क्या है, शायद तुम मुझे बताना चाहोगे।'' बुद्ध ने कहा।

''कल जब मैं भिक्षा माँगने के लिए निकला था, तब एक दयालु गृहस्थ ने खूबसूरती से सजा हुआ लकड़ी का भिक्षा पात्र दिया। मैंने मन में तय किया कि आनंद ही एकमात्र व्यक्ति है, जिसे वह पात्र रखना चाहिए।''

''यह तो सचमुच अच्छी बात है, आगे तो बताओ।''

''परेशानी यह है कि आनंद अपनी शिक्षण-यात्रा पर हैं और एक सप्ताह तक वह हमारे बीच नहीं लौटेंगे। संघ का नियम यह कहता है कि किसी भी भिक्षु को चौबीस घंटे से ज्यादा एक से अधिक भिक्षापात्र रखने की अनुमति नहीं है। अब मुझे नहीं मालूम कि मैं क्या करूँ?''

बुद्ध उन लोगों की भावनाओं के प्रति काफी संवेदनशील थे। उन्होंने आस-पास खड़े सारे भिक्षुओं को अपने पास बुलाकर घोषणा की, ''इसके बाद से प्रत्येक भिक्षु को एक से अधिक भिक्षा पात्र एक सप्ताह से अधिक रखने की अनुमति दी जाती है।''

युवा भिक्षु की मदद के लिए स्वयं अपने ही नियम को बदलकर, बुद्ध ने आनंद के प्रति और उस भिक्षु के प्रति अपनी प्रशंसा व्यक्त की। स्वामी प्रायः ऐसा हल निकाल लेते थे, जिससे सभी खुश रहते थे।

~•~

विचार मनन

हमारे प्राचीन ग्रंथ सांख्य और योग सिखाते थे। सांख्य ज्ञान है और योग कर्म है। अज्ञानी व्यक्ति दोनों को अलग करने की प्रवृत्ति रखते हैं, लेकिन वास्तव में वे अभिन्न हैं।

ज्ञान और कर्म में तालमेल होना चाहिए, क्योंकि दोनों के बीच कोई द्वंद्व नहीं है। केवल अनुशासन की ही बात है।

मैं यह भी बता दूँ कि हमारे ऋषियों के अनुसार ज्ञान का अर्थ पुस्तकीय ज्ञान नहीं है। गुरुदेव साधु वासवानी अकसर हमसे कहा करते थे—ज्ञानी कोई किताबी कीड़ा नहीं है। कोई व्यक्ति पुस्तकों की कई बातें बताए—लेकिन हो सकता है वह सच्चा ज्ञानी नहीं हो। इसलिए गुरुदेव साधु वासवानी ने हमें सिखाया कि ज्ञान प्रत्यक्ष बोध है। एक सच्चा ज्ञानी सत्य की खोज करता है। वह एक रिपोर्टर मात्र नहीं है। वह सुनी-सुनाई बातें नहीं करता। वह जो देखता और महसूस करता है, वही बोलता है। उसे साक्षात्कार या सीधा बोध होता है।

ज्ञान पुस्तकों से नहीं अपितु आंतरिक जीवन से अर्जित किया जाता है। इसे हमारे प्राचीन ऋषियों ने बताया है और गुरु वही होता है, जो हमारे भीतर न केवल मूल पाठ, न केवल 'कहावतें' और शब्द बल्कि उस ज्ञान का शुद्ध तत्त्व उतार दे।

रानी मल्लिका की कहानी

''हे राजन! कुछ महिलाएँ पुरुषों से श्रेष्ठतर होती हैं। ऐसी भी महिलाएँ हैं, जो बुद्धिमान और भली हैं, जो अपनी सासु माँ को देवियों की तरह मानती हैं और जो वचन, विचार और कर्म से पवित्र होती हैं। एक दिन उनसे ऐसे वीर पुत्र जन्म लेते हैं, जो देश की सत्ता सँभालते हैं।''

—राजा पासेनादी से कहे गए बुद्ध के शब्द

बुद्ध के समय में कोशल राज्य की राजधानी श्रावस्ती में मालियों और माला गूँथनेवालों के निरीक्षक के घर एक बेटी ने जन्म लिया। उसका नाम मल्लिका रखा गया। बड़ी होकर वह खूबसूरत, गुणवान और व्यवहार-कुशल युवती हुई। वह वास्तव में अपने माता-पिता की खुशी का स्रोत थी।

जब वह अपनी पूर्ण यौवनावस्था में थी, तो वह अपनी सहेलियों के साथ वन-विहार के लिए निकली। भोजन के लिए वह चावल को उबालकर बनाए गए तीन केक ले गई।

वह वास्तव में अपने माता-पिता की खुशी का स्रोत थी। जब लड़कियाँ छायादार कुंज के नीचे खेल रही थीं, तभी बुद्ध और उनके भिक्षु भाई अपनी परंपरा के अनुसार भिक्षा माँगते हुए वहाँ आ पहुँचे। मल्लिका को नहीं मालूम था कि वह ज्ञानी साधु कौन है, लेकिन बुद्ध के प्रथम दर्शन मात्र से वह इतनी प्रभावित हुई कि अपना सारा भोजन उनके भिक्षा पात्र में डालकर उनके चरणों में साष्टांग होकर आशीर्वाद माँगने लगी।

स्वामी ने अपनी मुस्कान बिखेरी और मल्लिका अव्यक्त खुशी, जिससे उसका सारा अस्तित्व सराबोर हो गया, का स्पर्श पाकर चली गई। बुद्ध ने उसे ऐसी मुस्कान के साथ देखा, जिससे उनकी आँखें और मुखमंडल प्रकाशित हो उठे।

उनके साथ चल रहे आनंद को मालूम हो गया कि स्वामी की मुस्कराहट में कोई विशेष सार्थकता है। उसने कहा, ''मैं जानता हूँ कि आप अकारण नहीं मुस्कराते, स्वामी! क्या मैं जान सकता हूँ कि ऐसी प्रसन्नचित्त मुस्कराहट का राज़ क्या है?''

बुद्ध ने कहा, ''उस युवती ने अपना सारा भोजन मुझे दे दिया है। रात बीतने से पहले ही वह कोशल की रानी बन चुकी होगी।''

आनंद ने बड़े आश्चर्यपूर्वक पूछा, ''यह कैसे संभव है? वह एक गरीब परिवार से है और कोशल का राजा एक घमंडी व्यक्ति है। वह देश के सबसे धनाढ्य परिवार से अपने लिए वधू चुन सकता है।''

''फिर भी, एक माला बनानेवाले की बेटी शीघ्र ही उसकी रानी बनेगी। आज उसे एक यति के प्रति उसके करुणा और उदारता के अच्छे कर्म का फल मिलकर ही रहेगा।''

तब यह अविश्वसनीय ही लग रहा था कि एक गरीब और निम्न जाति की लड़की देश की रानी होने की स्थिति तक कैसे उठ सकती है!

जहाँ तक मल्लिका की बात है, उसने दिन का शेष समय उच्च चेतना की अवस्था में बिताया। उसका हृदय खुशी से सराबोर था और जैसे ही रात्रि शुरू हुई, वह सार्वजनिक उद्यान में बड़ी लगन से गीत गुनगुनाती हुई चहल-कदमी करने लगी।

तभी कोशल नरेश पासेनादी अपने प्रतिद्वंद्वी मगध नरेश के साथ हुई एक असफल लड़ाई के पश्चात् अपनी राजधानी लौट रहा था। युद्ध से थके हुए और अनमने राजा के मन को युवती के मधुर गीत से बड़ा सुखद अहसास हुआ। उसने लड़की को बुलाकर पूछा कि वह कौन है, साथ ही यह भी पूछा कि वह विवाहित है या नहीं। मल्लिका, जो राजा की पहचान से अनजान थी, बड़ी तत्परता से सामने आई और उसकी आँखों में देखते हुए उत्तर दिया, ''मेरा नाम मल्लिका है और मैं अविवाहित हूँ।'' उसकी कांतिमय खूबसूरती ऐसी थी, उसकी प्रेमयुक्त निगाहें ऐसी थीं कि राजा उस पर अपना दिल हार बैठा। उसने उससे कहा कि वह उसे अपने माता-पिता के पास ले चले। एक दीन-हीन माली की झोंपड़ी के पास ही राजा ने विवाह के लिए उनकी बेटी का हाथ माँग लिया। माली, जो अपने शाही आगंतुक को चेहरे से जानता था, खुशी से मूक था। तत्क्षण उसने शाही सवारी मँगवाई और अपनी प्रमुख रानी बनाने के लिए मल्लिका को महल ले गया।

सारे श्रावस्ती में माला बनानेवाले की गुणवान बेटी के सौभाग्य पर खुशियाँ मनाई गईं। वह देवी की तरह रूपवती थी और महात्मा बुद्ध को अपना भोजन दे देने के निस्स्वार्थ कृत्य की चर्चा हर तरफ थी। वे कह रहे थे, "इस युवती ने बुद्ध को भिक्षा दी। देखो इसके अच्छे कर्म उसे कहाँ ले गए!" इस घटना का प्रभाव ऐसा था कि उसके उदाहरण से प्रेरित होकर लोग और ज्यादा उदार और दानशील हो गए।

मल्लिका राजा को बहुत प्रिय थी। वह उस पर अपना प्रेम और उदारता लुटाता था। उन दिनों बुद्ध का यह नियम था कि वे वर्षा के महीने श्रावस्ती में बिताते थे। युवा रानी उसकी सर्वाधिक समर्पित शिष्या बनी और उनकी शिक्षाओं से लाभ प्राप्त किया।

एक बार उसने बुद्ध से पूछा कि ऐसा क्यों है कि कुछ लड़कियाँ खूबसूरत लेकिन गरीब और प्रतिभाशाली होती हैं। जबकि कुछ धनवान, खूबसूरत और अकुशल होती हैं। फिर कुछ धनी और कुरूप होती हैं, लेकिन बहुत ही कुशल होती हैं। जबकि कुछ दुर्भाग्यशाली ऐसी होती हैं, जो गरीब, कुरूप और प्रतिभाहीन होती हैं। ऐसा नहीं है, मानो इस बात पर ध्यान देनेवाली वह पहली महिला थी, लेकिन उसे यकीन था इसके पीछे कोई-न-कोई खास कारण जरूर होना चाहिए, जिसे वह जानना चाहती थी।

बुद्ध ने उसे समझाया कि खूबसूरती, धन, कौशल और प्रतिभा सभी लोगों के कर्मों के परिणाम होते हैं; जो सज्जन और क्षमाशील होते हैं, उन्हें अगले जन्म में बड़ी खूबसूरती हासिल होती है; जो उदार और दयालु होते हैं, उन्हें बड़ी दौलत का सौभाग्य प्राप्त होता है। जो किसी के अच्छे सौभाग्य के प्रति कभी ईर्ष्या नहीं रखते, उन्हें विशेष कौशल और प्रतिभा हासिल होती है। इनमें से जिस किसी गुण को व्यक्ति उन्नत करता है, वे उसके भाग्य में आते हैं। और कभी-कभी इन कृपाओं में एक या अधिक का समन्वय भी नजर आता है।

यह सुनकर मल्लिका ने निश्चय किया कि वह गरीबों के प्रति सदा दयालु और उदार रहेगी; अपनी सारी प्रजा के प्रति विनम्र और मधुर रहेगी। बहुत जल्द वह बुद्ध और धम्मा के प्रति समर्पित हो उनकी आजीवन शिष्या हो गई। उसने संघ के लिए एक लंबा पंक्तियों वाला हॉल बनवाया, जहाँ जनता के लाभ के लिए चर्चा व व्याख्यान आयोजित हो सके।

वह राजा पासेनदी की चहेती और निष्ठावान रानी भी थी। वह सदा आज्ञाकारी रहती; वह सर्वाधिक विनम्र और सहृदय बातें किया करती थी। वह अपनी प्रजा के प्रति उदार थी। संघ के सभी भिक्षु उसे विनम्रता और दया की मूर्ति के रूप में काफी सम्मान करते थे।

शीघ्र ही उसे यह सिद्ध करना था कि वह ईर्ष्या से मुक्त है, क्योंकि बहुत जल्द ही राजा ने एक राजकुमारी से विवाह किया, जो साख्य गोत्र की थी और वह बुद्ध के

परिवार से संबंधित थी। राजा ने अपने दीवानेपन के वशीभूत उसने उसे प्रमुख रानी बना दिया; लेकिन मल्लिका उस नई रानी को अपनी बहन की तरह पसंद करती थी और बड़ी तत्परता से उसे शाही गृहस्थी का प्रमुख बनने दिया। समय के अंतराल में नई रानी ने एक बेटे को जन्म दिया, जो उत्तराधिकारी राजकुमार बन गया, जबकि मल्लिका ने एक बालिका को जन्म दिया।

राजा बहुत ही निराश हो गया और उसने बुद्ध से पूछा कि मल्लिका उसके लिए पुत्र को जन्म क्यों नहीं दे सकी? मुस्कराते हुए, बुद्ध ने जवाब दिया कि औरत आदमी से कहीं श्रेष्ठ है, बशर्ते उसमें खूबसूरती, बुद्धिमत्ता और सादगी के गुण हों। ''निस्संदेह आपका बेटा राजा बनेगा,'' उन्होंने पासेनदी से कहा। ''लेकिन आपकी बेटी एक शक्तिशाली शासक की माँ बन सकती है।''

उस धन्य आत्मा के शब्द कभी झूठे सिद्ध नहीं हो सकते थे। मल्लिका की बेटी राजकुमारी वजीरा का विवाह मगध के राजा के साथ हुआ और उसके वंश में महान् सम्राट् अशोक का जन्म हुआ।

मल्लिका के प्रभाव से राजा पासेनदी भी बुद्ध की ओर खिंचते चले गए। यह कुछ इस तरह हुआ—

एक रात्रि को राजा पासेनदी को एक डरावना स्वप्न आया, जिसमें भयंकर दैत्य की तरह के प्राणी विकट रूप धारण किए हुए बड़ी डरावनी आवाज में 'डु, सा, ना, सो', कहकर चीख रहे थे। डर के मारे पसीने से लथपथ राजा उठ बैठा और ब्राह्मणों को बुलाकर इस विषय पर विचार-विमर्श किया कि जिस स्वप्न से वह डर गया था, उसमें कुछ अपशकुन तो नहीं है?

शाही वृत्त के लालची ब्राह्मणों ने देखा कि भयाक्रांत राजा से पैसा कमाने का यह अच्छा अवसर है। उन्होंने उससे कहा कि अपशकुन तो सचमुच बहुत भयानक था और राज्य में आने वाली विपत्ति को टालने के लिए एक बड़ा बलिदान देना पड़ेगा। तुरंत एक बड़ी यज्ञशाला का निर्माण हुआ और दर्जनों मूक, निरीह जानवरों को बलि देने के लिए लाया गया। लालची ब्राह्मण खुश थे कि बहुत जल्दी उन्हें स्वर्ण और उपहार प्राप्त होगा और राजा अब भी किसी अज्ञात भय से परेशान था।

अपना अधिकतर समय मनन और ध्यान में व्यतीत करनेवाली मल्लिका प्रमुख महल में चल रही जोर-शोर की तैयारियों से अनभिज्ञ थी। एक दिन सुबह जब वह अपनी रानी-बहन का अभिनंदन करने गई, तो उसने देखा कि एक विशाल बलिवेदी का निर्माण किया जा रहा था और बलि देने के लिए ढेर सारे अलापते हुए जानवरों को खंभों से बाँधकर रखा गया था। पूछने पर उसे मालूम हुआ कि राजा के इर्द-गिर्द घिर आई बुरी आत्माओं को भगाने के लिए एक विशाल बलिदान दिया जानेवाला था।

महल में होनेवाली हिंसा से दुःखी-परेशान होकर मल्लिका ने राजा के सामने आकर पूछा कि महल में वह इस तरह की बलि की अनुमति कैसे दे सकते थे? राजा, जो स्वार्थी और अंधविश्वासी था, बड़बड़ाने लगा कि उसने कभी भी उसकी भलाई में कोई रुचि नहीं ली, वरना वह उसकी समस्याओं के प्रति तटस्थ कैसे रह सकती थी। बलि की योजना उसके लाभ के लिए बनाई जा रही थी; निश्चित ही वह इसकी आवश्यकता पर प्रश्न खड़ा नहीं कर सकती थी।

मल्लिका ने राजा से कहा, "निस्संदेह मैं आपकी भलाई का ध्यान रखती हूँ। मैं केवल इतना चाहती हूँ कि इस उद्देश्य के लिए आप राज्य के सर्वोत्तम ब्राह्मण से संपर्क करें।"

"और कोशल भर में मेरे प्रमुख पुजारी से बेहतर ब्राह्मण कौन हो सकता है?" राजा ने संदेहपूर्वक पूछा।

"निस्संदेह साख्य मुनि!" मल्लिका ने उत्तर दिया।

"लेकिन, प्रिये, वह जन्म से ब्राह्मण नहीं है।" राजा ने विरोध जताया।

"स्वामी, कोई अपने जन्म मात्र से ही ब्राह्मण नहीं हो जाता," मल्लिका ने समझाया, "ज्ञानी व्यक्ति ही देवताओं और मनुष्यों की दुनिया में सबसे श्रेष्ठ ब्राह्मण है। आइए, अपनी समस्या हम उनके पास ले जाएँ।"

राजा सीधे उस कुंज में पहुँचा, जहाँ बुद्ध ठहरे हुए थे और अपने दुःस्वप्न को कह सुनाया। गहन परेशानी में उसने बुद्ध से पूछा, "मेरा क्या होगा?"

बुद्ध ने उसे समझाया कि इन परिस्थितियों में उसे कोई नुकसान नहीं होगा। जो स्वप्न उसने देखा था, वह उसके लिए चेतावनी मात्र है। "उनका तात्पर्य तुम्हें यह बताना है कि दुनिया के नैतिक मूल्यों में धीरे-धीरे गिरावट आएगी।" स्वामी ने उसे समझाया। चार आवाजें, जो उसने सुनी थीं, वे उन चार पापियों की थीं, जो कभी श्रावस्ती में रहते थे। लाखों वर्षों से उन्हें नर्क में रखा गया था और 'डु', 'सा', 'ना', 'सो' शब्दों को बुद्ध ने निम्नानुसार समझाया—

डु — गोबर जैसा जीवन हमने जिया। देने के प्रति हम बिल्कुल इच्छुक नहीं थे, हालाँकि हम बहुत दे सकते थे, लेकिन हमने अपना आश्रय ऐसा नहीं बनाया।

सा — कहो कि क्या अंत निकट है? पहले ही 60,000 वर्ष बीत गए, इस नर्क प्रदेश में यातना निरंतर जारी है।

ना — नहीं, अंत नजदीक नहीं है, आह, क्या यह खत्म होगा? हमें कोई नजर नहीं आता, जिसने कभी यहाँ बुरे कर्म हमारे, तुम्हारे और हम दोनों के लिए किए।

सो — तो क्या मैं इस स्थान को छोड़ सकता हूँ और इंसानियत के दायरे में

स्वयं को ऊँचा उठा लूँ?

मैं दयालु और नैतिक भी रहूँगा तथा पर्याप्त अच्छे कार्य करूँगा।

राजा ने बड़े ध्यान से इन वर्णनों को सुना और बुद्ध की बातों से आश्वस्त हो गया। वह सभी जानवरों को मुक्त करने और बलि की वेदी नष्ट करने के अपनी करुणामयी रानी के अनुरोध से सहमत हो गया। इसके स्थान पर गरीबों को खैरात बाँटी गई और अक्षम तथा अपंगों को चिकित्सीय सहायता दी गई।

फिर राजा ने बुद्ध से अनुरोध किया कि वह किसी को भेजे, जो उसकी रानियों को शिक्षा प्रदान करे। बुद्ध ने इस उद्देश्य के लिए आनंद को नियुक्त कर दिया और मल्लिका की खुशी का ठिकाना न रहा। शिक्षा से वह इतनी लाभान्वित हुई कि मरणोपरांत उसे मुक्ति मिल गई।

~•~

विचार मनन

उच्चतम बोध की अवस्था में स्वामी विवेकानंद ने कहा कि वे सभी महिलाओं में देवी माता के दर्शन करते थे, उन्होंने महिलाओं के उत्थान के लिए अथक कार्य करते हुए कहा, ''एक राष्ट्र की उन्नति का सबसे बड़ा थर्मामीटर उसकी महिलाओं के साथ उसका व्यवहार है और फिर, जब तक महिलाओं की स्थिति सुधर नहीं जाती है, तब तक दुनिया के कल्याण का कोई अवसर नहीं है।''

लैंगिक समानता के पक्ष में उनके जोशीले तर्क को सुनना बहुत ही प्रेरणास्पद है, जिसमें वे अंतिम प्राधिकार के रूप में वेदों का दृष्टांत देते हैं—''यह समझना बहुत कठिन है कि इस देश में क्यों स्त्री-पुरुषों के बीच इतना फर्क किया जाता है, जबकि वेदांत यह घोषणा करता है कि सभी प्राणियों में एक चेतना विद्यमान है। आप हमेशा महिलाओं की आलोचना करते हैं, लेकिन जरा बताएँ कि आपने उनके उत्थान के लिए क्या किया है? स्मृतियाँ इत्यादि लिखते हुए और उन्हें कठोर नियमों में बाँधते हुए पुरुषों ने महिलाओं को निर्माण यंत्रों में बदल दिया है। यदि आप महिलाओं—जो देवी माँ का जीता-जागता रूप हैं— को ऊपर नहीं उठाते, तो सोचिए भी मत कि आपके पास उत्थान का कोई और रास्ता भी है!

महात्मा गांधी न केवल हमारे राष्ट्रपिता, हमारी स्वतंत्रता के शिल्पकार थे, अपितु वे एक महान् सामाजिक कार्यकर्ता भी थे। उन्होंने युगों से देश की महिलाओं के खिलाफ बरती जा रही ज्यादतियों को निर्मूल करने के लिए जोशो-

खरोश से लड़ाई लड़ी। उनका राजनैतिक सिद्धांत मानवीय मूल्यों पर आधारित था और उनके गहन आध्यात्मिक स्वभाव को प्रतिबिंबित करता था।

गांधी ने महिलाओं में जागृति लाने के साथ-साथ, उन्हें साहस के साथ राष्ट्रीय मुख्यधारा में लेकर आए, जहाँ वे 'सत्याग्रह' और 'भारत छोड़ो आंदोलन' में अपने भारतीय साथियों के साथ कंधे से कंधा मिलाकर खड़ी रहीं। गांधी ने कहा, "महिलाओं को कमजोर कहना उनका अपमान करना है। यह महिलाओं के प्रति पुरुषों का अन्याय है।" वास्तव में भारत में महिलाओं की स्थिति के उत्थान में उन्होंने महत्त्वपूर्ण भूमिका निभाई।

साधु वासवानी अपने देश में एक शांत और सारगर्भित क्रांति लाए। महिलाओं को वे अपनी बहनों के रूप में देखते थे और उन्हें वे कमजोर नहीं मानते हुए शक्ति की प्रतीक, आत्मा की आंतरिक शक्ति मानते थे। वे केवल बातें ही नहीं किया करते थे, उन्होंने सिंध की पर्दे में और रसोई तक सीमित रहनेवाली महिलाओं को सच्चे अर्थों में आध्यात्मिक मुक्ति का रास्ता दिखाया। उनके उदार मार्गदर्शन में 'सखी सत्संग' की शुरुआत हुई, जिनमें पहली बार वे अपनी इच्छा से सत्संग से जुड़कर अपने व्यक्तिगत जीवन में स्वयं निर्णय लिया। उन्होंने सिंधी महिलाओं को सदियों से प्रतिबंधित और चहारदीवारी में रखनेवाले अंधविश्वास की बेड़ियों को तोड़ने के लिए वह सब कुछ किया, जो वे कर सकते थे। पर्दा प्रथा के खिलाफ उन्होंने वैसे ही आवाज मुखर की, जैसे उन्होंने दहेज प्रथा के खिलाफ विरोध प्रकट किया। साथ ही साथ, वे अति 'आधुनिकवाद' के खतरे से भी अवगत थे, इसलिए वे महिलाओं को पश्चिमी फैशन के अंधानुकरण के खिलाफ सजग करते रहते थे। वे उन्हें उनके परिधान और दैनिक जीवन में सादगी का गुण उत्पन्न करने के लिए प्रोत्साहित करते थे।

हम सभी का यह नैतिक दायित्व है कि हम इस प्रश्न पर विचार करें—उन मूल्यों और विचारों का क्या हुआ, जिन्हें स्वामी विवेकानंद, महात्मा गांधी और साधु वासवानी हमारे लिए विरासत के रूप में छोड़ गए हैं? हम एक ऐसे समाज में उतरकर इतने क्यों गिर गए हैं, जो महिलाओं का सम्मान करने और उनके साथ अच्छा बर्ताव करने में असफल हैं?

आइए, उत्तर के लिए अपने अंत:करण को टटोलें!

उसने प्रेम से जीता : बुद्ध के प्रारंभिक शिष्य

''आप कितने भी पवित्र शब्द पढ़ें, कितने भी पवित्र शब्द आप बोलें, यदि आप उन पर आचरण नहीं करेंगे तो वे आपका क्या भला करेंगे?''

—गौतम बुद्ध

बोधि प्राप्त करने पर बुद्ध पहले तो संसार से पीछे हटने के लिए उद्यत हुए, लेकिन करुणामय होने के कारण उन्होंने देखा कि संसार को उनके मार्गदर्शन और संदेश की आवश्यकता थी। वे लोगों के प्रति करुणा से भर गए और करुणा से ओत-प्रोत वे अपने संदेश देने के लिए उनके बीच गए।

जैसा कि इतिहास हमें बतलाता है, उनका कार्य कोई सरल नहीं था। यह उनके सामने फूलों बिछा रास्ता नहीं था। अपने मिशन के प्रारंभिक दिनों में उन्हें हर तरह की गाली, विरोध और प्रताड़ना का सामना करना पड़ा। लेकिन उन्होंने प्रेम का रास्ता चुना। उन्होंने प्रेम से विजय हासिल की।

एक बार बुद्ध को एक डाकू ने जान से मारने की धमकी दी।

''आप मेरा जीवन ले सकते हैं, लेकिन मेरी अंतिम इच्छा को पूरा करने की दया जरूर कीजिए।'' बुद्ध ने कहा।

''वह क्या है?'' डाकू ने पूछा।

''उस वृक्ष की एक शाखा काटकर अलग कर दो।''

तलवार के एक झटके से शाखा कटकर अलग हो गई।

''अब क्या?''

''अब मेरा अनुरोध है कि इसे वापस जोड़ दो।'' बुद्ध ने कहा।

डाकू तिरस्कार के अंदाज में हँसा, ''तुम्हारा ऐसा सोचना भी पागलपन है कि कोई ऐसा कर भी सकता है।''

''पागल तो उलटे आप हैं, जो यह सोचकर स्वयं को ताकतवर मान बैठे कि आप किसी को चोट पहुँचा सकते हैं, घाव दे सकते हैं और जान भी ले सकते हैं। कोई भी शारीरिक ताकत से ऐसा कर सकता है। सत्य तो यह है कि वे ही सचमुच महान् हैं, जो पुनर्स्थापित और उपचार कर सकें।''

यह सुनकर डाकू ने हिंसा का जीवन त्याग दिया और स्वामी का शिष्य बन गया।

***

बुद्ध के जीवन काल में अंगुलिमाल नाम का एक कुख्यात हत्यारा रहता था। उसके नाम का शाब्दिक अर्थ 'उँगलियों की माला' था। उसे यह नाम इसलिए दिया गया था, क्योंकि वह अपने शिकार होनेवाले लोगों के अँगूठे काटकर, उसकी माला बनाकर अपने गले में धारण करता था।

बुद्ध ने अंगुलिमाल के विषय में सुना। अपनी असीम करुणावश, उन्होंने उसे धर्म के रास्ते में लाने का निर्णय लिया। उस समय तक ऐसी अफवाह थी कि अंगुलिमाल लगभग एक हजार लोगों को अपने आक्रमण, लूट और हत्या का शिकार बना चुका था, अत: उसके गले की माला में 999 मानवीय अँगूठे थे। इसे अब वह गले में नहीं पहनता था बल्कि जंगल में एक विशाल वृक्ष पर इसे लटका रखा था। कहा जाता था कि अंगुलिमाल बड़ी उत्सुकता से अपने हजारवें शिकार की तलाश में जंगलों में घूम रहा था।

अंगुलिमाल से आमने-सामने मिलने के लिए बुद्ध उसकी खोज में अकेले और पैदल उस जंगल की ओर चल पड़े, जहाँ वह छिपा हुआ था। बुद्ध को देखकर अंगुलिमाल उनकी तरफ दौड़ा। उसे बड़ी हैरानी इस बात से हुई कि भगवाधारी साधु उससे भी तेज दौड़ता हुआ उसे महसूस हो रहा था।

हमें बताया जाता है—

...तभी स्वामी (बुद्ध) ने अलौकिक शक्ति का ऐसा चमत्कार दिखाया कि अंगुलिमाल पूरी गति से भागकर भी, सामान्य गति से चल रहे बुद्ध के निकट नहीं पहुँच पाया। तब उसने सोचा, कमाल है! पहले तो मैं दौड़ते हाथी, हवा से बातें करते घोड़े को पकड़कर वश में कर लेता था, दौड़ते रथ, कुलाँचे भरते हिरण को पकड़कर वश में कर लेता था। लेकिन अब जबकि मैं संभवत: पूरी गति से भाग रहा हूँ, फिर भी मैं इस सामान्य गति से चल रहे साधु की बराबरी नहीं कर पा रहा हूँ! रुककर उसने पुकारा, ''स्थिर खड़े रहो,

मुनि! स्थिर खड़े रहो!''

''अंगुलिमाल, मैं तो स्थिर खड़ा हूँ, क्या तुम भी खड़े हो?''

डाकू अंगुलिमाल ने सोचा, ''ये साख्य पंथ के अनुयायी सत्य बोलते हैं, सत्य का दावा करते हैं, लेकिन चूँकि यह मुनि दौड़ रहा है, फिर भी वह कहता है, ''मैं रुक गया हूँ अंगुलिमाल, क्या तुम भी रुके हो?'' क्या मैं मुनि से प्रश्न करूँ?

अंगुलिमाल ने इस तरह साख्य मुनि को संबोधित किया—

> ''मुनि, जबकि तुम चल रहे हो, फिर भी तुम कहते हो कि तुम रुक गए हो, लेकिन अब जब मैं रुक गया हूँ, तो तुम कहते हो मैं नहीं रुका हूँ। ओ मुनि, अब मैं तुमसे पूछता हूँ कि इसका मतलब क्या है? यह कैसा है कि तुम रुक चुके हो, लेकिन मैं नहीं।''

बुद्ध ने कहा—

> ''अंगुलिमाल, हरेक जीव के प्रति हिंसा त्यागकर मैं सदा के लिए रुक गया हूँ, लेकिन तुममें साँस लेते जीवों के प्रति कोई नियंत्रण नहीं है। इसीलिए मैं रुक चुका हूँ और तुम नहीं रुके।''

> ये शब्द सुनकर बुद्ध की आँखों में प्रेमभरी करुणा और महात्मा से आमने-सामने मिलन से अंगुलिमाल के जीवन में महान् रूपांतरण आया। उसने बुद्ध से उसे मुनि बनाने और संघ समुदाय में रहने की अनुमति देने के लिए कहा।

कहानी में आगे ज्ञात होता है कि अंगुलिमाल अहिंसक और संघ का एक मुनि हो गया। उसने साधुत्व का कठोर रास्ता अपनाया और भिक्षा माँगने लगा। उस जगह के लोग, जो उससे अब भी घृणा करते थे और उससे डरते थे, उसे भिक्षा देने से इनकार कर देते थे। और कई-कई दिनों तक उसे अन्न के एक दाने या दलिया की एक बूँद के बगैर भूखा रहना पड़ता था। कुछ लोग उस पर पत्थर भी फेंकते थे। फिर भी हकीकत तो यह थी कि वह मुनि बन चुका था। उसने बड़े सब्र के साथ यह सहन किया और अंततोगत्वा संत की अवस्था को प्राप्त हुआ।

'सौंग्स ऑफ एल्डर्स' में दर्ज की गई ये पंक्तियाँ हैं।

(थेरागाथा; ठग 16.8)

वह जिसने कभी लापरवाही से जीवन जिया हो।
और फिर कभी लापरवाह न रहे;

वह संसार को प्रकाशित करे।
जैसे बादल हटने के बाद पूर्णिमा का चाँद।

(V. 871; Dhp 172)

विचित्र रूपांतरण की इस कहानी का उल्लेख 'मज्झिम निकाय' के अंगुलिमाल सुत्ता में है।

बुद्ध के विरोधी उन्हें चोर कहकर पुकारते थे, क्योंकि उन्होंने जानवरों की बलि को बंद करवा दिया था। उनके विरोधी लोगों से कहा करते थे, "उसका चेहरा भी मत देखो।" एक बार वे भूखे रह गए, क्योंकि गाँव में कोई भी उन्हें भिक्षा में एक कौर भोजन देने के लिए भी तैयार नहीं था।

सोनान्द एक ज्ञानी ब्राह्मण था। लोगों ने इस विद्वान् को बुद्ध से न मिलने का सुझाव दिया, क्योंकि इससे उसकी प्रतिष्ठा पर विपरीत प्रभाव पड़ता।

सुंदरी एक संन्यासिनी (नन) थी। बुद्ध के विरोधियों ने (सुंदरी) हत्या कर उसकी लाश को जंगल में बुद्ध के मठ के करीब फेंकने का इंतजाम कर लिया। उनके विरोधी चीख-चीखकर कह रहे थे, "यह गौतम ही है, जिसने इस जघन्य अपराध को अंजाम दिया है।" गौतम शांत, धैर्यशील और क्षमाशील थे। एक दिन किराए के हत्यारों ने शराब पी रखी थी और नशे की हालत में उन्होंने षड्यंत्र का खुलासा कर दिया। इस तरह वास्तविक हत्यारों पर मुकदमा चला और बुद्ध के दुश्मनों को मुँह की खानी पड़ी।

सिनका एक खूबसूरत युवती थी। बुद्ध के दुश्मनों ने उसे रिश्वत देकर यह आरोप लगवा दिया कि बुद्ध के साथ उसके अवैध संबंध हैं। इन व्यक्तियों के द्वारा दिग्भ्रमित और पथभ्रष्ट हो जाने पर उसने एक लकड़ी के गोले को पेट से लगाकर स्वयं को गर्भवती औरत की तरह प्रदर्शित किया। उसके झूठे आरोप से बुद्ध के दुश्मनों ने उन्हें सार्वजनिक तौर पर भला-बुरा कहा। बुद्ध निंदा और ईर्ष्या से अप्रभावित रहे। वे शांत, मूक और निस्तब्ध रहे। किंतु यह योजना भी दैवी इच्छा से विफल कर दी गई। नौवें महीने वह युवती बुद्ध के संध्या सत्संग में सार्वजनिक तौर पर बुद्ध के खिलाफ दोषारोपण करने के लिए उपस्थित हुई। उसने बुद्ध पर उनके साथ रहने का आरोप लगाया और माँग की कि उसके प्रसव के लिए वह स्थान उपलब्ध कराएँ।

बुद्ध शांत रहे। विनम्र शब्दों में उन्होंने उससे कहा, "बहन, तुम्हारी बातें सत्य हैं या नहीं, यह तुम्हारे और मेरे अलावा कोई और नहीं जानता।" इसी वार्त्तालाप के दौरान उस युवती का लकड़ी का गोला लोगों के सामने नीचे गिर गया। लोगों ने सत्य देख लिया और शोर-शराबा कर उन्होंने उसे बाहर निकाल दिया और तब तक उसके पीछे पड़े रहे, जब तक उसने सत्य स्वीकार कर क्षमा नहीं माँग ली।

तभी ऐसे दिन आए कि लोगों की भीड़ उनके पास पहुँचने लगी और उनका अनुसरण करने लगी। धनी, शक्ति-संपन्न और कुलीन, सभी आराम का जीवन छोड़ भिक्षु बनने और कठोर परिव्राजक जीवन के लिए खुशी-खुशी तैयार हो जाते।

गौतम का चचेरा भाई देवदत्त बुद्ध की बढ़ती प्रतिष्ठा और महत्त्व से ईर्ष्या रखता था। सत्ता की हवस में दीवाना होकर उसने बुद्ध के जीवन का अंत करने की योजना बना ली। वह संघ में शामिल हो चुका था, लेकिन उसके दिल में बुद्ध के प्रति ईर्ष्या व जलन थी। वह चाहता था कि बुद्ध की जगह वह स्वयं उस व्यवस्था का प्रमुख बने।

उसने पहाड़ से एक विशाल चट्टान बुद्ध की राह में धकेलकर बुद्ध की जान लेने की कोशिश की, लेकिन मुनि बच गए। देवदत्त ने राजा अजातशत्रु के साथ मिलकर कुछ खतरनाक हत्यारों को पैसे देकर बुद्ध की हत्या की योजना बनाई, पर जब उनका सामना महात्मा बुद्ध के साथ हुआ, तो वे हथियार फेंककर उनके पैरों पर गिर पड़े।

देवदत्त अब भी नहीं बदला था, उसने नलगिरी नामक एक भयंकर हाथी बुद्ध के रास्ते में छोड़ दिया। स्थिति और बदतर बनाने के लिए हाथी को सुरा पिलाकर धुत्त कर दिया गया।

जब उग्र हाथी बुद्ध को सुनने के लिए एकत्र हुए लोगों की तरफ दौड़ा तो लोग डरकर इधर-उधर भागे, लेकिन बुद्ध स्थिर खड़े रहे। उनके चेहरे पर अलौकिक सुंदरता थी, आँखों में दिव्य चमक। अनंत करुणा के साथ उन्होंने अपने आतंकित शिष्यों से कहा, 'डरो मत मेरे भाइयो, जो किसी को हानि नहीं पहुँचाता है, उसे कोई हानि नहीं पहुँचा सकता!'

बुद्ध की उपस्थिति के जादू से क्रोध में चिंघाड़ता हाथी पालतू बन गया।

आगे देवदत्त ने संघ पर अपना वर्चस्व कायम करने का प्रयास यह प्रकट करते हुए किया कि नैतिक सदाचार में वह बुद्ध से बढ़कर है। प्रतिद्वंद्विता वश उसने पाँच सौ भिक्षुओं को समझा-बुझाकर अपने साथ कर लिया। लेकिन बाद में गौतम बुद्ध के शिष्य सारिपुत्र द्वारा धम्मा पर दिया गया उपदेश सुनकर सभी भिक्षु स्वेच्छा से गौतम बुद्ध के मठ में लौट गए।

एक किंवदंती है कि एक बार देवदत्त बालुई दलदल में फँसकर तेजी से अंदर धँसता जा रहा था। उसने मदद की गुहार लगाई, लेकिन कोई भी उसे बचाने के लिए नहीं आया। अंततः वहाँ से गुजरते हुए बुद्ध को उस पर तरस आया और ऐन वक्त पर उन्होंने उसे बाहर निकाल लिया। शायद यह पाप और बुराई के दलदल का प्रतीकात्मक संदर्भ है, जिसमें देवदत्त फँसा हुआ था।

कहा जाता है कि जब देवदत्त मृत्युशय्या पर था। उसने अपने पापों का प्रायश्चित्त कर बुद्ध से क्षमा माँगने की इच्छा व्यक्त की। लेकिन जब उसे बुद्ध के पास ले जाया जा रहा था, तभी उसकी मृत्यु हो गई।

दूसरे भी कई ऐसे लोग थे, जो ईर्ष्यावश बुद्ध की बुराइयाँ करते रहते थे। उन्होंने बुद्ध की हत्या कराने के लिए सुपारी भी दी। ये किराए के हत्यारे बुद्ध की हत्या करने गए और हुआ कुछ ऐसा कि उलटे वे उनके (बुद्ध) प्रति सम्मान का भाव रखने लगे। उनकी पवित्र उपस्थिति ने हत्यारों का हृदय जीत लिया और उनमें बदलाव आ गया। वे बुद्ध के चरणों में गिर पड़े और अपना अपराध स्वीकार कर लिया, उन्होंने पश्चात्ताप किया और बुद्ध से उन्हें शिष्य के रूप में स्वीकारने के लिए कहा।

***

पुर्ना, बुद्ध के समर्पित शिष्यों में से एक था। वह सोनाप्रांत के लोगों के बीच बुद्ध के संदेशों का प्रचार करने के लिए प्रेरित था। सभी जानते थे कि सोनाप्रांत के लोग बड़े असभ्य और खतरनाक थे। उनके देश में किसी भी धर्म-प्रचारक का जीवन सुरक्षित नहीं था। पुर्ना की योजना उसके साथी भिक्षुओं को बहुत ही जोखिम भरी लगी। वे उसके जीवन के प्रति चिंतित व भयभीत थे।

लेकिन पुर्ना एक निष्ठावान व्यक्ति था—उसके मन में कोई डर नहीं था, क्योंकि उसका हृदय सभी प्राणियों के लिए प्रेम से सराबोर था और ऐसे लोगों के लिए उसमें गहरी करुणा थी, जो अज्ञानता के अँधेरे में रहते थे।

वह बुद्ध से आशीर्वाद लेने के लिए गया। स्वामी ने उससे कहा, ''पुर्ना, तुम तो जानते हो कि सोनाप्रांत के लोग बड़े खूँखार हैं। वे एक-दूसरे का अनादर और बुराई करते हैं तथा क्रोध के आवेग पर उनका कोई नियंत्रण नहीं है। यदि वे तुम्हारा अपमान करते हैं, तुम्हें भला-बुरा कहते हैं और तुम पर अपना गुस्सा निकालते हैं, तब तुम क्या करोगे?''

पुर्ना ने कहा, ''स्वामी, यदि वे मेरा अपमान करते हैं और भला-बुरा कहते हैं, तब भी मैं उन्हें दयालु और मित्रवत् ही समझूँगा, क्योंकि कम-से-कम वे मेरे साथ मारपीट तो नहीं कर रहे हैं, मुझे पत्थरों से तो नहीं मार रहे हैं।''

''और यदि वे तुमसे मारपीट करें और तुम पर पत्थर फेंकें तब?'' बुद्ध ने पूछा।

''तब भी मैं उन्हें दयालु ही मानूँगा, क्योंकि आखिर वे मुझ पर हथियारों से आक्रमण तो नहीं कर रहे हैं।''

बुद्ध ने पुनः पूछा, ''और यदि वे तुम पर हथियारों से आक्रमण करें, तब?''

''तब भी मैं उन्हें दयालु और मित्रवत् ही समझूँगा, क्योंकि वे मेरी जान तो नहीं ले रहे हैं।'' पुर्ना ने उत्तर दिया।

''और यदि वे तुम्हें मार डालें तो, पुर्ना?''

पुर्ना ने आगे कहा, ''भले ही वे मुझे मार भी डालें, स्वामी, तो भी मैं अपनी मृत्यु के क्षण उन्हें धन्यवाद दूँगा, क्योंकि वे इस शरीर की सीमाओं और मनुष्य जीवन के बंधन से मुझे मुक्त कर देंगे।''

स्वामी पुर्ना के उत्तर से बहुत प्रसन्न हुए और कहा, ''तुम्हारे पास तो महानतम सज्जनता और धैर्य का उपहार है। तुम जाकर सोनाप्रांत के लोगों के बीच रह सकते हो। उन्हें उसी तरह स्वतंत्र होने का रास्ता दिखाओ, जैसे कि तुम स्वतंत्र हो।''

पुर्ना धन्य था। वह मुक्त था, वह निर्भय था। उसने सोनाप्रांत के लोगों को भी मुक्त और निर्भय होने का रास्ता दिखलाया।

बुद्ध का रास्ता दु:ख मिटाने का रास्ता था। एक अवसर पर उन्होंने कुछ महत्त्वपूर्ण शब्दों में अपनी शिक्षा दी—''ज्वालाओं को शांत करो।''

उन्होंने मनुष्य को नष्ट करने वाली तीन 'ज्वालाओं' की ओर इशारा किया—

(1) लोभ की ज्वाला।

(2) अहंकार, अहं या 'मैं' की ज्वाला,

(3) घृणा की ज्वाला।

उन्होंने बार-बार लोगों को झकझोरा, ''ज्वालाओं को शांत करो।'' अब तो राजा भी राज-काज, साम्राज्य छोड़कर बुद्ध का अनुसरण करने लगे। इतिहास में बुद्ध स्वयं में अनोखे गुरु हुए, जिन्होंने अपने पिता, बेटे और पत्नी को भी दीक्षा दी।

***

एक बार गौतम बुद्ध अपने शिष्यों और भक्तों के साथ बैठे हुए थे। तभी समूह में से किसी ने कहा, ''स्वामी, हममें से कई बहुत दूर से आपको सुनने के लिए आए हैं। कृपया हमें ऐसी शिक्षा दीजिए, जो जाते समय हम अपने साथ ले जाएँ।''

बुद्ध ने अपने बगल में रखा एक पका हुआ आम उठाया। इसे सभी को दिखाने के बाद वापस उसी स्थान पर रख दिया। कुछ मिनट बीत गए। भक्तगण इसका तात्पर्य नहीं समझ पाए। एक बार पुन: उन्होंने उन्हें संदेश व शिक्षा देने के लिए कहा, जिसे वे अपने दैनिक जीवन में आत्मसात् कर सकें। उन्होंने स्वामी से अनुरोध किया, ''कृपया हमें ऐसी शिक्षा दीजिए, जिसे हम अपने हृदय में अंकित कर लें।''

बुद्ध ने फिर से वही क्रम दोहराया। फिर से उन्होंने आम उठाया, सभी को दिखलाया और वापस यथास्थान रख दिया। तीसरी बार भी यही क्रम दोहराया गया। चौथी बार जब समूह ने संदेश देने का अनुरोध किया, तो बुद्ध ने कहा, ''प्रिय सज्जनो, मैंने तीन बार आपको शिक्षा दी, लेकिन आपको यह समझ में नहीं आई।''

लोग चकित थे। घबराकर उन्होंने पूछा, "स्वामी, कृपया बताइए कि हमारे लिए आपका संदेश क्या है?"

"मैंने तुम्हें आम दिखलाया," स्वामी ने उत्तर दिया, "आम मीठा है। आप भी आम की तरह अंदर से मीठे बनो। आपके लिए यही मेरा संदेश है।"

उस महात्मा की इस सलाह पर हम सभी को गौर करना चाहिए—सभी से मधुरता से बोलें। ऐसी बातें कीजिए, जिससे अहं मिट जाए। ऐसी बातें बोलिए, जो औरों को शीतल करें और आपको शीतलता प्रदान करें।

पाली 'महापरिनिर्वाण सुत्ता' के अनुसार, शरीर त्यागने से ठीक पहले बुद्ध ने सभी भिक्षुओं को अपने इर्द-गिर्द बुला लिया और कहा कि उनकी शिक्षा से संबंधित यदि उन्हें कोई भी संदेह हो तो पूछकर दूर कर लें। उन्हें कोई संदेह नहीं था। बताया जाता है कि बुद्ध के अंतिम शब्द थे—

'सभी संयुक्त बनी चीजें (सखारा) नष्टप्राय हैं। मेहनत से अपनी मुक्ति के लिए संघर्ष करो।'

(Pali : Vayadhammasakharaappamadenasampadetha)

बाद में उसी दिन अनुयायियों ने बुद्ध को ईश्वर की तरह, एक अवतार की तरह चित्रित किया, लेकिन सत्य यह था कि बुद्ध एक गुरु की तरह जिए और मृत्यु को प्राप्त हुए।

बुद्ध अस्सी साल की उम्र तक जीवित रहे। इनमें से पैंतालीस साल उन्होंने शिक्षा देने में व्यतीत कर दिए। वस्तुतः उन्होंने अपने भौतिक जीवन के अंतिम दिन तक शिक्षा दी। उन्होंने उपदेश देकर लंगड़ों, बहरों और अंधों को स्वास्थ्य प्रदान किया। उन्होंने अपने प्रेम व उपचार से दिलों और आत्माओं को जीता।

~•~

विचार मनन

गुरुदेव साधु वासवानी ने हमें सिखाया कि गुरु किसी 'निर्देश देनेवाले' या 'सलाहकार' से कहीं बढ़कर होता है। रूपांतरण शक्तिधारी वह एक गतिवान व्यक्ति होता है, क्योंकि आध्यात्मिकता एक प्रचंड शक्ति है और सच्चा गुरु शक्तिवान होता है। प्रेरणा की शक्ति से गुरु शिष्य की आध्यात्मिक ऊर्जा प्रकट करता है। इसीलिए प्राचीन ग्रंथों में हम पढ़ते हैं—"गुरु शिष्य को अपनी ओर बढ़ने का नेतृत्व करता है।" शिष्य को अपनी ओर खींचते हुए, आगे बढ़ने की

नेतृत्व प्रक्रिया में केवल सूचना संप्रेषण में नहीं—गुरु की शक्ति का रहस्य छिपा होता है।

जैसा कि हम सभी जानते हैं कि गुरु संस्कृत के मूल शब्दों—'गु' अर्थात् अंधकार, 'रु' का अर्थ है प्रकाश। अत: गुरु अंधकार से प्रकाश की ओर हमारा नेतृत्व करते हैं।

प्राचीन भारत में हमेशा यह प्रार्थना की जाती थी—'तमसो मा ज्योतिर्गमय' (अँधेरे से मुझे प्रकाश की ओर ले चलो)। यकीनन यह प्रकाश आत्मा का प्रकाश है। गुरु इस प्रकाश को ग्राह्य शिष्य के हृदय में प्रज्वलित कर सकते हैं। इसीलिए गुरु को 'प्रकाश लानेवाले' के रूप में सम्मानित किया जाता है।

उपाली : विनय का कुलपति

''तब बुद्ध ने अपने भिक्षुओं से कहा—बहुतेरों के आशीष, बहुतेरों की खुशी के लिए, संसार के प्रति करुणा भाव से, देवताओं और मनुष्यों के कल्याण-खुशी के लिए इस धरती पर भ्रमण करो।''

—विनय पिताका

जब हम बौद्ध धर्म के इतिहास का अध्ययन करते हैं, तो हम पढ़ते हैं कि इस धर्म का पवित्रतम ग्रंथ 'सूतपिताका' (धागों की टोकरी) और 'विनय पिताका' (नियमों की टोकरी) को सबसे प्रथम बार पूर्णता के साथ बुद्ध के महाप्रयाण के पश्चात् आयोजित संघ परिषद् में सुनाया गया था। बुद्ध की शिक्षाओं को परंपरागत धर्म सूत्र की मान्यता देने से पूर्व बुद्ध के प्रमुख शिष्यों ने अपने संस्मरण से स्वामी की शिक्षाओं (बुद्ध के वचन) को भिक्षुओं के संपूर्ण समुदाय को सुनाया और अपनी स्वीकृति की मुहर लगाई। जैसा कि हम यह भी जानते हैं कि बुद्ध के प्रमुख शिष्य आनंद और उपाली ही थे, जिन्होंने अपने संस्मरण से यहाँ चर्चित उपर्युक्त दोनों पवित्र ग्रंथ सुनाए। इससे यह प्रकट होता है कि इन पवित्र शिक्षाओं को कंठस्थ करने और उन्हें संरक्षित करने के प्रति वे कितने अध्यवसायी और निष्ठावान रहे और यह उस सत्यनिष्ठता व विश्वास को भी दर्शाता है, जिसे संपूर्ण समुदाय ने उन पर प्रकट किया।

इन दो प्रमुख शिष्यों में हम आनंद के जीवन के बारे में बहुत कम जानकारी रखते हैं, जिसके नाम की चर्चा अपने वार्त्तालाप या प्रश्नोत्तरी के दौरान बुद्ध हमेशा करते हैं। लेकिन उपाली नामक भिक्षु के विषय में कुछेक विवरण हमारे सामने आए हैं। उसने

बौद्ध परंपरा के नियमों को जानने में सबको पीछे छोड़ दिया और वह बुद्ध के सिद्धांतों को धारण करने और क्रमबद्ध रखने में सबसे आगे था।

प्रचलित है कि उपाली नाइयों के कुल में जन्मा था और अपने कौशल और विशिष्टता के दम पर वह कपिलवस्तु का शाही नाई बन गया। उसकी सेवा राजकुमार सिद्धार्थ और उनके शाही चचेरे भाई राजकुमार अनिरुद्ध तथा राजकुमार भद्दिया तक को प्राप्त थी।

कहा जाता है कि जब निर्वाण प्राप्त करने के पश्चात् बुद्ध कपिलवस्तु लौटकर आए, तो उपाली को उनका सिर मुंडन के लिए कहा गया। दंतकथा कहती है कि इस दुर्लभ अवसर पर उपाली इतना भाव-विभोर हो गया कि उसने इस विषय पर अपनी माँ की सलाह ली। उसकी माँ ने उसे विश्वस्त किया कि बुद्ध तो करुण आत्मा हैं और उसमें साहस का संचार किया। तथा उसके साथ बुद्ध के समक्ष उपस्थिति हुई। हमें ज्ञात होता है कि बुद्ध के मुंडन के दौरान ही उपाली ध्यान के चार प्रकारों में प्रवीण हो गए। ये इस तरह से हस्तगत हुए :

जैसा कि हमने पाया कि उपाली अपने कार्य में दक्ष था, इसलिए बुद्ध का मुंडन का कार्य बहुत आराम से चल रहा था। कुछ ही दूर बैठी हुई माँ ने बुद्ध से पूछा, ''स्वामी, आपकी उपाली के कार्य-कौशल के विषय में क्या राय है?''

बुद्ध ने जवाब दिया, ''वह बहुत नीचे झुकता है।''

उसी क्षण उपाली ने रीढ़ सीधी कर ली, और ध्यान की पहली अवस्था ज्ञात कर ली। कुछ देर बाद माँ ने झुककर पूछा ''स्वामी अब आपकी क्या राय है?''

''उसका शरीर बहुत ज्यादा सीध में (तना हुआ) लगता है।'' बुद्ध ने कहा।

उपाली ने तुरंत अपना ध्यान साँसों पर केंद्रित कर लिया और इस तरह उसे ध्यान की दूसरी अवस्था ज्ञात हुई।

माँ ने पुनः अपना प्रश्न दोहराया, ''स्वामी, कृपया मुझे बताएँ कि उसके कौशल के बारे में अब आपकी क्या राय है?''

बुद्ध ने जवाब दिया, ''वह बहुत तेजी से साँसें लेता है।''

उपाली ने अपनी साँस को साधा और धीरे-धीरे उस पर नियंत्रण करने लगा। इस तरह उसे ध्यान की तीसरी अवस्था ज्ञात हुई।

माँ ने अपना प्रश्न उत्सुकतापूर्वक पुनः दुहराया और बुद्ध ने चौथी बार जवाब दिया, ''वह साँस तेजी से छोड़ता है।''

उपाली उच्छ्वास (साँस बाहर छोड़ना) पर ध्यान केंद्रित करने लगा और उसे ध्यान की चौथी अवस्था ज्ञात हुई।

इस अनुभव ने उपाली पर गहरी छाप छोड़ी।

अब आगे यह ज्ञात हुआ कि अपने पिता के राज्य में बुद्ध के आगमन का उसके सगे-संबंधियों पर बड़ा गहरा असर हुआ। बहुत से युवा साख्य राजकुमारों ने बुद्ध की राह का अनुसरण करने का निर्णय लेकर मठ का जीवन अपना लिया। आनंद, अनिरुद्ध, भद्दिया, भागु, देवदत्त और किंबिला राजकुमार संसार त्यागने का निर्णय कर बुद्ध के प्रमुख शिष्य बन गए। उन्होंने गाड़ी, घोड़े, हाथियों और अनुचरों के एक लंबे काफिले के साथ कपिलवस्तु से प्रस्थान किया, ताकि उनके परिवारों को ऐसा महसूस हो कि वे शाही यात्रा पर निकल रहे थे। लेकिन मगध की सीमा पर उन्होंने अपने साथ आए सभी लोगों और सवारियों को वापस कपिलवस्तु भेज दिया। केवल उपाली को उन्होंने मुंडन के अंतिम क्रियाकर्म के लिए अपने पास रोक लिया।

जब उपाली ने अपने मालिकों के सिरों का मुंडन किया, तो उसने सोचा कि उन लोगों पर आने वाले बड़े रूपांतरण और दिव्यमान आत्मा के साथ रहने के, उनके निर्णय के बारे में सोचकर उसकी आँखों में आँसू आ गए। राजकुमार अनिरुद्ध ने इसे ताड़ लिया।

जब मुंडन समाप्त हो गया, अनिरुद्ध ने अपना रेशमी अँगरखा जमीन पर बिछा दिया। इस पर उन्होंने अपने मुकुट और धारण किए हुए सभी कीमती जवाहरात निकालकर रख दिए। उसके साथी राजकुमारों ने भी वैसा ही किया। अनिरुद्ध ने सारे कीमती जवाहरात अँगरखे में लपेटकर अपने निष्ठावान नाई को दे दिए और कहा, ''उपाली, तुमने हमारी अच्छी तरह सेवा की है और ये गहने हम पुरस्कार के रूप में तुम्हें देते हैं। अब हम महात्मा बुद्ध के साथ यात्रा पर हैं। कपिलवस्तु लौटकर कृपया हमारे परिवारवालों को हमारे निर्णय के विषय में सूचित कर देना।''

उपाली ने अपने हाथ में असली सौभाग्य सौंपा हुआ पाया, जब उसने देखा कि कुलीन राजकुमार अपने कीमती वस्त्र त्यागकर संन्यासियों का गेरुआ वस्त्र धारण किए राज्य से बाहर जाने वाले धूल भरे मार्ग पर चल पड़े। वह पिछले कुछ दिनों की घटनाओं पर मनन करने लगा—बुद्ध को अपनी सेवा देने का अविस्मरणीय अनुभव—और उसकी माँ के द्वारा स्वामी से पूछे गए प्रश्न, शाही राजकुमारों का मुंडन और उनके द्वारा उसे दिए गए उदार उपहार, धन, सत्ता और ऐशो-आराम त्यागकर बुद्ध का अनुसरण करने का उनके द्वारा लिया गया निर्णय और उसकी आँखों से झर-झर बहते आँसू! तप और साधना के जीवन को गले लगानेवाले राजकुमारों के लिए वह रोया, बुद्ध के द्वारा अपने भाइयों को आशीर्वाद देकर संघ के लिए अपनाने की कल्पना पर उसे रोना आया। उसे इस बात पर भी रोना आया कि काश! वह भी उनका अनुसरण कर सकता और अंत में वह ऐसा महसूस करते हुए रोया कि यदि वह संघ में शामिल होने का प्रस्ताव रखेगा तो उस गरीब नाई को कोई स्वीकार नहीं करेगा।

सड़क के किनारे उसे इसी हाल में बुद्ध के एक विश्वासपात्र शिष्य सारिपुत्र ने देखा।

सारिपुत्र ने उससे पूछा, "भाई, इतना फूट-फूटकर तुम क्यों रोए जा रहे हो?"

"जिन राजकुमारों की मैंने निष्ठापूर्वक सेवा की, वे संसार त्यागकर बुद्ध के साथ चले गए।" उपाली ने जवाब दिया, "उन्होंने मेरे पास इतना सौभाग्य छोड़ा है, जिससे मैं अपना शेष जीवन आराम से बिता सकता हूँ।" लेकिन स्वामी को देखने के बाद मैं जान गया कि यह धन उस कृपा और शांति के सामने कुछ भी नहीं है, जो वह मुझे दे सकते हैं। मेरी इच्छा संघ में राजकुमारों का अनुसरण करने की है। लेकिन क्या एक नीच कुल में पैदा हुए गरीब नाई को संघ स्वीकार करेगा? मैं ऐसे राजकुमारों और विद्वानों की संगत में रहने की सोच भी कैसे सकता हूँ, जिन्होंने स्वामी को अपना गुरु चुना है?"

सारिपुत्र ने उपाली से कहा, "संघ जाति और वर्ग के भेदभाव को नहीं मानता। कोई भी, जो बुद्ध के सिद्धांतों का पालन करने के लिए तैयार है, उनका शिष्य बन सकता है। भाई, मेरे साथ चलो, मुझे यकीन है कि बुद्ध तुम्हें दीक्षित करके बहुत खुश होंगे।"

और ऐसा हुआ कि अगले दिन बुद्ध की उपस्थिति में संघ में नए प्रवेश करने वाले क्रम से उपस्थित हुए। छह राजकुमार, जो उसके शाही सगे-संबंधी थे, उपाली, नाई ने उनका अनुसरण किया। एक साथ सभी स्वामी के पैरों पर नतमस्तक हुए।

बुद्ध की नजर सबसे पहले उपाली पर पड़ी। उन्होंने उपाली को सामने आने के लिए कहा, "क्या तुम राह की तलाश में आए हो?" बुद्ध ने पूछा। "हाँ स्वामी!" उपाली ने विनम्र भाव से उत्तर दिया। "यदि एक अकुलीन को आने की अनुमति हो?"

तत्काल ही बुद्ध ने उपाली को दीक्षित कर दिया। जहाँ तक साख्य राजकुमारों की बात थी, तो उन्हें दीक्षित होने के पूर्व एक सप्ताह का ध्यान प्रशिक्षण दिया गया। उपाली अब उनका वरिष्ठ था और उसे उनसे (राजकुमारों) उचित अभिवादन प्राप्त था। बुद्ध ने राजकुमारों से कहा, "यदि मेरा अनुसरण करने के लिए तुम्हें संसार का त्याग करना है, तो तुम्हें उस सामाजिक भेदभाव और विशेषाधिकारों को पीछे छोड़ना पड़ेगा, जिसका संसार अनुसरण करता है।"

आगे चलकर वह नाई बुद्ध का सबसे पहली पंक्ति का शिष्य और समस्त समुदाय के लिए नियमों का पालन कराने व उनको व्यवस्थित करनेवाला हुआ। और जब बुद्ध ने महाप्रयाण किया तो उनके द्वारा निर्धारित किए गए सिद्धांतों को उपाली ने पाठ कर सुनाया था। समस्त समुदाय ने उक्त पाठ का समर्थन किया और इस तरह विनय (अनुशासन) का जन्म हुआ, जिसने आने वाली शताब्दियों तक संघ को कायम रखा।

~•~

विचार मनन

मेरे जीवन की प्रेरणा, मार्गदर्शक और राह दिखानेवाले प्रकाशपुंज रहे गुरुदेव साधु वासवानी ने हमें एक सरल, सीधी-सादी साधना प्रदान की, जिसे बिना प्रयास के हर कोई कर सकता है—मौन, संग और सेवा की साधना। उन्होंने हमें प्रतिदिन मौन के अभ्यास हेतु प्रेरित किया। उन्होंने आध्यात्मिक साथ पर जोर दिया, जो हमें सत्संग में उपलब्ध था—और सर्वोपरि उन्होंने हमें प्रेरणा दी कि हमारा धन, हमारी प्रतिभा और हमारा समय सर्वशक्तिमान ईश्वर द्वारा हमें प्रदान किया गया ऋण है, जिसे हमें उन लोगों की निस्स्वार्थ सेवा में जी खोलकर खर्च करना है, जो हमसे कम सौभाग्यशाली हैं।

मौन, संग और सेवा। यदि हम साधना की ये साधारण तकनीक प्रयोग करें तो हम पाएँगे कि सचमुच हमारा जीवन रूपांतरित हो चुका है।

ऐसी साधना का अभ्यास हम क्यों करें? इससे हमें क्या हासिल होगा? ये ऐसे प्रश्न हैं, जिन्हें बहुत से लोग स्वयं तब पूछते हैं, जब वे साधना और साधक के लिए इसकी आवश्यकता के बारे में सुनते हैं।

यदि ये प्रश्न आपके मन में भी उठें, तो मैं तुम्हें एक साधारण सा उत्तर दे सकता हूँ—साधना में एक साधारण निवेश-उत्पादन अनुपात क्रियाशील होता है—आप इसमें जितना डालेंगे, उतना ही आपको प्राप्त होगा। आप साधना में लगन, समर्पण, प्रतिबद्धता, आस्था और अध्यवसाय रखिए और आप अपना लक्ष्य प्राप्त करेंगे—वस्तुत: ईश्वर की कृपा से आपको अपेक्षा से बढ़कर हासिल होगा।

क्रोध से क्रोध पैदा होता है

''क्रोध धारण करना वैसा ही है, जैसे कोयले के जलते अंगारे को किसी और पर फेंकने के लिए पकड़े रहना। इससे आप ही जल जाते हैं; क्योंकि घृणा कभी घृणा से समाप्त नहीं होती—घृणा प्रेम से समाप्त होती है। यह एक पुराना नियम है।''

—गौतम बुद्ध

एक बार बुद्ध ने देखा कि उसके शिष्यों के दो गुटों में झगड़ा भड़क उठा है। दुश्मनी तब तक बढ़ती गई, जब तक वे कट्टर दुश्मन नहीं बन गए। बुद्ध निम्नांकित कहानी सुनाकर उन्हें राह पर लाए—

ब्रह्मदत्त बनारस के राजा थे। जब उन्होंने अपने पड़ोस के राज्य 'कोशल' को जीता तो वहाँ के राजा दिरघेटी और उसकी रानी की हत्या करनी चाही, ताकि उसका शासन सुरक्षित हो सके। किंतु दिरघेटी और उसकी पत्नी बचकर भाग निकले और भेष बदलकर एक कुम्हार के घर में निवास करने लगे, जो कि उनका वफादार और सच्चा अनुयायी था।

समय के अंतराल में उनके एक बेटा 'दीर्घायु' पैदा हुआ, जिसका बड़े प्रेम से उन्होंने पालन-पोषण किया। जब वह सोलह साल का हुआ तो शिक्षा पूर्ण करने के लिए उसे गुरुकुल भेजा गया।

जब पुत्र दूर चला गया तो दिरघेटी और उसकी रानी को एक नाई ने देख लिया, जो उन्हें पहचानता था। उसने धोखा देकर उनकी उपस्थिति का रहस्य ब्रह्मदत्त को बता

दिया। अपने पुराने दुश्मन को मार डालने के लिए दृढ़ संकल्पित ब्रह्मदत्त ने उन्हें फाँसी पर चढ़ाने का आदेश दिया।

बनारस में इस फाँसी की सजा को देखने के लिए एक बड़ा जन-सैलाब उमड़ पड़ा। उसी भीड़ में दीर्घायु भी था, जो यह जानकर बहुत सदमे में और दुःखी था कि उसके माता-पिता को जान से मारा जाने वाला था। किंतु दिरघेटी ने भीड़ में से उसे आगे बढ़ते देख लिया और चिल्लाकर उसे चेतावनी दी—"मेरे बेटे, लंबा मत देखो—छोटा मत देखो। नफरत को नफरत से नहीं बल्कि मोहब्बत से ही शांत किया जा सकता है।"

इससे दीर्घायु ठहर गया, क्योंकि उसने अपने पिता की ज्ञानयुक्त बातें महसूस कीं। ब्रह्मदत्त को आभास हो गया कि भीड़ में कहीं राजा-रानी का बेटा है, लेकिन उसे खोजा नहीं जा सकता था। राजा दिरघेटी और उसकी रानी को उनके बेटे की आँखों के सामने ही मौत के घाट उतार दिया गया। दीर्घायु माता-पिता को खोने और दुःख से हताहत था।

साल-दर-साल समय बीतता रहा। अनाथ राजकुमार दीर्घायु एक कुशल महावत बना और उसे शाही हाथियों के अस्तबल में रोजगार मिल गया। यहाँ अपने खाली समय में वह बाँसुरी बजाया करता था। राजा ने बाँसुरी का मधुर संगीत सुना और मंत्रमुग्ध हो गया। वह युवक से मिला और पाया कि वह खूबसूरत, गुणवान और विनम्र है। उसे तुरंत ही राजा का चुनिंदा साथी और विश्वासपात्र नियुक्त कर दिया गया। राजा जहाँ कहीं भी जाता, वह उसके साथ जाता।

ब्रह्मदत्त को थोड़ा भी आभास नहीं हुआ कि जिस युवक को उसने इतने प्यार और विश्वास से साथ रखा है, वह उसी राजा का बेटा है, जिसे उसने इतनी क्रूरता से मौत दी थी। न ही वह यह जानता था कि दीर्घायु बदला लेने के लिए उचित अवसर की तलाश में है।

एक दिन बहुप्रतीक्षित अवसर आ ही गया। जंगल में शिकार के दौरान शिकार का पीछा करते हुए ब्रह्मदत्त और दीर्घायु शेष शाही दल से बिछुड़ गए दीर्घायु राजा का रथ हाँक रहा था और जब उन्होंने महसूस किया कि वे दूसरों से अलग हो गए हैं, तो वे रुक गए। वे रथ से उतरे। गर्मी का दिन था और राजा थका हुआ था। दीर्घायु ने उससे कहा कि वह अपना सर उसकी गोद में रखकर सो जाए। राजा ने बेहिचक वैसा ही किया, क्योंकि युवक पर उसे पूरा भरोसा था।

शीघ्र ही वह गहरी नींद में था। दीर्घायु ने देखा कि यही वह अवसर था, जिसकी प्रतीक्षा वह लगातार कर रहा था। वहाँ कोई नहीं था और राजा पूरी तरह उसके अधीन था। चुपके से युवक ने अपनी कटार म्यान से निकाली, लेकिन तभी उसके पिता के शब्द अचानक उसे याद आए और उसने कटार वापस रख दी।

तभी एक दु:स्वप्न देखकर राजा जाग उठा। उसने स्वप्न में देखा कि जिस शाही जोड़े को उसने मौत के घाट उतारा था, उनका बेटा उसके पास पहुँचकर तलवार खींचकर बदला लेने के लिए खड़ा है।

जैसे ही राजा ने यह भयानक स्वप्न कह सुनाया, दीर्घायु ने पुन: अपनी तलवार खींच ली और कहा, ''यह साधारण स्वप्न नहीं था। यह तुम्हारे लिए चेतावनी थी। स्वप्न में आपने जिस बेटे को देखा, मैं वही हूँ। मैं आपको अपने माता-पिता की मौत का बदला लेने के लिए खत्म करने जा रहा हूँ।''

''कृपया, मेरा जीवन बख्श दो।'' निराशा में युवक के हाथ पकड़कर राजा गिड़गिड़ाने लगा, ''मुझे मत मारो, मैं तुमसे अनुरोध करता हूँ।''

''राजन्, ये बात तय है कि यदि मैं आपका जीवन बख्श देता हूँ, तो आप मुझे मरवा देंगे, क्योंकि अब आपको मेरी पहचान का पता चल चुका है। अब आप मुझे अपने आस-पास नहीं रहने देंगे, क्योंकि मैं कौशल के सिंहासन का शाही उत्तराधिकारी हूँ। यदि मैं आपकी जान नहीं लेता हूँ, तो मुझे अपनी जान खोनी पड़ेगी।'' युवक ने कहा।

इस पर राजा ने कहा, ''तो चलो, एक-दूसरे की जान न लेने का एक समझौता कर लें, आओ भय, घृणा और बदले की भावना के कुचक्र को हमेशा के लिए तोड़ दिया जाए।''

दोनों ने जीवन भर वफादारी और मित्रता की शपथ ली। अपने इस मन को कष्ट देने वाले अनुभव के बाद राजा ने दीर्घायु से उसके पिता के उस अंतिम गूढ़ संदेश का अर्थ पूछा।

दीर्घायु ने उसे समझाया, ''दूर (लंबा) तक मत देखो—इसका अर्थ है कि अपनी घृणा को बहुत समय तक पालकर मत रखो। 'छोटा मत देखो'—इसका अर्थ है—जल्दबाजी में कदम मत उठाओ। यदि मैंने जल्दबाजी में कदम उठाया होता, तो मैं आपकी हत्या कर चुका होता और जब आपके सैनिक मुझे ढूँढ़ लेते तो वे मुझे मार डालते। तब मेरे मित्र और अनुयायी बदले की भावना और घृणा में आपके लोगों का पीछा करते और घृणा जारी रहती। किंतु मैंने और आपने आपसी क्षमा को अपनाया और इसलिए हम दोनों भय से मुक्त हो सके। हिंसा का चक्र अब टूट गया।''

इस कहानी को निष्कर्ष में लाते हुए बुद्ध ने अपने शिष्यों को याद दिलाया कि घृणा, घृणा की ओर ही ले जाती है, जबकि प्रेम और क्षमा से घृणा पर विजय प्राप्त होती है तथा शांति पनपती है।

विचार मनन

द्वेष और गुस्सा विनाशकारी हैं। ये हमें भीतर से क्षति पहुँचाते हैं—और यह क्षति ऐसे लक्षणों में प्रकट होती है, जो लगभग असहनीय होती है—शांति से सो न पाना, अंदर से कुछ खाए जा रहा है, ऐसा भाव, हृदय पर दुःख का भारी बोझ, सिरदर्द, अंधा कर देने वाला दर्द।

अमरीका के महापुरुष इमर्सन ने ठीक ही लिखा है, "वह हर मिनट जब आप क्रोध में रहते हैं, तो अपने मन की शांति के साठ मिनट आप त्याग देते हैं।"

क्षमा आपको दुःख से मुक्ति और राहत का वादा करती है।

क्षमा क्षतिपूर्ति, समझौता और पश्चात्ताप का अवसर देती है—कुछ मामलों में तो वर्षों की दुश्मनी और अलगाव के बाद भी!

क्षमा हमारे जीवन में शांति और सुख का संचार करती है। क्षमा आत्मा के भीतर जारी अंतर्द्वंद्व को समाप्त करती है और हमें जीवन का सामना सहिष्णुता, समझ और समता से करने की सीख देती है।

जैन धर्म

संक्षिप्त परिचय

हिंदुत्व की तरह जैन धर्म भी भारत के प्राचीन धर्मों में से एक है, जो प्रागैतिहासिक काल से संबंधित है। औपचारिक रूप से संस्थागत धर्म के रूप में यह भारत में सातवीं शताब्दी ईसा पूर्व माना जाता है। इसे भारत में महान् धार्मिक उतार-चढ़ाव का काल माना जाता है। उस वक्त यह हिंदू धर्म के अत्यधिक कर्मकांडवाद के विपरीत जन्मा था।

शाब्दिक रूप से 'जैन' का अर्थ 'जिना' या 'विजेता' है, जो आध्यात्मिक रूप से विकसित लोग हैं, जिन्होंने अनुशासन, तप और इंद्रियों पर पूर्ण नियंत्रण से स्वयं पर विजय प्राप्त की। इन उन्नत आत्माओं ने अपने व्यक्तिगत प्रयासों से निर्वाण प्राप्त किया और तीर्थंकर बने। इन्होंने न केवल स्वयं मोक्ष प्राप्त किया अपितु अपने अनुयायियों को भी भवसागर से मुक्ति का रास्ता दिखाया। कुल मिलाकर 24 तीर्थंकर हुए, जिन्होंने समय-समय पर इस धर्म को पुनर्जीवन व नवचेतना प्रदान की। उनमें से अंतिम एवं सर्वाधिक प्रसिद्ध थे स्वामी वर्धमान महावीर, जिन्होंने उस धर्म का सूत्रपात किया, जिसे आज हम जैन धर्म कहते हैं।

विद्वान् मानते हैं कि जैन धर्म श्रामना प्रथा से बहुत निकट से संबंधित है। यह एक ऐसा आंदोलन था, जो प्राचीन भारत में वैदिक परंपरा के समानांतर चलता था। संस्कृत शब्द 'श्रामना' इसके मूल शब्द 'श्रम' अर्थात् प्रयास से आता है, जिसका अर्थ है—'प्रयास करनेवाला'। श्रामना ऐसे व्यक्तियों को इंगित करता है, जो संन्यासी बन जाते थे या ऐसे व्यवहारों को अपना लेते थे, जिसमें व्यक्तिगत प्रयास, विचार, अनुशासन और कठिन परिश्रम पर जोर दिया जाता था तथा जो ब्राह्मणों द्वारा व्यवहार में लाए जाने वाले कर्मकांडों और ग्रंथों की प्रवीणता के विरुद्ध था। वस्तुतः मीमांसा (अनुसंधान) और भक्ति (आस्तिकता) के साथ श्रामनवाद प्राचीन हिंदू दर्शन की तीन विभिन्न शाखाओं का प्रतिनिधित्व करता है। श्रामना प्रथा का एक हिस्सा हिंदुत्व में ग्रहण कर लिया गया है, जो इसके जीवन में चार आश्रमों या चरणों में एक के रूप में संसार त्याग का

प्रावधान देता है। इस प्रथा का एक भाग वेदों के प्रभुत्व को नकारते हुए हिंदुत्व की मुख्य धारा से पूर्णत: अलग हो गया।

जैन धर्मावलंबी भगवान् ऋषभदेव या आदिनाथ (प्रथम भगवान्) को प्रथम तीर्थंकार मानते हैं, जो सिंधु घाटी की सभ्यता के पूर्व रहते थे। जैन प्रथा के अनुसार भगवान् ऋषभदेव इक्ष्वाकु वंश के राजा थे, जिन्होंने समाज के विकास के लिए एक ऐसे समय महान् योगदान दिया, जब सभ्यता आदिकालीन से जटिल अर्थात् पाषाण युग से कृषि युग में प्रवेश कर रही थी। उन्हें लोगों को कृषि, पशुपालन, स्थापत्यकला इत्यादि अनेक व्यवसायों व पेशों को सिखाने का श्रेय प्राप्त है, ताकि वे अपनी आजीविका कमाने के साथ-साथ करुणा का आधारभूत जैन धर्म स्थापित कर सकें। अपने जीवन की एक निश्चित अवस्था में उन्होंने निर्वाण की तलाश में त्याग और संन्यास का रास्ता चुना। वे सौ साल की उम्र तक जीवित रहे। उन्हें श्रामना प्रथा का स्थापक कहा जाता है, जो कि ब्रह्मचर्य व तप की प्रथा है। जैन धर्म के आधारभूत सिद्धांतों के प्रचार के लिए उन्हें उत्तरदायी माना जाता है।

आदिनाथ का अनुसरण करनेवाले 21 तीर्थंकरों के विषय में ऐतिहासिक दृष्टि से ज्यादा जानकारी उपलब्ध नहीं है, किंतु कहा जाता है कि 22वें तीर्थंकर अरिष्टनेमी या नेमीनाथ का उल्लेख ऋग्वेद और यजुर्वेद में आता है, जिन्हें भगवान् कृष्ण के रिश्ते में भाई (कजन) के रूप में उल्लेखित किया गया है। 23वें तीर्थंकर पार्श्वनाथ थे, जो महावीर के पूर्वगामी थे।

कहा जाता है कि पार्श्वनाथ ने जैन धर्म को एक नई पहचान दी और वस्तुत: संन्यासियों का एक ऐसा वर्ग तैयार किया, जिन्होंने भगवान् महावीर को इस धर्म को अपनाने के लिए प्रभावित किया। लेकिन इतिहास में महावीर को आज स्थापित इस धर्म का आधिकारिक स्थापक या प्रणेता माना जाता है।

स्वामी नेमीनाथ

''सभी साँस लेनेवाले, जीवित, प्राणियों का कत्ल न किया जाए, न ही उनके साथ हिंसा का बर्ताव किया जाए, न ही उन्हें सताया जाए, न ही उन्हें भगाया जाए।''

—महावीर, जैन सूत्र

प्राचीन भारत में रघु और यदु वंश अपनी संस्कृति और सभ्यता के लिए प्रसिद्ध थे। अनेक संस्कृत कवियों ने उन राजाओं का गुणगान किया है। अयोध्या रघुवंश की राजधानी थी और द्वारका यादव वंश की। श्रीराम और श्रीकृष्ण दोनों वंशजों के महानतम नाम रहे हैं। इसके अलावा यदुवंश ने 22वें तीर्थंकर स्वामी अरिष्टनेमी, जिन्हें नेमीनाथ भी कहा जाता था, को उत्पन्न करने का गौरव भी प्राप्त किया।

अरिष्टनेमी राजा समुद्र विजया और सोरीपुर के हरिवंश की रानी शिवा देवी के पुत्र थे। उनका जन्मदिन भारतीय कलेंडर में श्रावण शुक्ल के पाँचवें दिन माना जाता है। (मोटे तौर पर 3100 ई.पू. के आस-पास)। जब वह गर्भ में आए, तो रानी शिवा देवी ने सभी चौदह स्वप्न देखे, जो एक तीर्थंकर की माँ के द्वारा देखे जाते हैं। जब उनका जन्म हुआ तो उनके माता-पिता ने उनका नाम 'अरिष्टनेमी' रखा, जिसका अर्थ होता है, ''जिसका रास्ता बाधा मुक्त हो।'' वासुदेव राजा समुद्र विजय के छोटे भाई थे। वह आकर्षक राजकुमार थे। रोहिणी उनकी वरिष्ठ रानी थी, जिसके पुत्र बलराम थे और देवकी उनकी छोटी रानी थी, जिनके पुत्र थे वासुदेव या श्रीकृष्ण। इस तरह अरिष्टनेमी श्रीकृष्ण के पहले चचेरे भाई थे।

अन्य तीर्थंकर की तरह नेमीनाथ को भी अपने पूर्वजन्मों का स्मरण था। अपने पूर्व के अवतार में वे शांख थे, जो कि हस्तिनापुर के राजा श्रीसेन के ज्येष्ठ पुत्र थे। एक दिन उनके पिता, राजा श्रीसेन ने राजकुमार को राजधानी के आस-पास आतंक मचा रहे डाकुओं से निपटने के लिए भेजा। राजकुमार शांख, जो कि कुशल रणनीतिकार थे, ने इस मिशन को इस तरह संचालित किया कि बिना किसी खून-खराबे के उन्होंने डाकुओं के सरदार को गिरफ्तार कर लिया।

महल वापसी के दौरान उन्होंने एक खूबसूरत युवती की पुकार सुनी, जिसे एक तुच्छ देव हरण करके ले जा रहा था। शांख ने देव को पराजित कर युवती को मुक्त कराया। यह युवती राजकुमारी यशोमति थी। दोनों में एक-दूसरे के प्रति प्रेम भाव जाग गया और उन्होंने विवाह कर लिया। समयांतराल में उचित समय पर राजकुमार शांख ने सिंहासन सँभाला। आगे के वर्षों में राजा शांख को प्राय: तप की राह अपनाने का स्वप्न दिखता था, लेकिन एक बड़ी ताकत उन्हें हमेशा रोक दिया करती और यह ताकत थी—उनकी प्रेयसी रानी यशोमति के प्रति प्रेम।

एक बार एक विख्यात और वृद्ध ज्योतिषी शाही महल पधारे और राजा शांख ने उनसे पूछा, "ऐसा क्यों है कि मैं रानी यशोमति के गहन प्रेम में इतना आसक्त हूँ कि संसार त्यागने की मेरी सारी इच्छा शून्य होकर रह जाती है?" ज्योतिषी ने जवाब दिया, "हे राजन! आप दोनों के बीच का संबंध कई जन्मों का है। पिछले छह जन्मों में आप दोनों ने साथ विवाह किया है और यह सातवाँ जन्म है। और यही कारण है कि आप दोनों एक-दूसरे के प्रति प्रेम में इतने आसक्त हैं।"

राजा ने पूछा, "यह बंधन कब टूटेगा?"

ज्योतिषी ने उत्तर दिया, "अब से दो जन्म और अपने नौवें जन्म में आप नेमीनाथ के रूप में जन्म लोगे और यह राजीमति के रूप में। उस जन्म में आप दोनों प्रेम के इस कर्म-बंधन से मुक्त हो जाएँगे, आप 'मार्गदर्शक' बनेंगे और वह संसार त्याग के जीवन में आपका अनुसरण करेगी। आप दोनों को मोक्ष प्राप्त होगा।"

अब अरिष्टनेमी के रूप में यदुवंश में जन्म लेकर, वह राजकुमार कृष्ण और बलराम के साथ पले-बढ़े। जब वह विवाह की अवस्था में पहुँचे, श्रीकृष्ण ने उनके लिए एक उपयुक्त जोड़ी की व्यवस्था में रुचि ली। इस तरह उनकी पत्नी सत्यभामा की खूबसूरत और गुणी बहन राजीमति नामक राजकुमारी को राजकुमार अरिष्टनेमी से विवाह के लिए चयनित किया गया।

बारात ने द्वारका से वधू के महल की ओर प्रस्थान किया। राजकुमार अरिष्टनेमी शानदार सजे-धजे हाथी पर सवार बारात के आगे थे—सैकड़ों राजा, राजकुमार और सामंत, सगे-संबंधी और यदुवंश के मित्र अपनी राजसी शान-शौकत तथा अनुचरों के

साथ उनका अनुगमन कर रहे थे। यह सचमुच बड़ा वैभवपूर्ण दृश्य था।

जैसे ही बारात वधू के निवास के करीब पहुँची, एक विचलित कर देने वाला दृश्य राजकुमार की नजरों के सामने आया। झंडे, तोरणों इत्यादि से सजी सड़क की ओर बने बाड़े में हजारों छोटे-बड़े जानवर बाँधकर रखे गए थे। इन असहाय बँधे जानवरों के विलाप की आवाजें तुरही, ढोल-ताशे के संगीत के स्वरों के बीच उभर-उभरकर सुनाई दे रही थीं।

यह सब देख-सुनकर चकित राजकुमार अरिष्टनेमी ने हाथी के महावत से इन जानवरों के बारे में पूछा। महावत ने राजकुमार को बताया कि वे जानवर स्थानीय कसाइयों द्वारा विवाह के अवसर पर शानदार भोज तैयार करने के लिए भेजे गए थे। महावत ने कहा, ''महाराज, आखिर यह कोई सामान्य विवाह तो है नहीं। आपके ससुर यादवों को यह दिखाने के लिए तत्पर हैं कि उदारता और आतिथ्य में वह किसी से कम नहीं हैं। आपके विवाह के अवसर पर दस हजार लोग भोजन करेंगे। उनकी जुबानों को तुष्ट करने के लिए कोई कसर नहीं छोड़ी जाएगी। प्रत्येक अतिथि का पूरा ध्यान रखा जाएगा।''

''ये सारे जानवर मेरे विवाह पर मारे जाएँगे और व्यंजनों के रूप में उन्हें परोसा जाएगा?'' राजकुमार अरिष्टनेमी ने पूछा, जो कि दुःख और अपराध-बोध के भाव से व्यथित हो चुके थे।

महावत ने बताया, ''जैसे ही हमारी बारात यहाँ से गुजर जाएगी, उन्हें काट डाला जाएगा।'' ऐसा कहते हुए उसने वहीं जानवरों के करीब धारदार हथियार लिये खड़े कसाइयों की ओर इशारा किया।

''यदि मेरा विवाह ही इन मूक-निरीह जानवरों को मार दिए जाने का कारण है, तो बेहतर है कि मैं विवाह ही न करूँ।'' राजकुमार ने प्रतिज्ञा की, ''महावत, मैं तुमसे कह रहा हूँ कि इन जानवरों के बाड़ों को खोलने का आदेश दो और सभी जानवरों को तुरंत स्वतंत्र कराओ।''

जब महावत ने प्रहरियों को यह निर्देश दिया, तो उन्होंने तुरंत आज्ञा का पालन किया। दूल्हे के आदेश पर प्रश्न करनेवाले वे कौन होते थे?

कैद में रखे गए सभी जानवर बाड़े से भाग निकले, क्योंकि उन्हें स्वजात प्रवृत्ति के आधार पर मालूम था कि वे कसाई के चाकू से बाल-बाल बचे हैं।

राजकुमार अरिष्टनेमी ने महावत को वापस द्वारका लौटने का आदेश दिया। उसकी आत्मा में बेचैनी और दुःख का गहरा भाव समा चुका था और उन्होंने वहीं तय कर लिया कि वह सांसारिक जीवन त्याग देंगे, जो इतने जानवरों को हानि पहुँचानेवाला, इतना भौतिक और असंवेदनशील है।

चौंककर उनके माता-पिता, चाचा-ताऊ, चचेरे-ममेरे भाइयों ने उनसे वापस लौटने का अनुरोध किया, लेकिन व्यर्थ। उन्होंने राजीमति की स्थिति पर विचार करने के लिए कहा कि यदि वे उससे विवाह नहीं करेंगे तो उसे आघात लगेगा। उनकी दलीलों का कोई असर नहीं हुआ। यदुवंश के बुजुर्ग और भाई-नातेदारों से उन्होंने कहा, "ये जानवर ही नहीं, जिन्हें फँसाकर रखा गया है और जो असहाय हैं, हम भी अपने कर्मों के बंधन में बँधे हुए हैं। यदि मैं इन जानवरों को काटे जाने की अनुमति दे दूँ, तो मैं भी युगों-युगों तक हिंसा और खून-खराबे का नकारात्मक कर्म ढोऊँगा। यह सोचकर ही मेरा ह्दय दुःखी होता है। मेरी तरह उनके लिए भी बंधन से मुक्ति में ही खुशी हो सकती है। मैं आप लोगों से सादर अनुरोध करता हूँ कि आप मुझे मत रोकिए। मैंने ईमानदारी से अपने कर्मों से मुक्त होकर मुक्ति के मार्ग पर चलने का निश्चय कर लिया है।"

जब हताश महावत द्वारका वापसी के लिए मुड़ा, राजकुमार अरिष्टनेमी ने अपने कीमती गहने और वस्त्र उतारकर लोगों में बाँट दिए। द्वारका पहुँचकर उसने सर मुँडवाया और अपना राजसी जीवन त्यागकर जंगल में द्वारका के निकट विजयनाथ की पहाड़ियों पर चले गए। कहा जाता है कि लोग इस विचित्र घटना से इतने द्रवित हुए कि लगभग एक हजार लोगों ने उनके अनुसरण में संसार त्यागने का निश्चय किया। गिरनार के जंगलों में लंबे समय तक व्रत, ध्यान और कठोर साध्वीय अभ्यासों के साथ उन्होंने अश्विन महीने के श्याम पक्ष के 15वें दिन मोक्ष प्राप्त किया। जहाँ तक राजकुमारी राजीमति का प्रश्न था, शुरू-शुरू में उसे काफी दुःख हुआ, लेकिन जब उसने इन सभी घटनाओं पर मनन किया, तो उसने भी उस राजकुमार के संभ्रांत उदाहरण का अनुसरण करने का मन बनाया, जिससे उसका विवाह न हो सका। अनेक सखियों के साथ वह स्वामी नेमीनाथ की शिष्या बन गई और संन्यास के लिए उनसे दीक्षा ली। उनके मार्गदर्शन में वह भी मुक्ति पाकर धन्य हुई।

इस तरह ज्योतिषी की भविष्यवाणी सच हुई और 23वें तीर्थंकर ने स्वयं निर्वाण प्राप्त करने से पहले कई लोगों को मुक्ति प्रदान की।

~•~

विचार मनन

हम सभी को चयन की स्वतंत्रता प्राप्त है। ईश्वर ने प्रत्येक व्यक्ति को मुक्ति का अधिकार प्रदान किया है और यह मुक्ति उसी स्तर की है, जो ईश्वर ने स्वयं के लिए रखी है। आदमी चुनने के लिए स्वतंत्र है—पाप और पुण्य, अच्छाई और बुराई, स्वार्थ और सेवा के बीच का विकल्प। व्यक्ति स्वार्थी या

निस्स्वार्थी होने का चुनाव कर सकता है। वह संत और पापी होने का विकल्प चुन सकता है। वह बुराई के रास्ते पर चलने या अपराधी होने का विकल्प भी चुन सकता है। उसी तरह वह पुण्य के रास्ते पर चलकर धरती पर ईश्वर होने का विकल्प चुन सकता है। चयन पूरी तरह उसी का है।

लेकिन स्मरण रहे, यदि चयन की स्वतंत्रता का अधिकार उसमें निहित है, तो इसका तात्पर्य है कि उसके कर्मों की जिम्मेदारी भी उसी की है, क्योंकि बिना जिम्मेदारी के हमारा कोई अधिकार नहीं हो सकता। जीवन की राह के हर कदम पर हम वह दिशा चुनने के लिए स्वतंत्र हैं, जिस पर हम चलते हैं।

अब यदि मैं अच्छाई के रास्ते पर चलने का विकल्प चुनता हूँ, तो मैं आगे बढ़ता हूँ, मैं तरक्की करता हूँ, मैं आध्यात्मिक उन्नति करता हूँ। यदि मैं बुराई के रास्ते पर चलने का विकल्प चुनता हूँ, तो मैं पिछड़ता जाता हूँ, मुझे पीछे धकेल दिया जाता है। यदि सही को छोड़कर गलत का चुनाव करता हूँ, तो मैं अपने कर्म के परिणाम के लिए ईश्वर को दोष कैसे दे सकता हूँ?

आदमी और जानवरों में यही अंतर है कि जानवरों को दिमाग नहीं होता या अपनी पसंद के अनुसार कर्म करने की उनकी इच्छा नहीं होती। वे किसी भावी परिणाम के बिना कर्म करते हैं। वे अंध स्वजात प्रवृत्ति से प्रेरित होते हैं। मान लीजिए कि कोई व्यक्ति जंगल पार कर रहा है और उसका सामना एक भूखे आदमखोर से होता है, जो उस पर झपट पड़ता है, उसके मांस को चीर-फाड़कर उसे अपना भोजन बना लेता है। इस भयंकर घटना में उस जानवर को कैसे दोष दिया जा सकता है? जानवर भूखा था, उसने अपने शिकार को मारा और उसे खा लिया। यह मात्र स्वजात प्रवृत्ति से प्रेरित कर्म था, क्योंकि यह और किसी तरह कार्य नहीं कर सकता।

हमें केवल भूख शांत करने के लिए किसी प्राणी का जीवन हर लेने का कोई अधिकार नहीं है। आखिर जीवन ईश्वर का दिया उपहार है और जब हम किसी प्राणी को जीवन दे नहीं सकते, तो उसे छीन लेने का हमें क्या हक है? जब हम अच्छाई और बुराई तथा सही-गलत के बीच अपनी पसंद चुनते हैं, तो हम अपने कर्म का परिणाम स्वयं निर्धारित करते हैं। यदि हमारा चुनाव सही होता है, तो हमें खुशी हासिल होती है और यदि हमारा चुनाव गलत होता है, तो हमें कष्ट और दु:ख का सामना करना पड़ता है।

भगवान् महावीर की अग्नि परीक्षा

"भूत, वर्तमान और भविष्य के समर्थ पुरुष ऐसा कहते हैं, ऐसा बताते हैं, ऐसी घोषणा करते हैं, ऐसा समझाते हैं—सभी श्वासधारी, अस्तित्ववान, जीवित प्राणियों को न मारा जाए, न ही हिंसात्मक व्यवहार किया जाए, न गाली दी जाए, न यातना दी जाए।
यह पवित्र, चिरंतन और अपरिवर्तनीय नियम या धर्म का सिद्धांत है।"

—अकारंग सूत्र

राजकुमार वर्धमान, जैसा कि उन्हें पूर्वाश्रम (पहले के जीवन) में जाना जाता था, उन्होंने 30 वर्ष की अवस्था में, कार्तिक माह के श्याम पक्ष के दसवें दिन, विक्रम संवत् के पूर्व 513 (569 ई.पू.) राजसी जीवन त्याग दिया। कठोर तप की शपथ लेकर वे गहन शांति और ध्यान में विचरण करते रहे। जब भी भिक्षा में उन्हें भोजन मिल जाता, तो ग्रहण कर लेते शेष अधिकतर समय भूखे ही रहते। उन पर कुत्तों से आक्रमण करवाया जाता, उन्हें पत्थरों से मारा जाता और गालियाँ दी जातीं। लेकिन यह सब वे बड़े मानसिक संतुलन के साथ सहन कर लेते।

बहुत से लोग जो उन्हें देखते, उनके तप से बहुत प्रभावित होते। वे उनके सत्य या ज्ञान की खोज के लिए उन्हें शुभकामनाएँ देते। लेकिन दूसरे ऐसे भी लोग थे, जो उन्हें नास्तिक और विद्रोही मानते थे, जो उनकी जीवन शैली तबाह कर देना चाहते थे। वे न तो प्रशंसा से प्रभावित होते थे, न निंदा, दोषारोपण से। चाहे जंगली जानवरों, सरीसृपों

और जहरीले कीड़े-मकोड़ों का आक्रमण हो, मौसम का परिवर्तन हो या ऐसी ही विपत्तियाँ हों, उन्हें न तो किसी लगाव से दु:ख होता था, न विलगाव से। पूर्ण मानसिक संतुलन के साथ वे अपने लक्ष्य की ओर बढ़ते गए।

***

एक बार संगमदेव नामक स्वर्ग के एक देवता महावीर की बढ़ती तपस्या शक्ति के प्रति ईर्ष्यालु हो गए। उसने स्वामी महावीर के ध्यान को भंग करने की ठान ली। अपनी सिद्धी-शक्तियों का प्रयोग करते हुए, उसने महावीर पर 20 भयंकर क्रूरताओं का एक ही रात में कहर ढाया। उनमें से कुछ इस तरह हैं—भयंकर चींटियों का एक समूह उनके शरीर पर आ टूटा, खून पीने वाली मक्खियों के झुंड ने उन पर आक्रमण किया, जहरीले बिच्छुओं ने उन पर आक्रमण किया। स्वामी महावीर अप्रभावित रहे, वे डिगे भी नहीं। उनके ध्यान का संतुलन और स्थिरता बरकरार रही। उन्होंने दर्द और विरोध में एक शब्द भी नहीं कहा। उन्होंने आँख की पुतलियाँ तक नहीं घुमाईं, पलक तक नहीं झपकाई।

और फिर भी चालाक संगमदेव अभी हार मानने के लिए तैयार नहीं था। उसने स्त्रियों के शारीरिक आकर्षण का लालच देकर महावीर को लुभाने का निश्चय किया। उसने स्वर्ग की अप्सराओं को उनके सामने नृत्य-गान करने के लिए भेज दिया, ताकि वह पाप की ओर उन्मुख हो सकें। लेकिन इन सबका महावीर पर जरा भी प्रभाव नहीं पड़ा। छह महीने तक इस क्रूर देवता ने महावीर को ललचाने और उनके अन्वेषण से भटकाने का प्रयास किया, लेकिन सब व्यर्थ रहा। अंत में थक-हारकर संगमदेव महावीर के चरणों में गिर पड़ा और अपने किए की माफी माँगी। महावीर ने उसे माफ कर दिया, क्योंकि वे तो करुणा के अवतार थे।

***

एक बार स्वामी महावीर एक गाँव के घने जंगल से होकर कहीं जा रहे थे। कुछ ग्रामीणों ने उनसे जंगल से न होकर जाने का अनुरोध किया। उन्होंने उन्हें चेतावनी दी कि एक चंदकौशिका नामक भयंकर कोबरा वहाँ रहता है, कई व्यक्ति उसके खतरनाक विष की भेंट चढ़ चुके थे। उन्होंने बड़ी विनम्रता से गाँव के बाहर का रास्ता चुनने का अनुरोध किया।

अपनी दिव्य दृष्टि से स्वामी महावीर ने कोबरा की सच्ची प्रकृति और उसके भयंकर सर्प के रूप में जन्म लेने का रहस्य जान लिया था। शीघ्र ही उन्होंने वह परिस्थितियाँ जान लीं, जिसमें उसको सर्प की योनि मिली थी।

कई जन्मों पूर्व वह एक संन्यासी था, जो दिन भर ध्यान में खड़ा रहता था। लेकिन एक दिन जब एक मेंढक उसके पैरों पर चढ़ गया, तो उसने बिना सोचे-विचारे

पैर झटककर उसे दूर फेंक दिया। उसके शिष्य ने उसे याद दिलाया कि उसने मेंढक को हानि पहुँचाई थी और उन्हें अपने किए को स्वीकार करके, इसके लिए पश्चात्ताप करना चाहिए। इस बात से वह इतना नाराज हो गया कि वह क्रोध में अंधा होकर युवक शिष्य पर टूट पड़ा। वह इतनी तेजी से उछला कि वह एक खंभे से टकरा गया और मृत्यु को प्राप्त हुआ।

संन्यासी के रूप में बचे हुए शेष कर्मों के कारण कुछ समय के लिए उसने देवता की योनि में जन्म लिया, लेकिन जब उसके अच्छे कर्म समाप्त हो गए, तो वह बदमिजाज व्यक्ति के रूप में जन्मा और संन्यासियों के एक समुदाय का मठाधीश हो गया। एक दिन जब वह लकड़ी काट रहा था, तभी उसने एक साथी साधु पर आक्रमण करने का प्रयास किया, जो लगातार उससे बहस किए जा रहा था। गुस्से में इस व्यक्ति की हत्या करने का प्रयास करते हुए वह स्वयं की कुल्हाड़ी पर गिर पड़ा और उसका सिर फट गया। इसके पश्चात् उसने एक भयंकर विषधारी गुस्सैल सर्प के रूप में जन्म लिया। जिसने आस-पास से गुजरते हुए लोगों को अपने घातक जहर से मार डाला।

स्वामी महावीर ने यह सब देखा और उन्हें भान हुआ कि उस बेचारे को जन्म-मरण के चक्कर से हमेशा के लिए मुक्त करने का समय आ गया है। भयभीत ग्रामीणों पर करुण दृष्टि डालकर वे उस जंगल में प्रवेश कर गए, जहाँ चंद्रकौशिक रहता था। थोड़ी देर में वह धरती पर बने एक गहरे बिल के मुहाने पर पहुँचे, जहाँ वह कोबरा रहता था। वे बिल के नजदीक बैठकर ध्यान में मगन हो गए।

कोबरा को नजदीक ही किसी व्यक्ति की महक मिली और वह सरसराहट के साथ बिल से बाहर निकला। उसने महावीर के पैरों पर अपने घातक जहर का डंक मारा। घाव से खून बहने लगा। और जरा देखिए, यह खून लाल नहीं, बल्कि दूधिया सफेद था, क्योंकि यह महावीर की अनंत करुणा से ओत-प्रोत था। इस दूध जैसे सफेद खून का दृश्य देखकर चंद्रकौशिक को होश आया। इस बीच स्वामी महावीर ने भी अपनी आँखें खोलीं और कोबरा पर सहानुभूति की दृष्टि डाली। चंद्रकौशिक को आत्म-साक्षात्कार हुआ। उसने अपने पूर्वजन्म को देखा और उसमें अपने दुष्कर्मों को भी। उसने अपने पापों का जी भरकर प्रायश्चित्त किया और महसूस किया कि क्रोध ही उसके दुर्भाग्य की जड़ रहा है। उसने महावीर के तीन फेरे लिये और स्वामी के चरणों में कुंडली मारकर बैठकर ध्यान और व्रत करते हुए अपने जीवन का त्याग किया। फिर उसने देवता की योनि में जन्म लिया।

***

एक अन्य अवसर पर स्वामी महावीर एक गाँव की बाह्य परिधि पर गहन ध्यान में खड़े थे। तभी वहाँ से गुजरनेवाले एक चरवाहे ने उन्हें भटकता भिखारी समझकर,

उनके नजदीक अपने बैल छोड़ दिए और उनसे कहा कि उसके लौटने तक उसके जानवरों का ध्यान रखें। महावीर तो ध्यान में संसार को भूले हुए थे, उन्हें इस बात का तनिक भी ख्याल नहीं था कि उनसे क्या बोला गया था। वे लगातार ध्यान में रमे रहे और बैल घूमते-फिरते दूर चले गए।

चरवाहा लौटकर आया और देखा कि उसके बैल वहाँ नहीं थे। "मेरे जानवर कहाँ है?" उसने गुस्से में महावीर से प्रश्न किया। कोई उत्तर न पाकर उसने सूखी घास की टहनियाँ उठाईं और उन्हें महावीर के कानों में डाल दिया। महावीर को दर्द हुआ लेकिन उन्होंने 'उँह' भी नहीं कहा। गुस्से में आग-बबूला होते हुए चरवाहे ने कान में धँसी घास के बाहरी छोर काट दिए, ताकि कानों में धँसे हुए घास के टुकड़े आसानी से बाहर न निकल सकें। स्वामी महावीर इसी दर्दनाक स्थिति में कई दिनों तक इधर-उधर घूमते रहे। तभी एक दयालु चिकित्सक की नजर उनके कानों पर पड़ी और उसने घास बाहर निकाली।

ये तप और परीक्षाएँ बारह वर्ष तक महावीर के निर्वाण प्राप्त करने तक चलती रहीं। निर्वाण की यह धन्य घटना विक्रमी संवत् के 511 वर्षों पूर्व बैसाख महीने के शुक्ल पक्ष के दसवें दिन हुई (557 ई.पू.)। उस समय स्वामी महावीर 42 वर्ष के थे। उन्होंने अपने जीवन के अगले 30 वर्ष अहिंसा, परस्परोपग्रहो जीवानाम् (अंतर्निर्भरता), अनेकनतावदा (अनेक पहलुओं का सिद्धांत), सम्यकत्व (समदृष्टि) और जीव दया (सभी जीवों के प्रति करुणा, सहानुभुति, उदारता) का संदेश देते हुए बिताई।

~•~

विचार मनन

"जागो! उठो!" इस देश के युवाओं के लिए विवेकानंद का आह्वान था। वस्तुत: हम सभी को सचेत और जाग्रत् होना चाहिए; क्योंकि हम और विलंब नहीं कर सकते, क्योंकि इस मानव जन्म में हमें जो स्वर्णिम अवसर मिला है, हम उसे खो देंगे। और यह अवसर है—ईश्वर के ज्यादा करीब होने का, उसकी खूबसूरत उपस्थिति को अनुभव करने का।

हम किस तरह सचेत हों, जाग्रत् हों और इंद्रियों के बंधन से कैसे बाहर आएँ? इसका उत्तर साधारण है—आत्म-अनुशासन के अभ्यास से।

आत्म-अभ्यास क्या है? आत्म-अभ्यास है—अपने इंद्रियों पर नियंत्रण करना, ताकि वे हमें इस मानव जन्म के लक्ष्य तक पहुँचने में बाधा न बनें। स्वयं को अनुशासित करना सरल कार्य नहीं है। लेकिन जब कोई इस दिशा में पहला

कदम उठाता है, तो जो भी उपलब्धि हासिल की जा सकती है, उससे वह हैरान हो जाएगा।

जैसा कि हम कहते हैं कि अभ्यास ही मनुष्य को पूर्ण बनाता है। इंसान दृढ़ता और निरंतर अभ्यास से असंभव को भी हासिल करने की शक्ति रखता है।

सचमुच, हममें से प्रत्येक के लिए मन को जीतना और उसे वश में करना संभव है। इसके लिए दो बातों की आवश्यकता होती है—अभ्यास और वैराग्य। गुरु की कृपा से ही हमें ये दो गुण प्राप्त होते हैं। जैसे-जैसे हमारी गुरु के प्रति श्रद्धा बढ़ती जाती है, वैसे-वैसे हमारे भीतर अभ्यास या आत्म-अनुशासन की राह का अनुसरण करने का आवेग उठने लगता है। बहुत से लोग यह प्रयास करते हैं, लेकिन गुरु की कृपा से धन्य लोग ही अपने अभ्यास में सफल होते हैं। ऐसी धन्य आत्माएँ अभ्यास की राह पर सफल हो पाती हैं और धीरे-धीरे वैराग्य की स्थिति प्राप्त करती हैं। तब उनके लिए मन पर नियंत्रण करना संभव हो जाता है और शीघ्र ही आंतरिक शांति अनुगमन करती है। जिसे आंतरिक शांति की कृपा प्राप्त है, वह हर स्थिति, हर हाल में खुश रहता है।

गौतम को निर्वाण मिला

''आपका भाग्य आपके हाथ में है। कोई भी काल्पनिक बाह्य शक्ति आपकी मदद नहीं कर सकती। हर जीवित प्राणी जीना और खुश रहना चाहता है। दूसरे प्राणियों को चोट मत पहुँचाइए या उनकी जान मत लीजिए। अपनी आत्मा को मुक्त करने के लिए स्वयं को समर्पित कीजिए।''

—स्वामी महावीर

स्वामी महावीर के प्रमुख शिष्यों में से एक गौतम स्वामी की कहानी जैन विद्वानों द्वारा कई तरह से प्रस्तुत की गई है। उनमें से कुछ पौराणिक हैं और विवरणों पर केंद्रीकृत हैं। दूसरी अपेक्षाकृत ज्यादा भावपूर्ण और दार्शनिक संस्करण वाली हैं।

इंद्रभूति गौतम एक विद्वान् ब्राह्मण थे, जिन्हें ग्रंथों के ज्ञान में दक्षता प्राप्त थी। कहा जाता है कि वे वेद, वेदांग, पुराण, टीका, तर्क इत्यादि चौदह विद्याओं में पारंगत थे। जब पहली बार वे स्वामी महावीर के पास गए, तो उन्हें अपने ज्ञान पर अत्यधिक गर्व था। लेकिन गौतम को आत्मा की प्रकृति व जीवन के रहस्यों से संबंधित गहन संदेहों और प्रश्नों पर संबोधन देकर स्वामी महावीर ने उसे अत्यधिक प्रभावित किया। गौतम ने तत्क्षण अपने 500 शिष्यों के साथ स्वयं को महावीर स्वामी को समर्पित कर दिया और स्वयं उनके शिष्य हो गए।

प्रारंभिक जैन विवरणों से हमें गौतम स्वामी (जैसा कि अनुरागवश उन्हें कहा जाता था) के विषय में निम्नांकित चित्रण मिलता है—

"वे स्वामी महावीर के सेवा, भक्ति, आतिथ्य में आदर, सम्मान और विनम्रता के साथ पूर्णरूपेण समर्पित शिष्य थे। उनकी आँखों में कोई भटकाव की उत्सुकता नहीं थी, उनका भाष्य बिना किसी तनाव का, उनकी चाल में कोई हड़बड़ाहट नहीं थी, उन्हें भोजन से लगाव नहीं था और जब वे व्रत नहीं रखते थे, तो दिन में केवल एक समय का भोजन किया करते थे। वे वस्तुतः प्रकृति से गंभीर, लेकिन विचारों से बोझिल नहीं थे। वे शांत तो थे, लेकिन अलग-थलग नहीं। वे सदा प्रसन्न, खुश, साधारण, निष्कपट, उज्ज्वल, ज्ञानवान, अपने ध्यान में संभ्रांत, उच्चतम स्तर के गुण धारी··· गुरु गौतम स्वामी सचमुच सर्वाधिक समर्पित, आडंबरहीन व स्वामी महावीर को पूरी तरह समर्पित शिष्य थे।"

यद्यपि गौतम पूरी तरह महावीर के प्रति समर्पित थे, फिर भी ऐसा कहा जाता है कि वे अंतिम तीर्थंकर के शिष्यों में केवल्यज्ञान (निर्वाण) प्राप्त करने वाले अंतिम शिष्य थे। उनके गुरु के प्रति उनका महान् प्रेम इस विलंब का कारण था, ऐसा विद्वान् बताते हैं। महावीर के प्रति उनका पूर्ण समर्पण एक तरह का बंधन बन गया था, जिससे वे स्वयं को मुक्त नहीं कर पाते थे। महावीर यह जानते थे और चाहते थे कि उनका शिष्य इस कमजोरी से ऊपर उठकर उन (गुरु) के जीवनकाल में ही निर्वाण प्राप्त करे।

गौतम स्वयं इस तथ्य से परेशान थे कि महावीर द्वारा नियुक्त किए गए सभी गंधर्वों (समुदाय के नेतृत्वकर्ता) में वे अकेले थे, जिन्हें निर्वाण प्राप्त नहीं हुआ था। वस्तुतः एक बार उन्होंने यह प्रश्न स्वामी से किया, "भगवान्, संघ में शामिल होने के बाद से मैं आपका निष्ठावान शिष्य रहा हूँ। मैं आपका पहला शिष्य था और मैंने आपका अनुसरण किया, आज्ञा मानी और आपसे निष्ठापूर्वक प्रेम किया, फिर भी ऐसा क्यों है कि बहुत से लोग, जो आपकी राह में बहुत बाद में शामिल हुए, वे मोक्ष (मुक्ति) पा चुके हैं, लेकिन मैं नहीं?"

पहले जब गौतम ने यही प्रश्न पूछा था, तो स्वामी महावीर ने उन्हें बताया था कि गुरु के प्रति उसका असीम लगाव उसकी कमजोरी है। अगर वो ये छोड़ दे, तो उसके और मुक्ति के बीच में कोई दीवार नहीं रहेगी।

जैसा कि लालच, कामवासना, घमंड एक आवेश हैं, वैसे ही—आसक्ति और लगाव। महावीर ने गौतम को बताया, "वस्तुओं और व्यक्तियों से लगाव कर्म-बंधन पैदा करता है और तुम्हारी आत्मा की मुक्ति के मार्ग में बाधा बनता है। अपने सभी बंधन काट दो और अपने अंतःकरण को सभी वासनाओं से मुक्त कर लो, तो तुम भी अपने लक्ष्य तक पहुँच जाओगे।"

गौतम ने इस बात का विरोध किया था, "भगवान्, क्या मैंने आपकी सेवा में सब कुछ त्याग नहीं दिया है? मेरे पास कोई स्वामित्व नहीं है, न ही मेरी किसी चीज को प्राप्त करने की इच्छा है।"

स्वामी महावीर ने उससे कहा, "यह सच है गौतम कि तुमने बहुत सी चीजें त्याग दी हैं और अपने बहुत से प्रिय लोगों से संबंध विच्छेद कर लिया है। किंतु तुम्हें अपने आपको मेरे प्रति प्रेम, मेरे प्रति समर्पण और मुझ पर अपनी भावनात्मक निर्भरता से भी मुक्त करना होगा। यह भी एक बंधन है, गौतम! बेड़ियाँ, चाहे सोने की हों या और किसी चीज की, पक्षी को आकाश में उड़ने नहीं देंगी। गौतम, अपनी आत्मा की इस कैद के बारे में सोचो और इसे मुक्त कर दो। तभी तुम स्वतंत्रता के सुरक्षित तट तक पहुँच सकोगे।"

किंतु गौतम को यह इतना बेतुका लगा था कि उस समय उन्होंने इसे पूरी तरह नकार दिया। उन्होंने सोचा कि स्वामी की आनंदमय उपस्थिति में रहना निश्चित रूप से अनजाने मोक्ष के भावपूर्ण रूप को प्राथमिकता देने योग्य है। आवेगयुक्त अवस्था में उन्होंने स्वामी से कहा था, "मेरे भगवान्, मुझे माफ करो, क्योंकि मैं इसका पालन नहीं कर सकता। आपके बिना मैं कुछ भी नहीं हूँ। मैं इस कीमत पर मुक्ति नहीं चाहता। मैं मोक्ष के बिना जी सकता हूँ। भगवान् अपनी आत्मा से दूर, किनारे से दूर, किंतु आपके पास, मैं जहाँ हूँ, बिल्कुल ठीक हूँ। मैं आपको नहीं छोड़ सकता।"

अब कई वर्षों बाद उन्होंने वही प्रश्न फिर किया। अपने ज्ञान से महावीर ने उसे अप्रत्यक्ष उत्तर देने का निर्णय लिया। उन्होंने कहा, "प्रिय गौतम, बिना किसी बंधन का, पूर्णरूपेण स्वार्थहीन प्रेम मोक्ष की कुंजी है। फिर भी मन छोटा मत करो। मैं और तुम केवल 30 सालों से साथ नहीं हैं, बल्कि पिछले कई जन्मों से साथ हैं। भूतकाल के ऐसे संबंध के साथ अब हमारी आत्माएँ समान होने जा रही हैं और यह संबंध जारी रहेगा।"

गौतम इस उत्तर से उलझन में पड़ गए। उन्होंने मन ही मन सोचा, 'क्या मैंने स्वयं को उबारा नहीं है? क्या मैंने चिरंतन, असीम प्रेम और करुणा के बारे में नहीं जाना? क्या मैं छोटे-बड़े सभी जीवित लोगों से प्रेम नहीं करता? क्या मेरे प्रेम में कोई कमी है? और वह स्वामी के इस उद्‌गार से ज्यादा की उलझन में थे कि उनकी और स्वामी की आत्माएँ समान होने जा रही थीं।' "मैं तो केवल उनका सर्वाधिक समर्पित शिष्य होना चाहता हूँ, सदा उनकी विश्वासपात्र परछाईं बनकर रहना चाहता हूँ।"

जब महान् तीर्थंकार ने महसूस किया कि उनका अंत नजदीक है, तो उन्होंने गौतम को इच्छित लक्ष्य की प्राप्ति में मदद के लिए एक रास्ता दिखाया। स्वामी ने निश्चय किया कि इस समय गौतम को दूर भेज दिया जाना चाहिए, क्योंकि उनकी मृत्यु का दुःख उसे अभिभूत कर सकता है, जिससे लक्ष्य तक पहुँचने में उसे कठिनाई होगी। यह स्वामी की

ही इच्छा थी कि उनके अनुयायियों में सर्वाधिक समर्पित को केवल ज्ञानी बनने का मौका नहीं खोना चाहिए।

इसलिए महावीर ने गौतम को बुलवाया और उसे एक महान् यज्ञ के विषय में बताया, जिसे साधुओं के एक समूह के द्वारा संपादित किया जाना था। इस यज्ञ के दौरान सामूहिक पशु बलि दी जाने वाली थी। दु:ख का विषय है कि उन दिनों पशु बलि को आंतरिक त्याग और आत्म-बलिदान का प्रतीक समझ लिया गया और यज्ञ जानवरों की बलि चढ़ाने का बहाना बन गए थे। लोग मानते थे कि इन बलि-कृत्यों से देवतागण खुश होंगे और बदले में उनकी इच्छाएँ पूर्ण होंगी।

गौतम, स्वामी के आज्ञाकारी थे और उनके कहे अनुसार यज्ञ के लिए चल पड़े। जब बलि का संपादन करनेवाले ब्राह्मण ने उन्हें आता हुआ देखा, तो वे उनकी तरफ डंडे और पत्थर फेंकने लगे और उन्हें वापस चले जाने का आदेश दिया। उनकी अस्त-व्यस्त वेशभूषा और भिक्षापात्र के कारण वे उनकी नजरों में अपमानित और अयोग्य लग रहे थे। उन्होंने उनका बहुत तिरस्कार किया और भला-बुरा कहा। गौतम इन सभी विरोधों से नहीं रुके। उन्होंने चुपचाप उनकी गालियाँ, अपमान और उनके द्वारा दी गई चोट सहन कर ली।

तभी प्रमुख ब्राह्मण की पत्नी ने देवताओं के लिए तैयार किया गया दूध और चावल (खीर) का प्रसाद लेकर यज्ञशाला में प्रवेश किया। चोटग्रस्त और लहूलुहान पवित्र भिक्षु को वहाँ खड़ा देख वह उनके चरणों में गिर पड़ी और भिक्षा के रूप में उन्हें खीर प्रदान की। भौंचक्के खड़े तमाशबीनों को उसने बताया कि वह भिक्षु कोई और नहीं, इंद्रभूति गौतम हैं, जो कि अपने समय के सर्वाधिक ज्ञानी ब्राह्मणों में एक हैं। "हे ज्ञानी पुरुष, जो चोटें हमने आपको दी हैं, उसके लिए हमें क्षमा कीजिए।" उसने गौतम से प्रार्थना की।

गौतम ने उससे कहा, "भिक्षा-याचना करते हुए कोई भी अपमानित और घृणा का पात्र बन सकता है, लेकिन बुद्धिमान अपने अविचलित मन से ऐसे अपमानों और प्रहारों को ठीक उसी तरह सहन कर लेता है, जैसे युद्धभूमि में हाथी तीरों के वार अपने शरीर पर झेलता है। ज्ञानी, यति सुख और दर्द से अनासक्त रहते हैं, बिना चोट पहुँचाए और किसी की जान लिये—सब कुछ सहते हुए व्यक्ति की चमक जलती हुई लौ की तरह बढ़ती है, क्योंकि ऐसा करके व्यक्ति इच्छाओं पर विजय पाता है और गुण की संप्रभुता पर ध्यान-मनन करता है, भले ही कष्ट भोगते हुए।

ब्राह्मणों की सभा गौतम के पैरों पर गिर पड़ी और उन्होंने उन्हें अहिंसा पर महावीर के दृष्टिकोण की शिक्षा दी।"

महावीर की बातों का दृष्टांत देते हुए गौतम ने उनसे कहा, "अहिंसा से सूक्ष्मतर आत्मा का कोई गुण नहीं होता है और जीवन के प्रति सम्मान से बड़ा कोई गुण नहीं

होता। इसलिए किसी भी जीवित प्राणी को चोट मत पहुँचाओ, भला-बुरा मत कहो, सताओ मत, गुलाम मत बनाओ, अनादर मत करो, उन्हें यातना मत दो और उनकी हत्या मत करो। यदि किसी प्राणी की हत्या करते हैं, तो आप स्वयं की ही हत्या कर रहे होते हैं। यदि आप किसी जीव पर बल-प्रयोग करते हैं, तो स्वयं पर ही बल-प्रयोग करते हैं। यदि आप किसी प्राणी को यातना देते हैं, तो स्वयं को ही यातना देते हैं। यदि आप किसी को नुकसान पहुँचाते हैं, तो आप स्वयं को ही नुकसान पहुँचा रहे होते हैं।''

गौतम की बातों से जानवर बलि दिए जाने से बच गए। ब्राह्मण इस बात से सहमत हो गए कि वे हर तरह के बलि कर्मकांड का त्याग कर देंगे। गौतम ने अपने स्वामी के आदेशों को पूरे मन से स्वीकार किया था।

लेकिन, उनकी गैर-जानकारी में स्वामी महावीर उनकी अनुपस्थिति में मृत्यु को प्राप्त हुए। जब गौतम ने यह समाचार सुना, तो वे दु:ख से अभिभूत हो गए, लेकिन कुछ समय के लिए। उन्होंने अपने गुरु की महानता को महसूस किया, जिन्होंने सदा अपने व्यक्तिगत हितों से ऊपर सार्वभौमिक कल्याण को रखा। उनके लिए अबोध जानवरों के जीवन की रक्षा करना सर्वाधिक महत्त्वपूर्ण था। गौतम को अपने स्वामी के चरणों के निकट बैठने का दूसरा मौका नहीं मिलना था। जब वे लौटे तो उन्होंने हर तरफ लोगों को महान् तीर्थंकर के प्रति दीपक जलाकर श्रद्धांजलि अर्पित करते देखा, जो भवसागर के पार जा चुके थे। गौतम का दु:ख वैराग्य में परिवर्तित हो गया और उन्होंने स्वामी की बातें सत्य साकार होती हुई पाईं—वह और स्वामी सचमुच एक थे और अंतत: गौतम को निर्वाण प्राप्त हुआ।

~•~

विचार मनन

वैराग्य क्या है?

वैराग्य वह ज्ञान है, जो हमें बताता है कि हम जिन चीजों की लालसा करते हैं, जो भी चीजें हमारी इंद्रियों को अपनी ओर खींचती हैं, वह माया के अलावा और कुछ भी नहीं हैं। यह मृगतृष्णा है। इस अनुभव से आपको भौतिक धन और ऐंद्रिय सुखों के पीछे भागना व्यर्थ महसूस होता है। यह आपको सत्य और संपूर्ण वास्तविकता का ज्ञान करा देता है।

वैराग्य मोह भंग होना और विरक्ति का भाव है। वैराग्यधारी व्यक्ति इच्छा विहीन, मोह और काम विहीन होता है। इच्छाएँ स्वर्ण और धन-दौलत का लालच उत्पन्न करती हैं। कभी-कभी यह कीर्ति और सत्ता या अन्य सांसारिक

प्राप्तियों की आकांक्षा करने का रूप ले लेती हैं। हममें से अनेक अपने निकट और प्रियजनों के प्रति अत्यधिक लगाव या मोह में फँसे रहते हैं।

जब आप सांसारिक अनुगमन को त्याग कर इसकी परछाइयों के पीछे भागना छोड़ देते हैं, तब आप अपने भीतर एक स्थान निर्मित कर सकेंगे, और जब अपने हृदय के भीतर के खालीपन को महसूस करेंगे, तो ईश्वर के लिए चाह, तीव्र इच्छा उत्पन्न होगी। यह प्यास, यह भूख तब तक बढ़ती जाएगी, जब तक आपकी आँखों से आँसुओं की धार न प्रवाहित हो जाए, और तब आप महसूस करेंगे कि इस जीव का लक्ष्य ईश्वर को प्राप्त करना है।

चंदन

''जिस तरह आग में तपाने के बाद भी सोना सोना ही रहता है, उसी तरह एक आत्मज्ञानी भी कर्मों के प्रभाव से प्रताड़ित होकर भी आत्मज्ञानी ही रहता है।''

—महावीर, समयसार

जब महान् अवतारी पुरुष इस धरती पर विचरण करते थे, तो उनके क्षणिक संपर्क में आने से ही बहुत से जीवन उनके मर्म से प्रभावित होते थे, पूरी तरह रूपांतरित हो जाते थे। एक आत्मज्ञानी या निर्वाण प्राप्त आत्मा का ऐसा प्रभाव होता है कि इनके एक दृष्टिपात से ही या संयोगवश हुई मुलाकात से ही कइयों को मुक्ति प्राप्त हो जाती है। ऐसी ही रूपांतरकारी शक्ति हमें वसुमति की कहानी में मिलती है, जिसे मैं आपको सुनाने जा रहा हूँ—

वसुमति, जो जन्म से राजकुमारी थी। जिसे गुलाम की तरह बेच दिया गया, जिसकी मालकिनों ने उसके साथ बुरा बर्ताव किया, उसकी खूबसूरती से ईर्ष्या करने के कारण जिसे कुरूप और विकलांग कर दिया गया, उसे अंततः स्वामी महावीर की एक झलक पाने का सौभाग्य मिला। क्षण भर में ही स्वामी महावीर ने उसकी निहित अच्छाई पहचान ली और वसुमति चंदन-बाला बन गई। एक ऐसी साध्वी, जिसे आज सभी जैन अनुयायी पूजते हैं।

वसुमति ऐतिहासिक अंग राज्य के राजा दधिवाहन की पुत्री थी। इसी अंग राज्य में महाभारत कालीन दुर्योधन राज्य करता था। राजा दधिवाहन और उसकी रानी धरिनी अपनी खूबसूरत और आकर्षक पुत्री वसुमति के साथ राजधानी चंपा में रहते थे। पड़ोसी राज्य

वत्स में राजा शतानिक अपनी राजधानी कौशुंभी में अपनी प्रमुख रानी मृगावती के साथ शासन कार्य चलाते थे।

दोनों रानियाँ, मृगावती और धरिनी वैशाली के महाराज चेतक की पुत्रियाँ थीं। दोनों शाही परिवारों के बीच निरंतर मैत्रीपूर्ण संबंध थे और वे शांति व समृद्धि में रहते थे। किंतु विपत्ति आनी थी, क्योंकि शतानिक ईर्ष्यालु था और अपेक्षाकृत ज्यादा शक्तिवान होने का लालच भी रखता था। वह अपने पड़ोसी राज्य पर चढ़ाई करके अपने राज्य में मिलाने की गुप्त महत्त्वाकांक्षा पाले हुए था। उसे इस बात का अहसास भी नहीं था कि रिश्ते में साढ़ू भाई लगनेवाला एक गुणवान एवं बुद्धिमान व्यक्ति उस राज्य का शासक है।

शीघ्र ही उसकी बुरी योजना का अवसर उसके सामने प्रकट हुआ। एक बार जब दधिवाहन अपनी सेना लेकर एक पड़ोसी राजा की मदद के लिए गया हुआ था, तभी शतानिक ने चंपा पर आक्रमण कर दिया। शासक और उसकी सेना के बिना राज्य और उसकी राजधानी असहाय थे। कौशुंभी के क्रूर सैनिकों ने चंपा में लूटपाट की। उन दिनों लूटना सैनिकों के लिए पुरस्कार समझा जाता था और उच्च वर्ग के अधिकारी भी लूटपाट में हिस्सा लेते थे तथा उनसे जो भी बनता, लूटकर ले जाते थे।

राजा शतानिक की सेना के सेनापति और प्रमुख सारथी ने चंपा के शाही महल में लूटपाट का नेतृत्व किया। उसका नाम काकमुख था। वह धन-दौलत के अलावा तबाह किए गए राज्य से रखैल प्राप्त करने में भी रुचि रखता था। जब उसने शाही आवासों में प्रवेश किया, उसकी दृष्टि रानी धरिनी पर पड़ी। उसने रानी धरिनी और वसुमति का अपहरण कर लिया और कसम ली कि वह रानी धरिनी को अपनी रखैल बनाएगा। वह धमकी देते हुए रानी धरिनी के करीब पहुँचा। जब उसने उसकी अस्मिता भंग करनी चाही तो रानी धरिनी ने आत्महत्या कर ली। राजकुमारी वसुमति, जो उस समय एक छोटी सी बालिका थी, यह दृश्य देखकर बुरी तरह हतप्रभ थी। उस नन्ही बच्ची और रानी की हृदय-विदारक मौत के दृश्य ने काकमुख का हृदय-परिवर्तन कर दिया। उसने रो रही राजकुमारी को ढाढ़स बँधाया और उसे पुन: आश्वस्त किया कि वह उसे कोई हानि नहीं पहुँचाएगा और उसकी रक्षा के लिए उससे जो हो सकेगा, वह करेगा।

जब वह कौशुंभी लौटा, तो उसने उस लड़की को अपनी पत्नी को युद्ध के उपहार के रूप में भेंट किया। उसको उम्मीद यह थी कि वह उस लड़की को अपनी बेटी के रूप में अपनाएगी, क्योंकि वह निस्संतान थी। लेकिन उसकी पत्नी कठोर हृदयवाली महिला थी और उसने उसके भाव की सराहना नहीं की। यदि वह अपनी जीत के बदले दूसरे सैनिकों की तरह सोना-चाँदी लेकर आया होता, तो वह उसे प्राथमिकता देती। इसके अलावा वह उस लड़की की महान् सुंदरता से चकित थी और उसे लड़की से ईर्ष्या हो गई।

उसने बेमन से अपने पति से कहा, ''मुझे इसके जैसी नौकरानी नहीं चाहिए। इसे देखकर लगता नहीं है कि यह ज्यादा काम कर पाएगी। साथ ही मुझे इसके हाव-भाव पर शक है। मैं इसे अपने घर में नहीं रखना चाहती। इसे दूर ले जाकर गुलाम की तरह बेच दो। शायद इससे हमें अच्छे पैसे मिल जाएँगे।''

काकमुख को दु:ख हुआ कि वह वसुमति से अपना वचन नहीं निभा पाया। वह शाही महल से उसका अपहरण करने का जिम्मेदार था। वह उसकी माँ की मृत्यु का भी जिम्मेदार था। वह उस अनाथ बच्ची का पिता बनकर अपने पाप का प्रायश्चित्त करना चाहता था, लेकिन ऐसा नहीं होना था। वसुमति ने उसे सांत्वना दी, ''मेरे लिए दु:खी मत होओ। जो कुछ मेरे साथ हो रहा है, वह मेरे पिछले कर्मों का परिणाम है। आप मेरे भाग्य के जिम्मेदार नहीं हैं। मुझे ले जाकर बेच दो, जैसे आपकी पत्नी ने आपसे कहा। मैं आपको इसका जिम्मेदार नहीं मानूँगी।'' वह भी अपनी पत्नी की इच्छा के खिलाफ नहीं जा सकता था। इसलिए उसने खुले बाजार में वसुमति की बोली लगाने का निर्णय लिया।

उन दिनों गुलामों का व्यवसाय एक सामान्य व्यवहार था। लोग गुलामों को वस्तुओं की तरह खरीद-बेच सकते थे। जो भी गुलाम को खरीदता था, वह उस गुलाम का मालिक बन जाता था। उसका मालिक उस गुलाम के तन-मन का हकदार होता था। वह गुलामों से कोई भी कार्य करा सकता था और अपनी इच्छानुसार जैसा चाहे, उसके साथ व्यवहार कर सकता था। इसमें कोई भी हस्तक्षेप नहीं कर सकता था। काकमुख राजकुमारी वसुमति को बाजार में ले गया और सार्वजनिक रूप से उसकी बोली लगाने लगा। वह जोर-जोर से चिल्ला रहा था, ''कोई इस खूबसूरत आकर्षक लड़की का खरीदार है? मैं इस लड़की को 20,000 सोने की मुहरों के बदले बेचना चाहता हूँ।''

लड़की की सबसे ऊँची बोली एक वेश्या ने लगाई, जिसका कौशुंभी में एक बदनाम निवास था। उसने वसुमति को एक नजर देखा और महसूस कर लिया कि यह लड़की उसके लिए एक संपत्ति होगी। उसने काकमुख से कहा, ''मैं इस लड़की के तुम्हें 30,000 मुहरें दूँगी। मैं इसे नाच और गाने तथा सभी बातों में प्रशिक्षित करूँगी और जल्द ही यह कौशुंभी की नामी वेश्या बन जाएगी।''

ये बातें सुनकर वसुमति काँपने लगी। वह काकमुख के पैरों पर गिर पड़ी और आँसू बहाते हुए उससे कहा, ''जब मेरी माँ की मृत्यु हुई, तब आपने मुझे आश्रय और संरक्षण देने के लिए कहा था। मैं आपसे अनुरोध करती हूँ कि मुझे मौत से बदतर हालात में मत धकेलो। मैं वेश्या होने के बदले आपके हाथों मरना पसंद करूँगी।''

काकमुख उसके अनुरोध से पिघल गया और वेश्या के प्रस्ताव को ठुकरा दिया। उसके सौभाग्य से उसी समय धनवान नाम का एक धनी व्यापारी वहाँ आ पहुँचा। वह भी वसुमति की खूबसूरती पर मुग्ध हो गया और उसे खरीदने का प्रस्ताव किया। उसने काकमुख

से कहा, ''बिना किसी भय के तुम इसे मुझे दे दो। मैं अपनी बेटी की तरह इसका पालन-पोषण करूँगा।''

वसुमति व्यापारी के हाथों बेच दी गई। लेकिन उसके सम्मानजनक इरादे सच न हो सके। व्यापारी की पत्नी ने वसुमति को पसंद नहीं किया। उसने कहा, ''इससे अपनी बेटी जैसा व्यवहार करूँ? तुम्हारा दिमाग तो खराब नहीं हो गया? कोई गुलाम बाजार से बेटियाँ नहीं खरीदता है। तुमने इसकी अच्छी-खासी कीमत दी है और मैं इससे उस पैसे की कीमत वसूलूँगी। यह मेरी नौकर और गुलाम होगी।''

लड़की को कठोर परिश्रम और दु:ख में धकेल दिया गया और वह असहाय-सा देखता रहा। वह, जो कभी एक राजकुमारी थी और इच्छानुसार कुछ भी प्राप्त कर सकती थी, दर्जनों नौकर-चाकर जिसकी सेवा में हाजिर रहते थे, अब स्वयं एक नौकर बन चुकी थी। वसुमति को फर्श पर झाड़ू लगाना पड़ता था, बर्तन-कपड़े धोने पड़ते थे, जंगल से लकड़ी लानी पड़ती थी और जानवरों की देख-रेख करनी पड़ती थी। बदले में उसे बासी भोजन खाने के लिए और फटे-चिथड़े कपड़े पहनने के लिए दिए जाते थे। लेकिन उस संभ्रांत व आकर्षक राजकुमारी ने कभी भी एक शब्द शिकायत में नहीं कहा, जिसे एक बेटी के रूप में घर लाया गया था। उस लड़की की स्थिति देखकर धनवान हृदय से दु:खी था। लेकिन एक बार पुन: वसुमति ने उसे सांत्वना दी। उसने उससे कहा, ''पिताजी, दु:खी मत होओ। जो कुछ भी मेरे साथ हो रहा है, वह मेरे पिछले कर्मों की वजह से है। मैं इसे ईश्वर की इच्छा मानकर स्वीकार करती हूँ।''

वर्षों बीत गए और वसुमति बड़ी होकर एक खूबसूरत और आकर्षक युवती हुई। व्यापारी की पत्नी का व्यवहार और ज्यादा रूखा होता गया। वह वसुमति के प्रति अपने पति की दया और प्रेम को कभी समझ नहीं सकी। उसे इसी बात का डर था कि वह वसुमति के प्रेम में न पड़ जाए और उसे अपनी रखैल न बना ले! वह वसुमति को हानि पहुँचाने और खूबसूरत दासी पर अपना क्रोध और प्रतिशोध उतारने के लिए अवसर की तलाश करती रहती।

एक बार जब उसके पति को व्यावसायिक काम से शहर से कहीं बाहर जाना था, तो वसुमति उसके आधिपत्य में थी। उसने उसके बाल काट दिए, उसकी पिटाई की, उसके हाथ-पैरों में लोहे की जंजीरें डाल दीं और उसे घर के नीचे बनी काल कोठरी में डाल दिया। इसके बाद घर को ताला लगाकर वह अपने माता-पिता के पास चली गई। उसे उम्मीद थी कि उसके लौटने तक वसुमति भूख से मर चुकी होगी।

धनवान प्रत्याशित समय से पूर्व ही घर लौट आया। घर में ताला जड़ा देखकर उसने पड़ोसियों से अपनी पत्नी के विषय में पूछा। उन्होंने उसे बताया कि उसकी पत्नी कुछ दिनों पहले कहीं गई है।

''लेकिन वसुमति का क्या हुआ?'' उसने पूछा, ''क्या वह भी मेरी पत्नी के साथ गई है?''

पड़ोसियों में से एक ने उससे कहा कि उसने वसुमति को घर से जाते नहीं देखा था। ''लेकिन पिछली रात मैंने रोने की हलकी सी आवाज घर से आती हुई सुनी थी।'' उसने कहा।

चिंतित और निराश धनवान घर के चारों ओर घूमा। उसने सभी खिड़कियाँ और पिछले दरवाजों के नजदीक जाकर वसुमति की टोह लेने की कोशिश की। एक खिड़की के पास दर्द से कराहने की आवाज सुनकर वह चौंक गया। उसने तुरंत घर का दरवाजा तुड़वाया और अंदर प्रवेश किया। लेकिन वसुमति कहीं दिखाई नहीं पड़ी। 'कहाँ चली गई होगी वह? उसे किसी ने जाते भी नहीं देखा। और वो रोने, विलाप करने की आवाज किसकी थी?'

अचानक दर्द भरी रुदन की आवाज पुनः सुनाई पड़ी। धनवान परेशान हो उठा। यह आवाज कहाँ से आ रही है?

''वसुमति, मेरी बच्ची, तुम कहाँ हो?'' उसने आवाज दी।

उसने एक कमजोर सी आवाज में उत्तर सुना, ''पिताजी, मैं यहाँ हूँ।''

नीचे का तहखाना और भूमिगत काल कोठरी काफी समय से उपयोग में नहीं लाई जा रही थी, इसलिए उसे नीचे जाकर उसे तलाशने की बात नहीं सूझी। अतिवेदना का रुदन सुनकर वह असहाय-सा, इधर-उधर देखने लगा। अंत में उसे महसूस हुआ कि यह आवाज घर के नीचे से आ रही है। वह भूमिगत तहखाने में नीचे उतरा और जो दृश्य उसकी नजरों ने देखा, उससे वह दंग रह गया।

जिस लड़की से वह मन-ही-मन अपनी बेटी जैसा प्रेम करता था, वह काल कोठरी में बंद थी। वह साँस लेने के लिए हाँफ रही थी, क्योंकि तहखाने की दूषित हवा से उसका दम घुट रहा था और अब उसे पहचानना भी मुश्किल था। उसके लंबे और खूबसूरत बाल काटे जा चुके थे और उसका सिर मुंडवाया गया था। उसे पीटा गया था और उसके चेहरे और अंग-प्रत्यंग से खून बह रहा था। उसके कपड़े फटे हुए जीर्ण-शीर्ण थे। उसके हाथ-पैरों पर लोहे की जंजीरें बँधी हुई थीं।

भयाक्रांत और हताश, धनवान चीख उठा, ''मेरी प्यारी बच्ची! तुम्हें क्या हुआ? तुम्हारी ऐसी हालत कैसे हुई?'' वसुमति जवाब देने की स्थिति में नहीं थी। केवल दर्द भरी कराह उसके होठों से निकल रही थी।

धनवान को उसकी भयंकर दशा का अहसास हो गया। काल कोठरी के दरवाजे बंद थे। उसकी दुष्ट पत्नी चाबी अपने साथ ले गई थी, क्योंकि उसका इरादा वसुमति को मार डालने का था।

"डरो मत बेटी," उसने उसे आश्वस्त किया, "मैं बाहर जाकर मदद मागूँगा। मैं पड़ोसियों और लुहार को लेकर आता हूँ, जो तुम्हें इस काल कोठरी और जंजीरों से आजाद करेंगे। अपना हौसला बनाए रखो। मैं जल्द ही लौटकर आ रहा हूँ। तुम तो जानती हो कि मैं पिता की तरह तुम्हें चाहता हूँ।"

वह झट से ऊपर यह देखने के लिए गया कि यदि कुछ खाने को हो, तो वह इस प्रताड़ित लड़की को दे सके। लेकिन घर में कुछ भी नहीं था। एक बूँद पानी भी नहीं था, एक दाना भोजन का भी नहीं। उसे रसोई में कुछ हरे चने दिखे, जिसे टोकरी में लेकर वह नीचे चला गया, "बेटी, थोड़ा सा इन्हें खा लो," उसने कहा, "अपना हौसला बनाए रखो। जल्द ही मैं तुम्हें कष्ट से मुक्त कराता हूँ।" और मदद के लिए वह बाहर निकल गया।

लेकिन ईश्वर ने वसुमति के लिए कुछ और ही योजना बना रखी था। इन योजनाओं को तुम्हें बताने के लिए मैं वसुमति को हथकड़ियों और बेड़ियों में, काल कोठरी में बंद की स्थिति में रखता हूँ और समय पर वापस लौटूँगा।

कुछ समय पहले स्वामी महावीर कौशुंभी आए थे। शहर के लोगों के द्वारा उनका स्वागत किया गया, प्रमुख नागरिकों द्वारा उनके अनुयायियों का आतिथ्य-सत्कार किया गया और उन्हें (महावीर को) भिक्षा प्रदान की गई। लेकिन उन्होंने बड़ी विनम्रता से सभी आमंत्रणों को स्वीकार करने से इनकार कर दिया और घोषणा कर दी कि वे व्रत धारण करेंगे। उस समय वे अपने आध्यात्मिक जीवन के बारहवें वर्ष में थे और जो शपथ उन्होंने ली थी, वह बहुत ही अभूतपूर्व थी, "मैं अपना व्रत तभी तोड़ूँगा जब मुझे एक सिर मुंडाई हुई, राजकुमारी से गुलाम बनी, फटे चीथड़े वस्त्र पहनी राजकुमारी आँखों में आँसू और चेहरे पर मुस्कराहट लिये हरे चने अर्पित करे।" इस शपथ से उनके भक्तगण और सभी एकत्र लोग भयभीत हो गए। क्या ऐसी असंभव शर्तों का व्रत कभी तोड़ा जा सकेगा?

उनका व्रत शुरू करने के पाँच महीने और 26 दिनों बाद स्वामी महावीर ने अपनी आँखें खोलीं और वसुमति का रुदन अपने अंतर में सुना। वह अपने ध्यान से उठे और बिना किसी के रास्ता दिखाए सीधे धनवान के घर जा पहुँचे। उन्होंने वसुमति का सामना उस कारागार में किया। तभी एक चमत्कार हुआ। काल कोठरी के दरवाजे अपने आप खुल गए और उसकी बेड़ियाँ टूटकर गिर गईं।

कमजोर, बेजान सी वह, जैसे ही उसने उनकी आँखों में देखा, वसुमति इतनी हर्षित हुई कि वह अपने सभी दु:ख भूल गई और मुस्कराकर उनका स्वागत कर खड़ी होने की कोशिश करने लगी। लेकिन स्वामी महावीर मुड़कर जाने लगे। बेचारी लड़की रोने लगी। इस पर वह वापस मुड़े, क्योंकि उनकी सभी शर्तें पूरी हो चुकी थीं। एक राजकुमारी से गुलाम बनी, सिर मुंडी, जंजीरों में जकड़ी हुई, चीथड़े पहने हुए, एक ही समय मुस्कराती और रोती हुई खड़ी थी। उसके हाथ में हरे चने की टोकरी मात्र थी, जिसे वह उस समय

अर्पित कर सकती थी। उसकी बेड़ियाँ टूटकर गिर गईं और अंतत: महाश्रमन ने अपना व्रत तोड़ा!

इस बीच धनवान अपने पड़ोसियों के साथ लौटा। वह सचमुच वसुमति के ज्ञान और धैर्य से चकित था। उसने उन लोगों के प्रति भी दया दिखलाई थी, जिन्होंने उसके साथ बुरा बर्ताव किया था। धनवान ने वसुमति को गले लगा लिया और उससे कहा, ''मेरी प्रिय वसुमति! तुम तो चंदन के टुकड़े जैसी हो। कोई चंदन को काटे, कुचले या रगड़े, लेकिन वह सुगंध ही बिखेरता है। इसलिए आज से मैं तुम्हें 'चंदन' पुकारूँगा।''

जब स्वामी महावीर ने आत्मज्ञान या निर्वाण प्राप्त किया, तो बहुत से लोग जाकर उनके शिष्य बन गए, लेकिन वसुमति उनके प्रमुख शिष्यों में एक थी, जिसने स्वयं को स्वामी के चरणकमलों में अर्पित कर दिया और उनके द्वारा स्थापित जैन संप्रदाय की पहली साध्वी बन गई।

~•~

विचार मनन

जब कभी कष्ट हमारे सामने आते हैं, ईश्वर सदा उन कष्टों को सहने की हमें शक्ति तथा ज्ञान देता है। क्योंकि ये एक ही सिक्के के दो पहलू हैं—दु:ख और ज्ञान, कष्ट और सहिष्णुता। ईश्वर कभी भी बिना शक्ति और ज्ञान के कष्ट हमें नहीं देता। इसीलिए हम जीते जाते हैं। इसी तरह मानव व्यक्तिगत और सार्वजनिक आपदाएँ झेलकर कायम रहा है, अब भी कायम है और फल-फूल रहा है। यही तथ्य कि हम सब जीवित हैं और साँसें ले रहे हैं, इस महान् सत्य का एक साक्ष्य है कि हम निरंतर ईश्वर द्वारा प्रदत्त शक्ति और ज्ञान से दु:ख-कष्टों पर विजय पाते हैं।

हम बड़ी आसानी से हर छोटी-छोटी असुविधाओं से खीझ और भड़क जाते हैं। हम जीवन की सामान्य समस्याओं से क्रोधित और कुंठित हो जाते हैं और बुरी तरह शिकायत करने लगते हैं। हम स्वयं परेशान हो जाते हैं और दूसरों को भी परेशान करते हैं। हमें भी चंदन की तरह रहना सीखना होगा, ''मेरे साथ जो कुछ भी हो रहा है, वह मेरे कर्मों की वजह से है। मैं किसी और को दोष क्यों दूँ?'' यदि हम केवल इस बात को अच्छी तरह समझ सकें, कि जो भी हमारे जीवन में हो रहा है, वह हमारे पूर्व कर्मों का परिणाम है, तब हम ज्यादा आसानी से अपना जीवन शांति से जी सकते हैं और अपने से जुड़े लोगों को भी शांति और खुशी प्रदान कर सकते हैं।

ऐमुत्त मुनि

''मैं स्वयं को अपने सभी पापों से मुक्त कर लेना चाहता हूँ। सड़क पर चलते हुए मैंने जीवों को कष्ट दिया होगा, आते-जाते मैंने जीवित प्राणियों, बीजों, पौधों, चींटियों, मकड़ी के जालों, सजीव जल और सजीव धरती को पैरों तले रौंदा होगा। जो भी जीवित प्राणी या आत्माएँ, जिन पर एक इंद्रीय से, दो इंद्रियों से, तीन इंद्रियों से, चार इंद्रियों से और पाँच इंद्रियों से मैंने कष्ट दिया होगा, कुचल दिया होगा, आक्रमण किया होगा, धूल से ढक दिया होगा, रगड़ दिया होगा, एक-दूसरे से टकरा दिया होगा, एक ओर मुड़कर या पूरी तरह उलटकर सताया होगा, एक स्थान से दूसरे स्थान को हटाया होगा, भयभीत किया होगा, परेशान किया होगा या चौंका दिया होगा या जीवन से पृथक् कर दिया होगा—ऐसे सभी पाप नष्ट हो जाएँ।''

—तासा मिच्छामी दुक्कड़म, इरियावही सूत्र

राजकुमार ऐमुत्त राजा विजया और पोलासपुर की रानी श्रीमति के चहेते पुत्र थे। छह वर्ष की उम्र का राजकुमार महल के निकट सड़क पर खेल रहा था, तभी उसने एक सिर मुंड़े, एकमात्र सफेद वस्त्र पहने, नंगे पैर, भिक्षा माँग रहे साधु को देखा। नन्हे राजकुमार ने साधु की ओर चुंबकीय खिंचाव महसूस किया और दौड़कर उनकी ओर चला गया। हाँफते हुए उसने कहा, ''स्वामीजी, कृपया आप मेरे साथ मेरे घर चलेंगे? मेरी माँ आपको भिक्षा देकर बहुत प्रसन्न होगी।''

साधु मुस्कराया, क्योंकि वह राजकुमार को जानता था, भले ही राजकुमार उन्हें नहीं जानता था। वह राजकुमार के साथ महल चला गया, जहाँ रानी श्रीमति ने बड़े सम्मानपूर्वक उनका स्वागत किया। पूर्ण भक्तिभाव के साथ उन्होंने कहा, ''मैथेन वंदामि'' (मैं आपके सामने सिर झुकाकर अभिवादन करती हूँ), क्योंकि वह सम्माननीय आगंतुक की पहचान से परिचित थी। अपने बेटे, राजकुमार को उसने बताया कि जिस साधु को वह घर लाया है, वह कोई और नहीं, बल्कि महावीर स्वामी के प्रमुख शिष्य गौतम स्वामी हैं। उसने राजकुमार से कहा कि वह जो चाहे वह भोजन साधु को भिक्षा में दे सकता है। चूँकि माँ एक गहन भक्तिभाव से पूर्ण महिला थी और नन्हे राजकुमार के मन में गुणों का संचार करना चाहती थी।

राजकुमार ऐमुत्त को लड्डू पसंद थे। वह झट से अंदर गया, थाली भर लड्डू उठाकर ले आया और उन्हें साधु के भिक्षा पात्र में डालने लगा। साधु ने उसे बताने का प्रयास किया कि वास्तव में उसे उतने लड्डुओं की जरूरत नहीं है, लेकिन वह नन्हा राजकुमार सुनता ही नहीं था। साधु को देखकर वह बहुत रोमांचित और खुश था।

जब साधुजी जा रहे थे तो राजकुमार ने उनसे कहा, ''स्वामीजी, आपका थैला भारी है, कृपया मुझे आज्ञा दीजिए तो इसे मैं लेकर चलूँ।''

गौतम स्वामी ने राजकुमार से कहा, ''ऐमुत्त, मैं उसे तुम्हें नहीं दे सकता। इसे वही लेकर चल सकता है, जिसने दीक्षा ली है।''

''दीक्षा क्या होती है, स्वामीजी? और क्या मैं इसे ले सकता हूँ?''

गौतम स्वामी ने राजकुमार को समझाया कि जब कोई अपना घर, परिवार और सांसारिक स्वामित्व, साथ-ही-साथ सामाजिक और आर्थिक संबंध त्याग देता है और साधु का जीवन अपना लेता है, केवल तभी वह दीक्षा ले सकता है।

''साधु का जीवन हमारे जीवन से अलग क्यों होता है?''

''क्योंकि साधु सारी हिंसा त्याग देता है। सांसारिक जीवन में व्यक्ति कदम-कदम पर किसी-न-किसी तरह की हिंसा करता है। कभी-कभी कोई दूसरों को धोखा देता है या झूठ बोलने के लिए बाध्य होता है। कभी-कभी कोई दुःखी करने वाले शब्द बोलता है। लोग धरती, पानी और हवा में रहने वाले प्राणियों को चोट पहुँचाते हैं, इस तरह समय के अंतराल में पाप एकत्र हो जाते हैं। जब कोई साधु बनता है, वह ऐसे सभी पापों से एक संभव सीमा तक दूर रहता है। साधु का कोई स्वामित्व नहीं होता, कोई अपना घर नहीं होता और वह अहिंसा के प्रति कटिबद्ध जीवन जीता है।''

ऐमुत्त की आँखें आश्चर्य से फटी रह गईं—''स्वामीजी, इसका मतलब है कि आपका अपना कोई रहने का स्थान नहीं है? आप खाते क्या हैं? आप दूसरे प्राणियों को नुकसान पहुँचाने से बचते कैसे हैं?''

इन बातों में नन्हे राजकुमार की रुचि देखकर गौतम साधु बहुत खुश हुए। "हम भोजन तो लेते हैं, लेकिन हम वह भोजन नहीं लेते, जो विशेष तौर से हमारे लिए तैयार किया जाता है। हम किसी स्थान पर रुकते तो हैं, लेकिन हमारा किसी स्थान पर स्वामित्व नहीं होता और हम कहीं भी कुछ दिनों के लिए ही रुकते हैं। हम अपने साथ पैसा भी नहीं रखते, न ही हम खरीदने-बेचने या दूसरों से कोई सौदा करते हैं। इस तरह हम अधिकतर उन क्रियाकलापों को टालते हैं, जो हानि पहुँचाते हैं और हमारे पापों में वृद्धि करते हैं।"

अपने मधुर भोलेपन में ऐमुत्त ने साधु से कहा, "स्वामी, क्या मैं भी दीक्षा ले सकता हूँ? मेरी माँ भी मुझसे कहती है कि मुझे किसी को नुकसान नहीं पहुँचाना चाहिए और अपने पाप नहीं बढ़ाने चाहिए।"

गौतम स्वामी ने कहा, "उचित समय पर, राजकुमार, उचित समय पर।" लेकिन ऐमुत्त उस दिन गौतम स्वामी के पीछे-पीछे गया, उसने स्वामी महावीर की शिक्षाओं को सुना और इसके बाद वह कई दिन और गया। उन शिक्षाओं में उसकी रुचि कई गुना बढ़ती गई। और एक दिन उसने महावीर के समक्ष दीक्षा प्राप्त करने की अपनी तीव्र इच्छा व्यक्त की। "ऐसा केवल तुम्हारे माता-पिता की इच्छा से ही हो सकता है।" स्वामी महावीर ने कहा।

"यह बहुत सरल है," राजकुमार ने उत्साहपूर्वक कहा, "मेरे लिए जो अच्छा है, उसके लिए मेरी माँ कभी इनकार नहीं करती। मैं तुरंत ही उनके पास जाता हूँ और बहुत जल्द उनकी अनुमति लेकर लौटूँगा।"

वह दौड़ता हुआ घर गया और अपनी माँ व पिताजी के पास पहुँचा। उत्साह से हाँफते हुए उसने कहा, "मैं अपना जीवन सभी तरह के पापों से मुक्त करना चाहता हूँ। स्वामी महावीर और गौतम स्वामी हम सभी को रास्ता दिखा रहे हैं। कृपया, दीक्षा लेने के लिए आप मुझे अनुमति दीजिए।"

उसके माता-पिता मन और आत्मा से पवित्र थे। उन्होंने अपने पुत्र की आकांक्षा की सराहना की। लेकिन वे चाहते थे कि वह दीक्षा का तात्पर्य समझ सके। इसलिए रानी ने उससे कहा, "बेटे, दीक्षा बच्चों का खेल नहीं है। इसमें कठोर और अनुशासित जीवन जीने की आवश्यकता होती है। क्या तुम उन सभी कठिनाइयों को सहन कर सकते हो?"

"लेकिन माँ, हमारा यह सांसारिक जीवन भी तो कष्ट और दुःख से भरा हुआ है। त्याग के जीवन में कम-से-कम, मेरी कठिनाइयाँ मेरे बुरे कर्मों को नष्ट करेंगी और मेरे अंदर मुक्ति की आशा का संचार करेंगी।"

माँ का हृदय भारी हो गया, साथ-ही-साथ उन्हें खुशी हुई। उसने अपने पुत्र की एक परीक्षा ली। ''ऐमुत्त, इतनी जल्दबाजी की भी क्या आवश्यकता है। तुम बहुत छोटे हो। और फिर तुम्हारे पास हम, तुम्हारे माता-पिता हैं। हमारे बुढ़ापे में हमारी देख-भाल कौन करेगा? और राज्य का क्या होगा। एक दिन इस पर तुम्हें शासन करना होगा...''

माँ महावीर स्वामी कहते हैं कि कोई भी बहुत छोटा और बहुत बड़ा नहीं है, बहुत बूढ़ा या बहुत युवा नहीं है और वे हमें यह भी बताते हैं कि कल क्या होगा, हम यह नहीं जानते। आप अपनी वृद्धावस्था की बात करती हैं। कौन कह सकता है कि आपकी देख-भाल करने के लिए मैं जीवित ही न रहूँ? कौन जानता है कि हम कब मरेंगे? कौन कह सकता है कि हममें से पहले कौन मरेगा? इसलिए हम एक उचित अवसर का इंतजार क्यों करते रहें और इस स्वर्णिम अवसर को खो दें, जो दुबारा हमारे सामने नहीं आ सकता है।

माँ का हृदय बेटे के ज्ञान, प्रेम और आभार से भर गया। उसे न केवल दीक्षा का अर्थ मालूम था, बल्कि उसने अपने लिए ऊँचा लक्ष्य भी तय कर रखा था।

''तुम्हारी बात सही है, बेटे,'' उसने कहा, ''मैं समझ सकती हूँ कि तुम बहुत अच्छे साधु बनोगे। मैं और तुम्हारे पिता तुम्हें आशीर्वाद देते हैं। कभी मत भूलना कि तुम्हारा लक्ष्य मुक्ति प्राप्त करना है और जीवन भर अपने हर काम तथा बात में अहिंसा का पालन करना। हम तुम्हें दीक्षा लेने की अनुमति देते हैं।''

एक शुभ दिन राजकुमार ऐमुत्त ने महावीर स्वामी से दीक्षा ली और उन्हें 'बालमुनि ऐमुत्त' के नाम से जाना गया।

***

एक बार बालमुनि भिक्षा लेकर लौट रहे थे, तभी उन्होंने लड़कों के एक समूह को एक तालाब में छोटी-छोटी लकड़ियों के साथ खेलते हुए देखा। इस दृश्य से युवा साधु इतने उत्साहित हुए कि दौड़कर वे लड़कों के पास पहुँचे और हाथों से पानी उछालते हुए, उनके साथ खेलने लगे। साथ में वे सभी हँस रहे थे, मौज-मस्ती कर रहे थे और कुछ देर के लिए ऐमुत्त एक बच्चे की तरह ही लग रहे थे।

कुछ साधुओं ने ऐमुत्त को पानी में खेलते हुए देखा और इस पर ऐतराज करते हुए कहा, ''बालमुनि, तुम्हें इस तरह पानी में नहीं खेलना चाहिए। क्या तुम्हें नहीं मालूम कि पानी में सैकड़ों जीवित प्राणी हो सकते हैं? तुम्हें याद रखना चाहिए कि हमने किसी जीव को चोट या कष्ट न पहुँचाने की शपथ ली है। तुमने अपनी शपथ भंग की है और तुम्हें इसकी क्षतिपूर्ति करनी होगी।''

ऐमुत्त मुनि दुःख और शर्म से दब गए। वे चीखने लगे, ''मैंने क्या कर डाला! मैंने क्या कर डाला! मैंने अपनी पवित्र शपथ ली है। मुझे नहीं मालूम, पानी में खेलते हुए

मैंने कितने प्राणियों को परेशान किया है। मैंने अपनी माँ को वचन दिया था कि मैं सभी नियमों का पालन करूँगा। मैंने पाप किया है। यदि मेरे साधु भाई नहीं आए होते तो निश्चित रूप से मेरे लिए उत्थान का रास्ता ही नहीं बचता। अब मुझे पश्चात्ताप करना होगा।'' दु:ख और गहन पश्चात्ताप के भाव में बालमुनि ऐमुत्त महावीर स्वामी के चरणों के पास बैठने के लिए भागे।

''भगवान्, मैंने पाप किया है, मुझे क्षमा कीजिए।'' उसने सुबकते हुए कहा। और अपने गहन दु:ख की अवस्था में उसने 'इरियावती सूत्र' सुनाना प्रारंभ कर दिया— ''पनाक्कामने, बीयाक्कामने, पनाग-दागा-मट्टी··· (यदि मैंने पानी, घास, मिट्टी के किसी जीव को कष्ट पहुँचाया है तो मैं क्षमा माँग रहा हूँ···)।'' उसने बार-बार प्रार्थना की। वह इस सूत्र की पुनरावृत्ति कर लगातार क्षमा माँग रहा था। उसका समूचा अस्तित्व पश्चात्ताप में डूबा हुआ था और उसकी भक्ति की तीव्रता तथा एकाग्रता ऐसी थी कि बालक बालमुनि केवल्यज्ञान को उपलब्ध हुए।

जब अगले दिन सभी साधु महावीर स्वामी की सभा में एकत्र हुए, तो बालमुनि ऐमुत्त स्वयंमेव कैवल्यों के लिए सुरक्षित भाग की ओर अग्रसर हुए। कुछ वरिष्ठ साधुओं ने यह देखा और उनसे कहा, ''ऐमुत्तजी! वह भाग कैवल्यों के लिए आरक्षित है। आओ और यहाँ हमारे पास बैठो।''

बड़े भोलेपन से ऐमुत्त मुनि ने उत्तर दिया, ''लेकिन मैं भी कैवल्यी हूँ।'' इससे समूची सभा में सनसनी फैल गई।

''ऐमुत्त तुम बहुत छोटे हो, तुम ऐसा दावा कैसे कर सकते हो?'' एक वरिष्ठ साधु ने धीरे से कहा।

लेकिन महावीर स्वामी ने सभा से कहा, ''साधुओ, आत्मज्ञान के लिए उम्र का कोई बंधन नहीं है। ऐमुत्त सच बोलता है। सचमुच उसे केवल्यज्ञान प्राप्त हो चुका है।''

~•~

विचार मनन

कुछ निश्चित प्रार्थनाएँ हैं, जो हममें से कुछ लोग हर दिन करते हैं। दुनिया भर में लाखों ईसाई, ईसा मसीह द्वारा प्रदान की गई ईश्वर की प्रार्थना करते हैं— हमारे पिता, जो स्वर्ग में हैं, ''आपका नाम··· रहे।'' हिंदू इस पंक्ति को दोहराते हैं, ''त्वमेव माता च पिता त्वमेव··· (तुम्हीं हमारी माँ हो, तुम्हीं हमारे पिता हो···)'' हममें से अनेक शिष्य गुरुवाणी की प्रार्थना दोहराते हैं—''तू माता-पिता, हम बालक तेरे···''

निस्संदेह हम ये शब्द बोलते हैं। लेकिन हममें से कितने ईश्वर के पास उसी तरह जाते हैं, जैसे हम अपने पिता के पास जाते हैं? हममें से कितने ईश्वर की ओर उस तरह मुड़ते हैं, जिस तरह हम अपनी माँ की ओर मुड़ते हैं। निस्संदेह प्रार्थना के माध्यम से, प्रार्थना के शब्दों से बढ़कर हमारी भावनाएँ महत्त्व रखती हैं, जिस घनीभूत रूप से और भक्तिभाव से ये बोली जाती हैं। प्रार्थना, कदापि जटिल बात नहीं है। प्रार्थना बहुत सहज होती है। प्रार्थना किसी मित्र से वार्त्तालाप की तरह होती है। मान लो, तुम्हारा कोई मित्र तुम्हारे पास आनेवाला था, तो उससे अपने स्वप्न और इच्छाओं, तुम्हारी चिंताएँ, तुम्हारी आकांक्षाएँ और उपलब्धियों, तुम्हारी समस्याओं और परेशानियों की चर्चा करना और उससे मदद के लिए कहना स्वाभाविक है। ऐसा ही ईश्वर के साथ कीजिए। वह सभी मित्रों का मित्र है। जब सारे मित्र साथ छोड़ जाते हैं, तो केवल वही मित्र बचा रहता है। तुम्हें बस इतना करना है कि आँखें बंद कर लो, दुनिया को भुला दो, अपना हृदय खोलो और गहरे प्रेम और अभिलाषा से उसे पुकारो—और वह तुम्हारे साथ होगा।

कला, संगीत, आध्यात्मिक गीत, कर्मकांड आदि समारोहों की आवश्यकता नहीं है। आवश्यकता जिस बात की है, वह है दीन, पवित्र, निर्मल हृदय—ईश्वर का स्वागत करने को उत्सुक एक प्रेममय हृदय!

सिख धर्म

संक्षिप्त परिचय

सिख धर्म एक आस्था, एक जीवन-पद्धति, धार्मिक दर्शन और वाहेगुरु के नाम से प्रचलित एक ईश्वर पर आधारित व्यवहारों का स्वरूप है। गुरु नानक से प्रारंभ होकर गुरु गोबिंद सिंह तक यह दस महान् गुरुओं की शिक्षाओं से जुड़ा है; और आदिग्रंथ या प्राथमिक ग्रंथ में पूर्ण विश्वास है। आदिग्रंथ को 'गुरुग्रंथ साहिब' के नाम से पूजा जाता है, जो कि अंतिम गुरु के रूप में भी जाना जाता है। ऐसा अभिप्रायहीन नहीं है कि जब सिख धर्म की बात की जाए और प्रायः गुरु शब्द बार-बार न आए। 'सिख' शब्द ही पंजाबी (मूल संस्कृत शिष्य) से आता है और इसका अर्थ 'शिष्य' या सीखनेवाला होता है।

बहुत से लोग मानते हैं कि यह धर्म हिंदू आस्था का सुधरा हुआ रूप या शुद्धीकरण है। कुछ इतिहासकार मानते हैं कि सिख धर्म हिंदू, इस्लामिक और सूफी प्रभावों का मिला-जुला रूप है, जिसमें उन दिनों के भारत की भक्ति आंदोलन की प्रेरणा भी है। लेकिन बहुत से सिख इस दृष्टिकोण को नहीं मानते और कहते हैं कि उनका धर्म ईश्वर से प्रत्यक्ष प्रकटीकरण है तथा इसका हिंदू धर्म और इस्लाम से कोई सरोकार नहीं है।

सिख धर्म का इतिहास गुरुनानक से प्रारंभ हुआ कहा जा सकता है, जिनका जन्म 1469 में हुआ था। यह अगले दो शताब्दियों तक उनके नौ उत्तराधिकारियों के माध्यम से जारी रहा और 1708 में दसवें गुरु गुरु गोबिंद सिंह की मृत्यु के साथ यह प्रारंभिक चरण समाप्त हुआ। यह काल सिख धर्म के इतिहास में काफी महत्त्वपूर्ण है, क्योंकि इसी समय इस नए धर्म में विशिष्ट और अनोखी विशेषताएँ विकसित हुईं। दसवें गुरु की घोषणा से व्यक्तिगत गुरुओं का उत्तराधिकार समाप्त हो गया और गुरु की संप्रभुता सिखों के पवित्र ग्रंथ 'गुरुग्रंथ साहिब' में समाहित हो गई। इस तरह सिख समुदाय की स्थिरता, शक्ति और आध्यात्मिक समता में इसका योगदान रहा।

सभी सच्चे सिख केवल एक और मात्र एक ईश्वर पर ही विश्वास करते हैं, जिसके अनंत गुण और नाम हैं। वही सभी धर्मों के लिए समान है और सार्वभौमिक

सृष्टिकर्ता, नियामक और विध्वसंकर्ता है। वह हर कहीं और सृष्टि के प्रत्येक पहलू में प्रकट होता है। वह निर्भय और बिना किसी वैमनस्य का है। उसका स्वरूप अविनाशी है। उसने कोई जीवित रूप धारण नहीं किया। वह जन्म-मरण से रहित है। वह स्वयं के प्रकाश से प्रकाशित है। वह सदा से अस्तित्वान है और रहेगा। आदिग्रंथ के शब्दों में वह निरंकार, अकाल और अलख है, अर्थात् रूपहीन, आकारहीन और दृष्टि के परे है। वह सर्वशक्तिशाली और सार्वभौमिक है और ग्रंथ के प्रारंभिक शब्द 'एक ओंकार' से संबंधित है। शुरुआत में अकेला वह ही विद्यमान था और ब्रह्मांड की उत्पत्ति उसी की इच्छा या हुक्म से हुई।

आध्यात्मिक रूप से जाग्रत् लोग ही ईश्वर को जान सकते हैं। ईश्वर को जानने और मुक्ति पाने के कार्य में गुरु की भूमिका अनिवार्य है। गुरु ईश्वर की आवाज और प्रकाश है और सारे ज्ञान और मुक्ति का स्रोत होता है। सिख मानते हैं कि गुरुनानक की आत्मा एक गुरु से दूसरे और आगे अन्य गुरुओं में एक दीपक के प्रकाश की तरह गुजरी, जो दूसरे दीपक को प्रज्वलित कर देती है और बुझती नहीं। इस अनुसरण में बाह्य क्रियाकर्म, कर्मकांड असंबद्ध हो जाते हैं, नाम का आंतरिक स्मरण और शबद (दिव्य शब्द) आवश्यक है।

सिमरन और जप, अर्थात् दिव्य नाम का स्मरण और पाठ ही सिख धर्म की जीवन शैली का आधार हैं। मन में ईश्वर का नाम धारण करके ही आत्मा मुक्ति की ओर उन्नत हो सकती है। इसलिए सिख गुरु भक्तों को स्थिर मन से ध्यान करने, संदेह को दूर करने, एकाग्र करने और अहं का शमन करन के लिए कहते हैं। यही पूर्णता और मुक्ति का रास्ता है।

सिख धर्म सारी मानवता के भ्रातृत्व और लोगों की समता पर जोर देता है। हम सभी उस सर्वशक्तिशाली वाहेगुरु के पुत्र-पुत्री हैं, गुरुनानक कहते हैं। इस तरह जन्म, जाति, सामाजिक वर्ग और लिंग के आधार पर भेदभाव सिखों में कठोरतापूर्वक निषिद्ध है।

सिख धर्म में संगत और पंगत पर जोर दिया जाता है—अर्थात् आस्थावान लोगों का सम्मेलन और जाति, धर्म, रंग और सामाजिक वर्ग से परे, सभी श्रद्धालुओं का सहभोजन।

इस तरह हम कह सकते हैं कि सार्वभौमिक मानवतावाद सिख धर्म के हृदय में वास करता है। सामाजिक विषमता और जाति, धर्म के भेदभाव को दरकिनार कर सामुदायिक जीवन, सामाजिक चेतना और भ्रातृत्व पर जोर दिया जाता है। इससे प्रत्येक व्यक्ति को प्रतिष्ठा और सम्मान प्राप्त होता है और यह निष्ठा और सत्कर्म से मुक्ति के व्यक्ति के अधिकार की उद्घोषणा करता है। श्रद्धालुगण गाते हैं, "हे ईश्वर, मैं न तो

ऊँचा, नीचा और न मध्य हूँ, मैं ईश्वर का भक्त हूँ और उसका संरक्षण चाहता हूँ।'' सार्वभौमिक समानता और भ्रातृत्व के सिद्धांत सिख धर्म की आवश्यक मान्यताएँ हैं।

जब इसकी स्थापना हुई थी, तब सिख धर्म एक प्रगतिशील और साहसपूर्ण उदार धर्म था। इसके संस्थापक गुरुनानक प्रसिद्ध उक्ति, ''कोई हिंदू नहीं है, कोई मुसलमान नहीं है,'' सिख धर्म के आधारभूत सिद्धांतों में एक है।

सिख धर्म मानता है कि अपने साथी लोगों की सेवा उन महानतम सत्कर्मों में से एक है, जो व्यक्ति कर सकता है। साथ ही इसमें यह भी माना जाता है कि जाति, धर्म इत्यादि भेदभाव से ऊपर उठकर सेवा की जानी चाहिए। सिमरन अर्थात् नाम के स्मरण के साथ-साथ सेवा को आंतरिक मलिनता को साफ और पवित्र करने की सर्वोत्तम विधियों में से एक बताया गया है। गुरुद्वारे में सेवा किसी भी रूप में हो सकती है—फर्श पर झाड़ू लगाना, पानी लाना, सामुदायिक रसोई में भोजन तैयार करना, बर्तन साफ करना और श्रद्धालुओं के जूते-चप्पल सँभालना। इनमें से प्रत्येक कार्य प्रेम और भक्तिपूर्वक ईश्वर और गुरु को समर्पण के रूप में किए जाते हैं।

आदर्शवाद, धर्म के प्रचार का उत्साह और गुरुनानक के गहन भक्तिमय रहस्यवाद से दसवें गुरु तक, सिख धर्म प्रशिक्षित योद्धाओं के धर्म के रूप में उभरा था। ऐसा निस्संदेह राजनीतिक और ऐतिहासिक दशाओं के कारण था, जिसके तहत सिखों को बुरी तरह सताया और मारा गया और उसके साथ ही कई गुरु शहीद हो गए। किंतु आधारभूत धार्मिक मान्यताएँ और सिख धर्म के विश्वास से कोई समझौता नहीं किया गया।

आज भी, पंजाब में बहुत से हिंदू परिवार अपने प्रथम जन्में बालक को खालसा सिख के रूप में गुरुओं को समर्पित कर देते हैं। जो गुरु के संरक्षण करनेवाली सेना का सैनिक होता है। कहा जाता है कि यह रिवाज दसवें गुरु, गुरु गोबिंद सिंह के समय से प्रारंभ हुआ, जिन्होंने मुगलों के राज्य के समय समस्त हिंदू परिवारों के लिए यह बिगुल बजाया था कि मुस्लिम शासन में प्रचलित बलात् मुस्लिम धर्म-परिवर्तन के विरोध में लड़ाई के लिए वे अपने ज्येष्ठ पुत्र को समर्पित करें। तभी से सिख धर्म को पारंपरिक रूप से 'योद्धाओं का धर्म' माना गया, जो उन लोगों के रक्षक थे, जो स्वयं की रक्षा नहीं कर सकते थे।

गुरुनानक के बाल्यकाल से किशोर होने के वर्ष

''ईश्वर को खुशी के गीत समर्पित करो, ईश्वर के नाम की सेवा करो और उसके सेवकों के सेवक बन जाओ।''

—गुरुनानक

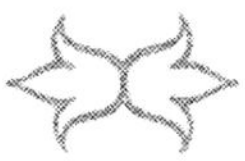

'कालू' नाम से लोकप्रिय कल्याण दास मेहता के घर में महान् खुशी का अवसर था और इसका मतलब था गाँव भर में खुशी; क्योंकि कालू राय भोईकी तलवंडी गाँव के मुस्लिम जमींदार रायी भुल्लर का पटवारी या मुनीम था। कालू की पत्नी तृप्ता देवी खुश थी। दंपती की पहले से ही नानकी नामक एक बेटी थी। अब उनका परिवार पूर्ण था।

साधारण ग्रामीणों ने बिल्कुल महसूस नहीं किया होगा कि इस परिवार में एक ''युगपुरुष'' का जन्म हुआ था, जो युगों-युगों तक लाखों-करोड़ों लोगों का गुरु होगा। कहा जाता है कि बच्चे के जन्म पर मिट्टी से निर्गित मकान स्वर्णिम प्रकाश से जगमगा उठा और गाँव की जिस दाई ने बच्चे को जन्म दिलाया था, उसने शपथपूर्वक गाँववालों को बताया था कि शिशु उसे देखकर मुस्कराया था।

शिशु के प्रारंभिक दिनों के आश्चर्यजनक विवरण 'मेहरबान जन्मसाखी' (गुरु के जीवन और जन्म के स्थानीय वर्णन, जो प्राचीन हस्तलिपि से हम तक पहुँचे हैं) में दिए गए हैं। जब वह मात्र एक महीने के थे, तभी वे अपनी आँख उस व्यक्ति पर केंद्रित कर लेते थे, जो उन्हें उठाता था। जब वह तीन महीने के थे, तो अपनी गर्दन सीधी कर लेते

थे, जब वह चार महीने के थे, तो वह तुतलाकर बोलते थे। आठ महीने में वह एक घुटने के बल खिसकने लगे और दस माह में सरककर चलने व पैरों पर खड़े होने लगे। दो साल की उम्र में वह अपनी उम्र के बच्चों के साथ खेलने लगे। उनका पसंदीदा खेल था—परिवार की पुरानी खाता-बही और हस्तलिपियों को एकत्र करना, उन्हें रेशमी कपड़े में लपेटना और अपनी बाँह के नीचे दबाकर इधर-उधर घूमना। कभी-कभी वे बंडल खोलकर इसे पढ़ने का नाटक करते, जिसे देखकर उनके मित्र हतप्रभ रह जाते।

आज के पिताओं की तरह कालू की भी अपने बच्चे के लिए महत्त्वाकांक्षा थी। वे उसे पढ़ना-लिखना और हिसाब रखना सिखाकर व पर्याप्त शिक्षा प्रदान कर गाँव का राजस्व अधिकारी बनाना चाहते थे। उन्हें खुशी थी कि नानक वास्तव में एक बुद्धिमान बच्चा था। उन्हें हिंदी सिखाने के लिए एक स्कूल भेजा गया। गाँव के पंडित ने उन्हें संस्कृत सिखाई और एक मौलवी ने उन्हें अरबी और फारसी सिखाई।

पंधा गोपाल, स्कूल शिक्षक, ने स्लेट पर वर्णमाला के कुछ अक्षर लिखे और नानक को उन्हें याद करने को कहा। बालक नानक ने अपने शिक्षक से पूछा, "क्या वर्णमाला के अक्षरों का प्रेम के बिना कोई अभिप्राय है?"

नानक ने कहा, "मुझसे सृष्टिकर्ता और उसकी रचना के बारे में बात करो; क्योंकि उसके ज्ञान के बिना सभी ज्ञान व्यर्थ हैं। और उसे जानने, उसे महसूस करने के लिए हमें उससे प्रेम करने की आवश्यकता है।"

बालक नानक के शब्दों से उसके शिक्षक हतप्रभ रह गए। शिक्षक उनके पिता से मिले और कहा, "आपका बेटा मुझसे कहीं ज्यादा बुद्धिमान है। मुझसे जो हो सकता है, वह निश्चित ही मैं उसे पढ़ाऊँगा, लेकिन जो वह सीखना चाहता है, उसे अपने दिमाग से सिखाना मेरे बस में नहीं है, क्योंकि वह महान् ज्ञानी है।"

जब नानक ग्यारह वर्ष की आयु के थे, तब पिता ने अपने इकलौते बेटे के लिए यज्ञोपवीत संस्कार कराने की व्यवस्था की। इस समारोह के लिए समुचित इंतजाम किए गए और सारे गाँव को कालू के घर पर आमंत्रित किया गया था। यज्ञ-अग्नि प्रज्वलित की गई, धूपबत्ती जलाई गई और पुजारी पवित्र मंत्रोच्चार कर रहा था। जब यज्ञोपवीत बालक के कंधों पर पहनाया जा रहा था, तभी नानक ने पुजारी को रोक दिया और स्वाभाविक रूप से निम्न पंक्तियाँ सुनाईं—

दया कपास/रुई हो, संतुष्टि धागा,
ब्रह्मचर्य गाँठ हो और सत्य ऐंठन।

हे पुजारी! यदि आपके पास ऐसा धागा हो, तो इसे मुझे दे दीजिए। यह न तो जीर्ण-शीर्ण होगा, न गंदा होगा, न जलेगा और न खोएगा। नानक ने कहा, "धन्य हैं वे लोग, जो ऐसे धागे को (यज्ञोपवीत) धारण करते हैं।"

पंडित अचंभित होकर पीछे हट गया और सारी भीड़ मुँह बाए देख रही थी। ऐसा कभी सुना भी नहीं गया था कि एक खत्री समाज का बालक जनेऊ को ठुकरा दे, जो कि हिंदुओं की प्राचीनतम और पवित्रतम परंपराओं में एक था, जहाँ तक कालू की बात थी, वह अपने बेटे की धारणा से बहुत क्षुब्ध था।

आने वाले दिनों में उसकी बेचैनी बढ़ती गई। वह अपने बेटे के भविष्य को लेकर चिंतित था। वह प्राय: अपने बेटे से उसके भावी व्यवसाय और आजीविका के साधन को लेकर चर्चा करता रहता था। जहाँ पिता जमीनी स्तर पर ऐसे व्यवसाय को सुझाते, जिसमें उनके बेटे की रुचि हो, वहीं नानक एक दूसरी दुनिया में रहते थे। एक पारलौकिक संसार, जिसमें ऐसी सांसारिक बातें महत्त्व नहीं रखती थीं।

पिता अपने पुत्र को समझ नहीं पा रहे थे। निराशा में उन्होंने नानक से कहा, ''बेटे, लगता है, जीवन में तुम पूरी तरह असफल रहने वाले हो। क्या तुम समाज में कुछ बनना नहीं चाहोगे? तुम्हें धनार्जन के लिए कुछ-न-कुछ करना चाहिए। तुम खेती क्यों नहीं कर लेते? किसान बनकर खेत जोतो।'' नानक ने जवाब दिया, ''शरीर को खेत बनाओ, अच्छे कर्म को बीज बना लो और सत्य का जल सींचो। मन को कृषक बना लो, ईश्वर के नाम का बीज बोओ, प्रेम के कार्यों से बीज विकसित होंगे।''

कालू ने कहा, ''शायद तुम अपनी स्वयं की दुकान चलाना पसंद करोगे।''

नानक ने कहा, ''इस कमजोर शरीर को अपनी दुकान बना लो और सच्चे नाम का सामान इसमें रख लो।''

पिता ने सांसारिक बातों में बेटे की रुचि उत्पन्न करने की बहुत कोशिश की। उन्होंने नानक से पशुओं को चराने के लिए भी कहा। नानक पशुओं को चरने के लिए छोड़कर ध्यान में बैठ जाते थे। पशु पड़ोस के खेतों में जाकर पकी फसल को चर जाते और सारा खेत बर्बाद हो जाता।

नानक का ध्यान तब भंग होता, जब किसान 'मैं बर्बाद हो गया, मैं बर्बाद हो गया,' के चीखने की आवाज सुनाई पड़ती। उस व्यक्ति के नुकसान पर नानक का हृदय करुणा से भर आता, तो वे कहते, ''निराश मत हो, निराश मत हो। ईश्वर तुम्हारे खेत में आशीष बरसाएँगे।'' लेकिन बट्टी भूस्वामी गुस्से से अपना आपा खो देता और रायी भुल्लर के पास शिकायत लेकर पहुँच जाता, ''मैं बर्बाद हो गया, मालिक। मेरी फसल बर्बाद हो गई। मुझे न्याय चाहिए।''

रायी भुल्लर एक न्यायप्रिय जमींदार थे। वह कालू को बुलवाते और कहते कि वह नानक को बिना सजा के छोड़ देगा, लेकिन किसान के नुकसान की भरपाई करनी पड़ेगी। वह अपने आदमियों को नुकसान का आकलन करने के लिए भेजता और वे लौटकर यही खबर देते कि उन्हें तो कोई नुकसान नजर नहीं आता। पशु कहीं ओर चर कर आए होंगे।

शिकायतकर्ता चौंक जाता। वह कहता, ''मालिक मैं झूठ नहीं कह रहा हूँ। मैंने अपनी आँखों से सारी फसल चौपट हुई देखी थी और पशुओं को फसल चरते देखा था। मुझे नहीं मालूम, जब मैं आपके पास आया तो क्या चमत्कार हो गया!''

एक और मौके पर, जब रायी भुल्लर अपने नौकरों के साथ, घोड़े पर सवार होकर फसल का मुआयना कर रहा था, तब एक काले नाग को खेत के बीच में शांत बैठे देखकर वह हक्का-बक्का रह गया। अपने आदमियों के साथ वह कोबरा के नजदीक पहुँचा और यह देखकर हैरान रह गया कि उसका फन खेत में गहरी नींद में सोए नानक को आश्रय दे रहा था। आदमियों को नजदीक आते देख कोबरा चुपके से एक ओर चला गया। भुल्लर ने नानक को जगाया, जो आँख मिचमिचाते हुए खड़े हुए और जमींदार को हाथ जोड़कर अभिवादन किया। रायी भुल्लर ने उन्हें गले लगाकर उनका माथा चूमा।

उसने अपने साथियों से कहा, ''ईश्वर की कृपा इस बालक पर है। यह यकीनन धन्य है।'' वह घोड़े पर सवार न होकर पैदल ही घर गया, क्योंकि जो कुछ भी उसने देखा था, उससे वह अभिभूत हो गया था। कालू को बुलाकर उसने उससे कहा, ''तुम्हारा पुत्र इस गाँव का गौरव व सम्मान होगा। तुम्हें खुशी होगी और मुझे खुशी होगी, क्योंकि वह यहाँ हमारे बीच पैदा हुआ है।''

पिता ने, फिर उसे दुकान पर बैठा दिया, लेकिन पुत्र दुकान के सामान को साधुओं, गरीबों और जरूरतमंदों में बाँट देता था। जब पिता विरोध करते तो नानक जवाब देते, ''मेरी दुकान समय और स्थान से बनी है, इसके संग्रह में सत्य और आत्म-नियंत्रण की वस्तुएँ हैं। मैं हमेशा अपने ग्राहकों—साधु, महात्माओं से लेन-देन करता हूँ, जिनका साथ मिलना सचमुच बहुत फायदेमंद है।''

लाख कोशिशों के बाद भी पिता पुत्र को अपने मुताबिक नहीं ढाल सके। एक मौके पर उन्होंने कहा था, ''इससे तो उगते हुए सूर्य की किरणों को पकड़कर वश में करना ज्यादा सरल है।''

एक दिन कालू ने अपने बेटे को 20 रुपए दिए और उसे सच्चा सौदा करने के लिए नजदीक के बाजार भेज दिया। उन्हें सलाह देते हुए पिता ने कहा, ''जो भी वस्तुएँ तुम्हें पसंद हों, उन्हें खरीद लो और स्थानीय लोगों से अच्छा लाभ लेकर बेच दो। सौदा ठीक-ठाक करना।'' और उन्होंने नानक को एक सहायक, बाला के साथ भेज दिया जो कि उनका पहले का सहपाठी था। रास्ते में नानक को संन्यासियों का एक समूह मिला, जो भूखे लग रहे थे। बाला जिसे नानक पर नजर रखने को कहा गया था, के विरोध के बावजूद नानक ने उस धन से उनके लिए भोजन सामग्री खरीद ली। उन्होंने संन्यासियों

को भरपेट भोजन कराया। वे खुश हुए और नानक को ढेर सारे आशीर्वाद दिए। इस बीच बाला अपने मालिक कालू के क्रोध से बचने के लिए वहाँ से भाग खड़ा हुआ।

जब उनके पिता ने पूछा कि पैसों का उन्होंने क्या किया, तो नानक ने जवाब में कहा, ''मैंने सर्वाधिक फायदे का सौदा किया। मैंने भूख से मरते हुए साधुओं को भोजन करा दिया। इससे अच्छा सौदा क्या हो सकता है, पिताजी?''

पिता कालू अवाक् रह गए। उन्हें महसूस होने लगा कि उनका बेटा कोई साधारण युवक नहीं था।

~•~

विचार मनन

मैं सभी माता-पिता से कहना चाहूँगा, आपके बच्चे आपका सबसे बड़ा खज़ाना हैं। सोना-चाँदी बटोरने में इतने व्यस्त मत हो जाओ कि आप अपने सबसे बड़े खजाने को उपेक्षित कर बैठो। आपके बच्चों को आपके समय, ध्यान और प्रेम की जरूरत है, क्योंकि बिना प्रेम और ध्यान के कोई भी बच्चा सही तरीके से बड़ा नहीं हो सकता है।

आज बहुत से माता-पिता काम करते हुए बेहद व्यस्त हैं। पिता जेट विमान में उड़कर महाद्वीपों में उछाल लगाने वाला बड़ा अफसर है, सप्ताहांत में वह गोल्फ खेलता है, भोजन की टेबल पर लगातार सेलफोन पर बातें करता है। जहाँ तक माँ की बात है, वह चकाचौंध भरे समाज से जुड़ी है, अनन्य महिला क्लब की सचिव है, सुबह कॉफी की बैठकों में हिस्सा ले रही है, किटी पार्टी की व्यवस्था कर रही है, प्रसाधिका के पास लंबे सत्र के लिए जा रही है, शाम को रात्रिभोज, समारोह, बैले इत्यादि में शामिल हो रही है।

मैं सभी माता-पिता से कहना चाहता हूँ कि आपके बच्चे को आपके प्रेम की सर्वोपरि आवश्यकता है। आत्मा का स्वभाव प्रेम है— और बिना प्रेम के कोई भी बच्चा ठीक तरह से बड़ा नहीं हो सकता। आपको उन्हें अपना समय देना होगा। आपको उनके मन में चरित्र के बीज बोने का प्रयास करना होगा, जिसके बिना जीवन का कोई अर्थ और मूल्य नहीं हो सकता। आपको उन्हें ईश्वर के प्रेम और भय में बड़ा होने में उनकी मदद करनी होगी।

गुरुनानक ने अपना उत्तराधिकारी नामांकित किया

गुरु नानक ने मनुष्य की महानता की परीक्षा लेने के लिए ऐसी शक्ति दिखाई
उन्होंने लहना के सिर पर अपना छाता रख दिया और उसे अत्यंत उच्च सम्मान दिया।
गुरु नानक का तेज गुरु अंगद में मिल गया और वे उनमें समाहित हो गए।
उन्होंने अपने शिष्यों और पुत्रों की परीक्षा ली तथा सभी अनुयायियों ने उनके इस कार्य को देखा।
तभी लहना की परीक्षा हुई थी, वे पवित्र हुए थे और गुरु नानक ने उन्हें प्रतिष्ठित किया था।

—सत्ता और बलवंड

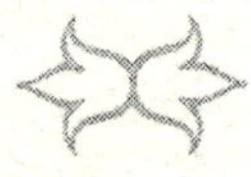

भाई लहना ज्वालामुखी तीर्थयात्रा के लिए अपनी तैयारी करने में व्यस्त थे। वह न केवल दुर्गा माता के पुजारी थे, बल्कि खादुर के भी प्रमुख पुजारी थे, जहाँ केवल एक व्यक्ति को छोड़कर शेष सभी लोग पवित्र हिंदू और माँ दुर्गा के पुजारी थे।

वह एक व्यक्ति सिख भक्त था, जिसे जोधाभाई के नाम से जाना जाता था, जो प्रतिदिन गुरुनानक की स्तुतियाँ सुनाया करता था। लहना इन स्तुतियों से द्रवित हुआ

और जोधा से उनकी उत्पत्ति के बारे में पूछा : उसने उसे प्रथम सिख गुरु के बारे में बताया और तब गुरुनानक से मिलने की आकांक्षा उसमें प्रबल हो उठी।

लहना का जन्म एक संपन्न परिवार में हुआ था। उसके पिता एक समृद्ध व्यापारी थे। और लहना अपने दादाजी के पुश्तैनी मकान में बड़ा हुआ। उनकी माँ रामो के धार्मिक संस्कारों से उसे दुर्गा माता के प्रति गहरी आस्था प्राप्त हुई। हर साल गाँव से अपने साथी भक्तों को हिमालय स्थित ज्वालामुखी ले जाना उसका नियम बन गया था। जहाँ नौ ज्वालाओं के रूप में आदि शक्ति की पूजा की जाती है।

इस वर्ष एक बार फिर लहना अपने साथी भक्तों का नेतृत्व करते हुए ज्वालामुखी तीर्थयात्रा पर निकल पड़ा। वे करतारपुर शहर से होकर गुजरे, जहाँ उस समय गुरुनानक अपने निवास में थे। गुरु के बारे में सुनकर लहना ने तय किया कि तीर्थयात्रा में आगे बढ़ने से पहले वह उनके दर्शन कर ले। लेकिन भाई लहना के लिए ईश्वर ने दूसरी ही योजना बना रखी थी। गुरु की निगाह, उनके साथ कुछ वार्त्तालाप और लहना को जीवन का अभिप्राय, अपने अस्तित्व का उद्‌देश्य भी मालूम हो गया। उन्होंने घोषणा कर दी कि उनके तीर्थ का उद्‌देश्य पूरा हो चुका है और वह अब आगे कहीं यात्रा पर नहीं जाएँगे। वह गुरु के चुंबकीय आकर्षण के प्रभाव में आ चुके थे और हृदय से प्रार्थना करते हुए उनके चरणों में गिर पड़े, ''गुरु, मुझे अपना शिष्य बना लो।''

''तुम्हारा नाम क्या है?'' गुरु ने पूछा।

''लहना!'' उन्होंने उत्तर दिया।

गुरु ने मुस्कराते हुए कहा, ''स्वागत है, लहना। तुम अंततः मेरे पास आ ही गए। अब मैं तुम्हारे ''लहना'' का भुगतान करूँगा (पंजाबी में लहना से तात्पर्य एकत्र किया जाने वाला देय है।'' इस तरह गुरु ने अपने प्रथम उत्तराधिकारी और स्वयं के बीच कार्मिक संबंध का संकेत दिया।) इसके बाद से लहना गुरु के निवास पर बार-बार आने लगा, ताकि वह उनके निरंतर संपर्क और उनकी कृपापूर्ण उपस्थिति में रह सके।

उन प्रारंभिक दिनों में धनी व्यापारी का बेटा होने के कारण वह गहरे पीले रंग के रेशमी बुखारा का परिधान धारण करता था। इस चमकदार पोशाक में वह गुरु से मिलने पहुँचा, जो उस समय खेत में काम कर रहे थे।

गुरु ने उसका हार्दिक अभिनंदन किया और उसे हरे घास का गीला गट्‌ठर घर तक उनके साथ ले चलने का आदेश दिया। गट्‌ठर लहना के सिर पर रख दिया गया और वह खुशी-खुशी गुरु के पीछे चलने लगा। गीली घास से मटमैला पानी उनके कीमती वस्त्रों पर टपक-टपककर उसे मैला करता जा रहा था, लेकिन लहना इन सबसे बेखबर था।

जब गुरु के घर में प्रवेश किया, तो गुरु की पत्नी ने लहना की दशा देखी और अपनत्व के भाव से कहा, ''अपने शिष्यों का आप ऐसे ही ख्याल रखते हैं? अपने इस अतिथि से आपने नौकर की तरह काम क्यों लिया? उसके इतने अच्छे कपड़े कीचड़ में सन गए।''

''तुम सत्य नहीं देख पा रही हो,'' गुरुनानक ने उत्तर दिया, ''वह आस्था का बोझ ढो रहा है, जो कि उसके भाइयों का बोझ है और ये कीचड़ के दाग नहीं हैं, बल्कि स्वर्ग की पवित्र केसर का उबटन है। उसे ईश्वर द्वारा चुना गया है। उसे एक ऐसे व्यक्ति के रूप में चुना गया है, जो बोझ ढोने के लिए उपयुक्त है।''

अपने गुरु के शेष जीवन काल में भाई लहना ने करतारपुर और खादुर में बारी-बारी से रहकर गुरुनानक की सेवा की। उन्होंने अपने गुरु के अंगूर के बाग में श्रमिक बनकर उनकी निष्ठापूर्वक खूब सेवा की। इस दौरान वे अपना धन, व्यापार, नौकर-चाकर, व्यवसाय सब भूलकर पूर्ण आज्ञाकारिता की राह पर चल रहे थे। अपने निष्ठावान शिष्य के लिए गुरु सर्वेसर्वा थे।

लहना की गुरु के प्रति आज्ञाकारिता और भक्ति की बहुत सी कहानियाँ हमें सुनने को मिलती हैं। इनमें से प्रत्येक घटना उनके धैर्य, उनकी आज्ञाकारिता और गुरु की सेवा के प्रति पूर्ण समर्पण का बखान करती है।

एक बार सर्दी की अँधेरी काली रात में करतारपुर में इतनी मूसलधार वर्षा हुई कि धर्मशाला की दीवार तक ढह गई। गुरु ने इच्छा व्यक्त की कि दीवार की तुरंत मरम्मत कर दी जाए। गुरु के पुत्र और उनके अनेक शिष्यों ने उन्हें आश्वासित किया कि वे सुबह राज़ मिस्त्रियों और श्रमिकों को बुलवाएँगे, ताकि क्षतिग्रस्त दीवार की मरम्मत कराई जा सके। लेकिन गुरु की जिद थी कि काम तुरंत शुरू किया जाए। अत: उन्होंने दीवार की मरम्मत प्रारंभ कर दी।

जब कार्य आंशिक रूप से पूरा हो गया, तो गुरु ने आदेश दिया कि नया बना हुआ भाग ढहा दिया जाए, क्योंकि यह संतोषजनक नहीं था। उन्होंने उन्हें उस हिस्से को पुन: बनाने का आदेश दिया। जो उन्होंने बनाया था, उसे उन्होंने गिरा दिया, लेकिन उन्होंने तय किया कि शेष कार्य बाद में हो सकता है और वे सब सोने चले गए। लहना अकेले परिश्रम करते हुए गुरु के आदेश का पालन करते रहे। और यह एक या दो दिनों की बात नहीं थी। जैसा कि हमें 'जन्मसाखी' से ज्ञात होता है, वह दिन-रात काम करते रहे। गुरु के आदेश पर पहले वे दीवार बनाते, फिर उसे तोड़ते।''

चेलों में से एक ने कहा कि वह पागल है, लहना का जवाब सहज था—''गुरु के काम करके ये हाथ पवित्र ही होंगे।''

***

कुछ स्रोतों से ज्ञात हुई एक अन्य घटना है, जिसमें कुछ विद्वानों के अनुसार उत्तराधिकार के मुद्दे को बल दिया गया था। कहा जाता है कि एक बार गुरुनानक अपने निकटतम शिष्यों को घने जंगल में ले गए। यहाँ उन्होंने उनकी आँखों के सामने आसमान से सोने-चाँदी के सिक्के बरसाए। लेकिन यह क्या, शिष्य यहाँ-वहाँ सिक्कों को ज्यादा-से-ज्यादा एकत्र करने के लिए दौड़ने-भागने लगे। केवल लहना और एक अन्य शिष्य भाई बुड्ढा, सोने-चाँदी से अप्रभावित रहे।

गुरुनानक अब उन्हें एक अंत्येष्टि की चिता के करीब ले गए और उन दोनों को शव के कफन हटाने और इसका मांस खाने का आदेश दिया। इस आदेश से भयभीत भाई बुड्ढा भाग खड़ा हुआ। गुरु के आदेश का पालन करने के लिए सदा उत्सुक भाई लहना ने कफन उठाकर अलग किया और देखा कि मुरदे की जगह स्वयं गुरुनानक हैं। तभी एक आवाज सुनाई दी—''यह तुम्हारा उत्तराधिकारी, तुम्हारे ही अस्तित्व का प्रमुख अंग होगा।''

पंजाबी में 'लहना' शब्द का अर्थ है—जो एक व्यक्ति द्वारा दूसरे को देय या दिया जाना हो। एक दिन गुरुनानक ने लहना को पास बुलाया और कहा, ''तुम्हारा लहना मुझसे है, उसे तुम्हें मुझसे प्राप्त करना है।'' और अपने प्रिय समर्पित शिष्य को गले लगाते हुए गुरु ने उससे कहा, ''आज से तुम लहना नहीं रहे, तुम अंगद, मेरे शरीर के अंग हो, मेरे अस्तित्व की साँस हो, मेरी आत्मा के साथ एक हो, मेरी आत्मा में मिल चुके हो।'' अपने ही जीवनकाल में गुरुनानक ने अंगद को अपना उत्तराधिकारी नामांकित कर दिया।

~•~

विचार मनन

एक बार गुरुदेव साधु वासवानी ने अद्वितीय संगीतमय सुंदर कविता में कहा, (अनुवाद)—

जागनेवाले, दुःख की बात है, जगे नहीं—
और सोनेवाले रोते हैं—
जब तक आपका प्रकाश दोनों पर आलोकित नहीं होता!
बहुत से लोगों को जागता हुआ कहा जाता है,
लेकिन वे जाग्रत् नहीं हैं—
न ही सोनेवाले सचमुच जाग पाते हैं,
जब तक कि वे एकांत में और प्रेम से
दिव्य नाम जपना नहीं सीखते।

हममें से बहुत से लोगों को जगाने के लिए एक विकसित आत्मा, एक जाग्रत् व्यक्ति, गुरु की आवश्यकता होती है। गुरु महान् तथा जागृति लाने वाला होता है। गुरुदेव साधु वासवानी कहते हैं, ''गुरु हमें ऊँचाइयों तक उठानेवाली लिफ्ट है; ऐसी लिफ्ट, जो तुच्छ लोगों को उठाकर ईश्वर के राज्य में ले जाती है।''

जागृति चुनिंदा लोगों को विभिन्न तरीकों से प्राप्त होती है। अपनी कृपा से गुरु, अपने शिष्य को रहस्यमय तरीके से बुलाता है और उस चुने हुए व्यक्ति की आत्मा एक स्पर्श, एक दृष्टि और एक शब्द से रूपांतरित हो जाती है!

बाबा बुड्ढा

"मैं न तो बच्चा हूँ, न युवक, न प्राचीन हूँ, न ही मेरी कोई जाति है।"

—गुरुनानक

जो हिंदी और पंजाबी से परिचित हैं, उनके लिए 'भाई बुड्ढा' विरोधाभास प्रस्तुत करता है कि भाई और बूढ़ा आदमी। बाबा बुड्ढा ज्यादा तार्किक लगता है, क्योंकि इसका अर्थ एक सम्मानजनक बुजुर्ग है। दोनों शब्द एक आश्चर्यजनक सिख भक्त से संबंधित हैं, जो सिख धर्म के प्रारंभिक मिथकों में एक है और जो गुरुनानक के पास बाल्य अवस्था में आया और बड़े होकर एक पूजनीय व्यक्ति बना, जिसके हाथों से बाद के गुरुओं को नियुक्त किया गया।"

उसका मौलिक नाम 'बूरा' था और वह भाई सुग्घा, जो कि रंधावा वंश का जाट था तथा संधु परिवार में जन्मी माई गौरन का पुत्र था। जब वह एक छोटा बालक था, तो गाँव के बाहर पशु चरा रहा था। तभी गुरुनानक वहाँ से गुजरे। वह बालक उनके पास गया और गुरु को एक कटोरा दूध अर्पित करते हुए इन शब्दों में प्रार्थना की—"हे गरीबों के पालनहार, मैं भाग्यशाली हूँ कि आज मुझे आपका दर्शन मिला। मुझे इस जन्म-मरण के चक्र से मुक्त कर दो।"

इतने छोंटे बालक के मुँह से इतनी बुद्धिमानी की बातें सुनकर गुरुनानक को खुशी के साथ-साथ आश्चर्य भी हुआ। उन्होंने बूरा से कहा, "तुम अभी बच्चे हो, लेकिन तुम कितनी बुद्धिमानी की बातें करते हो!"

बूरा ने जवाब दिया, ''गुरुजी, कुछ सैनिक हमारे गाँव के पास शिविर लगा रहे हैं और उन्होंने हमारी पकी और कच्ची सारी फसलें बर्बाद कर दीं। और मुझे लगा कि जब हमारी फसलों के साथ ऐसा हो सकता है, तो निश्चित रूप से हमारे जीवन में मौत को आने से कोई नहीं रोक सकता, चाहे हम छोटे हों या बड़े।''

यह उत्तर सुनकर गुरुनानक ने कहा, ''तुम बच्चे नहीं हो। तुम्हारे पास बूढ़े व्यक्ति जैसी बुद्धि है।'' उस दिन से बूरा को 'भाई बुड्ढा' के नाम से जाना जाने लगा। और आगे चलकर 'भाई बुड्ढा (पंजाबी में बुड्ढा मतलब बूढ़ा आदमी) से' 'बाबा बुड्ढा' में बदल गया।

इसी पहली मुलाकात से भाई बुड्ढा गुरुनानक के समर्पित शिष्य बन गए। उनके इस रास्ते से उनका विवाह और उनका परिवार भी उन्हें अलग नहीं कर सका। वह अपना ज्यादातर समय करतारपुर में बिताते थे, जहाँ गुरुनानक ने अपना निवास बना रखा था। गुरु की सभा में उनका ऐसा स्थान बन चुका था कि दूसरे गुरु अंगद की पद प्रतिष्ठा के दौरान गुरुनानक ने ही भाई बुड्ढा को उनके (गुरु अंगद) माथे पर वैधिक तिलक लगाने के लिए कहा था।

भाई बुड्ढा परिपक्व वृद्धावस्था तक जीवित रहे और सभी चारों गुरुओं का तिलक करने का सम्मान उन्हें प्राप्त हुआ। जीवन भर उन्होंने गुरु की सेवा बड़े समर्पण के साथ की और शिष्यों की बढ़ती संख्या के बीच पवित्र जीवन जीने का उदाहरण बने। उन्होंने गुरु अमरदास के निर्देश पर गोविंदवाल में बावली खोदने और गुरु रामदास तथा गुरु अर्जन के निर्देश पर अमृतसर में पवित्र तालाब उत्खनन का कार्य बड़े उत्साहपूर्वक किया। जिस बेर के पेड़ के नीचे बैठकर अमृतसर के तालाब की खुदाई का निरीक्षण कार्य वे करते थे, वह स्वर्ण मंदिर की सीमा पर अब भी विद्यमान है।

यह भी महत्त्वपूर्ण है कि गुरु अर्जन देव ने अपने छोटे बेटे हरगोबिंद को भाई बुड्ढा के अधीन शिक्षा और प्रशिक्षण पाने के लिए रखा था। जब 16 अगस्त, 1604 में हरमंदिर में आदिग्रंथ की स्थापना की गई, तब भाई बुड्ढा को ही गुरु अर्जन देव ने ग्रंथी नियुक्त किया था। इस तरह उन्हें पवित्र मंदिर, जिसे 'स्वर्ण मंदिर' कहा जाता है, का उच्च पुजारी बनने का श्रेय प्राप्त हुआ।

बाबा बुड्ढा से संबंधित एक मिथक से हमें ज्ञात होता है कि गुरु अर्जन देव और उनकी पत्नी माता गंगा के बहुत समय तक कोई बच्चा नहीं हुआ। अंततः माता गंगा ने पुत्र-प्राप्ति के लिए बाबा बुड्ढा का आशीर्वाद लिया। कहा जाता है कि बाबा बुड्ढा ने उन्हें बताया कि वह यकीनन एक बहुत ही बहादुर बेटे को जन्म देगी। कुछ समय बाद ही गुरु हरगोबिंद का जन्म हुआ।

तदुपरांत बाबा बुड्ढा जंगल में चले गए, जहाँ वे 'गुरु का लंगर' के पशुओं की देख-भाल करते थे। अब भी उस जंगल को 'बेर बाबा बुड्ढा साहिब' के नाम से जाना-जाता है। जब 16 नवंबर, 1631 को बाबा बुड्ढा ने महाप्रयाण किया, गुरु हरगोबिंद उनकी शय्या की बगल में उपस्थित थे। कहा जाता है कि स्वयं गुरु ने उनकी अर्थी को कंधा दिया और उनका अंतिम संस्कार किया, जो कि गुरु गद्दी पर उत्तराधिकार पानेवाले उनके दादा, पिताजी और स्वयं के तिलक किए जाने के सम्मान के तौर पर था।

~•~

विचार मनन

जब हम पर गुरु की कृपा होने का उचित समय आता है, तो उम्र, परिवेश और परिस्थितियाँ कोई मायने नहीं रखतीं। हमारे जीवन का सच्चा उद्देश्य है—मुक्ति और आत्म-साक्षात्कार। इसके बारे में हम सजग तब होते हैं, जब हमें गुरु के चरण प्राप्त होते हैं। गुरु ही हमारी सच्ची पहचान, हमारे भीतर की आत्मा को प्रकट करता है।

एक बार हमने स्वयं को पूर्ण निष्ठापूर्वक उन्हें समर्पित कर दिया, तो बाकी सब कुछ वे देख लेंगे—वस्तुत: यह सुनिश्चित करना उन्हीं की जिम्मेदारी है कि हम इस मानवजीवन का लक्ष्य हासिल करें।

गुरु तेग बहादुर की शहादत

''बल हुआ बंधन छुटै, सब कुछ होत उपाय, नानक सब कुछ तुम्हरे हाथ में, तुम्हीं होत सहाय।''

—स्लोक महल्ला 9 (54), पेज 1429, 'गुरु ग्रंथ साहिब'

भारत पर मनहूसी की छाया पड़ गई थी। सम्राट् औरंगजेब के अत्याचारी शासन से लोगों की दशाएँ बदतर होती जा रही थीं। दस वर्ष के शासनकाल के बाद औरंगजेब का यह सपना हो गया था कि भारत को सभी 'काफिरों' से रहित कर सारे देश को इस्लाम की धरती बना दिया जाए। वह एक असहिष्णु शासक था, जिसमें अन्य धर्मों के प्रति सम्मान नहीं था। उसने दमन का वीभत्सकारी अभियान चलाया। देश भर के प्रसिद्ध हिंदू मंदिरों को ध्वंस्त कर उनके स्थान पर मस्जिदें बनाई गईं। औरंगजेब ने अनेकों कड़े आदेश जारी किए। उसने हिंदुओं को दीवाली में चमक-दमक का प्रदर्शन करने पर प्रतिबंध लगा दिया।

उसने हिंदू जत्राओं को प्रतिबंधित कर दिया। उसने आदेश दिया कि केवल मुसलमान ही शासकीय जमीनों के भूस्वामी हो सकते थे और प्रांतीय सूबेदारों को सभी हिंदू बाबुओं (क्लर्क) की सेवा समाप्त करने का आदेश जारी किया गया। उसने सभी प्रांत के प्रशासकों को 'काफिरों' के विद्यालयों और मंदिरों को धराशायी करने का आदेश दिया और उन्हें कहा गया कि मूर्तिपूजा की प्रथा का व्यवहार और शिक्षण बंद कराया जाए। उसके काले साम्राज्य में 'काफिर' की हत्या करना मुसलमान का पवित्र कर्तव्य माना जाता था। इस्लाम के ग्रंथों में दिए गए नियमों की गलत व्याख्या कर इस्लाम की सत्ता को नकारने वालों की अंधाधुंध हत्याओं को जायज ठहराया गया।

उन दिनों कश्मीरी पंडित देश के सर्वाधिक समर्पित और पुरातनवादी हिंदू थे। औरंगजेब को लगा कि यदि उनका धर्म परिवर्तित करा दिया गया, तो शेष देश में आसानी से उनका अनुसरण किया जाएगा। वह अपनी किसी भी प्रजा को तिलक और जनेऊ धारण किए हुए नहीं देखना चाहता था। कश्मीर के मुस्लिम सूबेदार द्वारा अपने समुदाय पर किए जा रहे अत्याचार को सहन न कर सकने के कारण कश्मीरी पंडितों का एक प्रतिनिधिमंडल आनंदपुर साहिब में गुरु तेग बहादुर से मिला।

उन्होंने उनसे कहा, "गुरुजी, औरंगजेब ने शपथ ली है कि यदि हम इस्लाम स्वीकार नहीं करेंगे, तो वह हमारा सिर कलम करवा देगा। हमने एक महीने का समय लिया है, ताकि हम इस विषय पर आपस में मशवरा कर सकें। हमारे समय के पूजनीय सिख गुरु होने के कारण हम आपकी सलाह लेने आए हैं। कृपया हमारी मदद कीजिए।"

गुरु तेग बहादुर उनके दुःख से बहुत द्रवित हुए। उन्होंने ऐसी असहिष्णुता और बर्बरता का शिकार हो रहे देश के भाग्य पर गहराई से विचार किया। लोगों के कष्ट का शमन करने के लिए क्या किया जा सकता था? उन पर आशा और निष्ठा प्रकट करनेवाले लोगों को संकट से बाहर निकालने का रास्ता कैसे पाया जा सकता था?

जब गुरु इस विषय पर सोच रहे थे, तभी उनका नौ साल का बेटा, गोबिंदराय ने कमरे में प्रवेश किया। बालक गोबिंद ने अपने पिता से जानना चाहा कि ये सब क्या हो रहा है। गुरु तेग बहादुर ने उत्तर दिया, "बेटे, हमारे देश के हिंदू एक गहन संकट का सामना कर रहे हैं। जब तक कोई पवित्र आदमी धर्म के लिए अपना जीवन अर्पित करने को तैयार नहीं होता, तब तक इस शासन के अत्याचार से बचने की कोई उम्मीद नहीं है।"

बालक गोबिंद ने तपाक से उत्तर दिया, "पिताजी, इसके लिए आपसे अच्छा और कौन होगा?"

गुरु तेग बहादुर ने अपने पुत्र को गले लगा लिया और खुशी से उनकी आँखों से आँसू निकलने लगे। उन्होंने अपने पुत्र से कहा, "मैं भविष्य को लेकर चिंतित था, क्योंकि तुम बहुत छोटे हो।"

गोबिंद ने जवाब दिया, "मुझे ईश्वर पर छोड़ दो और मुगलों की चुनौती का सामना करो।"

अपने बेटे से यह बात सुनकर गुरु तेग बहादुर आश्वस्त हो गए कि उन्हें अपने पुत्र के भविष्य को लेकर चिंतित होने की जरूरत नहीं है। तभी उन्होंने मान्यता की स्वतंत्रता, आस्था की रक्षा की और अपने हिंदू भाइयों की मदद के लिए अपना जीवन अर्पित करने का निर्णय लिया। उन्होंने कश्मीरी पंडितों से औरंगजेब को सूचित करने के लिए कहा कि यदि गुरु तेग बहादुर इस्लाम स्वीकार करेंगे, तो वे और अन्य हिंदू भी इसका अनुसरण करेंगे।

यह संदेश पाकर औरंगजेब ने अपने सैनिकों को गुरु को गिरफ्तार कर दिल्ली लाने का आदेश जारी किया। गुरु तेग बहादुर ने कहा कि जब समय उचित होगा, तो वह निश्चित रूप से दिल्ली आएँगे।

गुरु ने अपने परिवार और अनुयायियों से विदा ली और आदेश दिया कि उनके पुत्र गोबिंद राय को अगले गुरु के रूप में स्थापित किया जाए। गुरु की अंतिम यात्रा में आनेवाले परिणामों को स्वीकार करने के लिए तैयार होकर, उनके समर्पित शिष्य भाई मतिदास, भाई दयाला और सतीदास उनके साथ हो लिये। हजारों सिख भक्त उनसे मिलने और उनके उपदेश सुनने के लिए उनका इंतजार कर रहे थे। उन्होंने सैनिकों को अलग कर अपने अनुयायियों के साथ स्वयं दिल्ली की राह पकड़ ली। रास्ते में वे जितना हो सकता, भक्तों से मुलाकात करते। कहा जाता है कि राजधानी के रास्ते में उनके निष्ठावान भक्तों ने फूल बिछा दिए थे।

अंतत: वे आगरा पहुँचे। जैसे ही औरंगजेब को यह समाचार मिला, उसने गुरु को तुरंत गिरफ्तार करने का आदेश दिया। आगरा पहुँचने के शीघ्र बाद ही गुरु तेग बहादुर और उनके दल को गिरफ्तार कर लिया गया और जंजीरों से बाँधकर उन्हें दिल्ली ले जाया गया। औरंगजेब ने अब उन्हें अंतिम आदेश दिया—"इस्लाम कुबूल करो या मरने के लिए तैयार हो जाओ।"

इस पर गुरु ने जवाब दिया, "राजा के लिए जनता और प्रजा वैसी ही होती है, जैसे किसी पेड़ के लिए जड़ें होती हैं। वह स्वयं का सहारा और पोषण प्रजा से प्राप्त करता है। यदि वह उन्हें कुचलता है और उनका दमन करता है, तो वह अपने नीचे स्वयं की जड़ें काटता है। इसलिए हिंदू, सिख, मुसलमान को बराबरी में रहने देना चाहिए। निरंकुशता आत्मघाती होती है। इसीलिए मैं यहाँ यह बताने आया हूँ कि मैं इस्लाम स्वीकार नहीं करूँगा। इसके बदले मैं खुशी-खुशी अपनी जान दे दूँगा।" परिणामस्वरूप गुरु को कारागार में डाल दिया गया। उन्हें एक छोटी सी कोठरी में बंद रखा गया था, जहाँ वे घूम भी नहीं सकते थे।

गुरु तेग बहादुर ने पूरे 15 दिन कारावास में बिताए। पंद्रह दिनों के बाद एक काजी गुरुजी के पास पहुँचा और कहा, "आप सिखों और हिंदुओं के सर्वोच्च नेता हैं। मैं आपको तीन विकल्प देता हूँ, जिसमें से आप एक चुन सकते हैं। पहला है, इस्लाम कुबूल करो। दूसरा है, यदि आप इस्लाम कुबूल नहीं करना चाहते हो, तो अपनी आस्था सिद्ध करने के लिए करिश्मे का प्रदर्शन करो। तीसरा है, यदि आप इन दोनों को ठुकराते हैं, तो मौत कुबूल करो।"

गुरु ने शांत भाव से उत्तर दिया, "मैं इस्लाम कभी स्वीकार नहीं करूँगा। मैं अपना धर्म नहीं बदलूँगा। जहाँ तक तुम्हारे दूसरे विकल्प की बात है, करिश्मे दिखलाना

हमारा काम नहीं है। करिश्मे ईश्वर की शक्ति का प्राकट्य होते हैं, जिन्हें कुछ दशाओं और अवस्थाओं में उनकी कृपा से देखा जाता है। वे बाजीगर की कलाएँ मात्र नहीं हैं, जिसे इस नश्वर शरीर को बचाने के लिए मैं तुम्हारे सामने एक जादूगर की तरह पेश करूँ। मत भूलो कि मैं ईश्वर की इच्छा के नेतृत्व में चलकर यहाँ आया हूँ। हमें आम तमाशे के लिए करिश्मा दिखाने की अनुमति अपने गुरुओं से नहीं मिलती। सारे के सारे सिख गुरु करिश्माई थे, लेकिन उन्होंने कभी भी करिश्मे नहीं दिखाए और एक सामान्य मानव जीवन बिताया। तुम्हारा तीसरा विकल्प, जो तुमने मुझे दिया, वह है मौत। इसीलिए मैं यहाँ आया हूँ। मैं मरने के लिए तैयार हूँ। आज मुगल साम्राज्य को सर्वाधिक अजेय समझा जाता है, मेरी मौत के साथ ही इस मुगल साम्राज्य की मौत होगी।''

जेलरों के द्वारा गुरु पर अनेक अत्याचार किए गए। वे निष्ठावान अनुयायी, जो अपनी इच्छा से उनके साथ गए, उन पर भी अत्याचार किए गए। माती कामा को आरे से चीरकर दो भागों में कर दिया गया। भाई दयाल को एक लोहे के पात्र में खौलते पानी में डालकर मार डाला गया। यह इतनी अमानवीय और बर्बर यातना थी, जिसे गुरु के अनुयायियों को जेलरों के द्वारा सहनी पड़ी।

सारे शहर में ऐलान कर दिया गया कि गुरु तेग बहादुर की मृत्यु का गवाह बनने के लिए लोग चाँदनी चौक में एकत्र हों। अगले दिन सुबह गुरु तेग बहादुर को जेल की कोठरी से बाहर लाया गया। मारे जाने से पहले उन्होंने (गुरुजी) स्नान करने की इच्छा प्रकट की। इसलिए उन्हें नजदीक के कुएँ में ले जाया गया, जहाँ उन्होंने स्नान किया। तदुपरांत उन्हें चाँदनी चौक लाया गया। उस समय वे गुरुग्रंथ साहिब से श्लोक का उच्चारण कर रहे थे—

1 ओंकार, सतनाम करता पुरखु,
निरभउ, निरवैरु, अकाल मूरत अजूनी सैभं,
गुर प्रसाद, जप, आद सच, जुगाद सच,
है भी सच, नानक होसी भी सच।

जब वे जपुजी साहिब का पाठ करते बरगद के पेड़ के नीचे बैठ गए, काजी को उनका सर कलम करने का आदेश दिया गया। एक ही झटके में गुरु का सर काट दिया गया। लेकिन निष्ठावान ऐसा मानते हैं कि गुरुजी का सर काटने के लिए तलवार के उठने से पहले उनका सर करिश्माई ढंग से पहले ही अलग होकर गिर गया था। जैसा कि गुरु गोबिंद सिंह बताते हैं—

वह इस धरती पर दुखद दिन था
और स्वर्ग में खुशियाँ मनाने का दिन था।

कहा जाता है कि गुरु के शरीर को धूल में फेंक दिया गया था, क्योंकि सम्राट् के डर से किसी में भी शरीर को उठाने का साहस नहीं था।

उस दिन शाम को शहर में भयंकर धूल की आँधी चली, जिससे आकाश खून की तरह लाल हो गया। अँधेरे की आड़ में भाई जैता नामक एक समर्पित सिख ने गुरु के पवित्र सर को उठा लिया और इसे गुरु के पुत्र के पास आनंदपुर साहिब ले गया। एक अन्य समर्पित सिख भाई लाखी शाह, जिसके पास घोड़ागाड़ी थी, गुरुजी के सिर विहीन शरीर को अपने घर ले गया। चूँकि सार्वजनिक अंत्येष्टि काफी खतरनाक होती, भाई लाखी शाह ने अपने घर में आग लगाकर उनके शरीर का दाह-संस्कार किया। इस बीच गुरु का सिर, दुःखी बाल गुरु गोबिंद सिंह और उनकी विधवा माता गूजरी के पास ले जाया गया।

16 नवंबर, 1675 को आनंदपुर साहिब में चंदन की चिता बनाई गई, जिस पर गुलाब के फूल रखे गए और गुरु तेग बहादुर के सिर का अग्निदाह संस्कार बालक गुरु गोबिंद सिंह द्वारा किया गया।

~•~

विचार मनन

क्या आपने कभी स्वयं से प्रश्न किया है, "एक सामान्य इंसान और संतों में क्या फर्क है?" एक सामान्य मनुष्य और संत के बीच यह अंतर है कि सामान्य आदमी अपना काम अचेतन अवस्था में करता है, लेकिन ईश्वर के संत दिन-प्रतिदिन के निजी कार्यों से लेकर उनके आध्यात्मिक अनुशासन के कार्यों को चैतन्य अवस्था में, अर्थात् सजगता में संपादित करते हैं। एक संत या सिद्ध पुरुष वह होता है, जिसके विचार पवित्र हों और वह निरंतर इस चेतना में रहता हो कि ईश्वर सर्वव्यापी है।

आइए, स्वयं से एक प्रश्न पूछें, "क्या हम ईश्वर से प्रेम करते हैं? क्या हम संतों और ज्ञानियों से प्रेम करते हैं?" यदि उत्तर 'हाँ' है तो अन्य सभी चीजों के लिए हमारा उत्तर 'नहीं' होगा। जो ईश्वर और उनके संतों से प्रेम करता है, उस व्यक्ति की पहचान बलिदान है। यदि हमारा जीवन बलिदान से रहित है, तो यह स्वार्थपूर्ण है। ऐसा प्रेम एक वस्तु-विनिमय है, ईश्वर के साथ सौदा है। यह प्रेम और समर्पण के बदले में कुछ प्राप्त करने का सौदा है। यह एक ऐसा प्रेम है, जो शर्तयुक्त और 'आकांक्षापूर्ण' है।

प्रेम निस्स्वार्थ होता है। ईश्वर के बंदे इस धरती पर जन्म लेते हैं और सारी मानवता के लिए शिक्षक तथा संरक्षक, साधु और फकीर बनते हैं, वे मानवीय कष्टों का शमन करने के लिए आते हैं। वे हमें स्वस्थ करने और प्रकाश के मार्ग पर हमारा नेतृत्व करने आते हैं। वे आलोचना सहते हैं, अनेक सांसारिक परीक्षाओं से गुजरते हैं। उनमें से अनेक हमारे लिए शहीद हो चुके हैं। लेकिन उन्होंने ऐसा मुस्कराते हुए और ईश्वर के प्रति आभार के साथ किया है। जब तक इंसान बलिदान देने का इच्छुक नहीं होगा, तब तक वह न तो ईश्वर और न ही मानवता को प्रेम दे सकता है।

खालसा पंथ का जन्म : इतिहास और कथा

"हे प्रिय खालसा! जो मुझे देखने का इच्छुक है, उसे गुरु ग्रंथ को देखने दो। गुरु ग्रंथ साहिब का पालन करो। यह गुरुओं की प्रकट देह है। और जो मुझसे मिलने का इच्छुक है, वह मुझे स्तुतियों में खोजे।"

—गुरु गोबिंद सिंह

जब औरंगजेब ने भारत में मुगल साम्राज्य की बाग-डोर सँभाली, तो हिंदुओं और सिखों के लिए यह अंधेरे, अत्याचार और दमन के युग की शुरुआत थी। औरंगजेब हिंदुओं और सिखों का दुश्मन था और वस्तुतः वह मुगल वंश के सर्वाधिक घृणास्पद शासकों में से एक था। उसकी क्रूरता और निरंकुशता एक अर्थ में उसके मानवीय विशेषताओं से मेल नहीं खाती थी, क्योंकि कई मायनों में वह गुणवान व्यक्ति भी था। वह साधारण जीवन जीता था, साधारण भोजन करता था, शुद्ध जीवन जीता था, काम-वासना से दूर रहता था और हर समय व्यस्त रहता था। वह अपने हाथों से टोपियाँ बनाता था, पुस्तकें पढ़ता था और प्रतिदिन कुरान शरीफ पढ़ता था।

लेकिन दुःख की बात है कि वह धार्मिक यातनाओं और बलात् धर्मांतरण में उलझा रहा। वह कट्टरपंथी मान्यताओं का व्यक्ति था। वह यह नहीं समझ सका कि ईश्वर का दिव्य प्रकाश सभी धर्मों, आस्थाओं और ग्रंथों में आलोकित है। वह हिंदू धर्म का विरोधी था। वह हिंदुओं और सिखों को इस्लाम स्वीकार कराने का धुनी था। उसके क्रूर शासनकाल में जाटों, राजपूतों, सतनामियों, मराठाओं और गैर-पुरातनवादी मुस्लिमों जैसे सूफी और शियाओं पर जुल्म ढाया जाता था।

जैसे-जैसे धार्मिक यातना का अँधेरा देश भर में व्याप्त हुआ, हर जगह लोग उन पर किए गए अत्याचारों से कराह उठे। यही समय सिखों के दसवें व अंतिम गुरु का रहा। गुरु गोबिंद सिंह को अच्छी तरह मालूम था कि उनके चारों ओर क्या हो रहा है और उन्होंने आदिगुरु के शब्दों को याद किया, जिसमें उनके समय के सम्राटों को शेरों और कुत्तों के समान बताया गया था—दो सौ साल बाद भी ऐसा लगता था मानो कुछ भी नहीं बदला था। ऐसी परिस्थितियों में शांतिपूर्ण सहअस्तित्व संभव नहीं था। युगों पुराने अहिंसा, सहिष्णुता,. विनम्रता जैसे भारतीय आदर्श 'पागल कुत्तों और जंगली शेरों' के आगे नाकाम थे। गुरु जानते थे कि अत्याचार, निरंकुशता बुरी बात थी, लेकिन इसके आगे सिर झुकाना भी उतना ही अस्वीकार्य था।

एक बार पर्वत की चोटी पर ध्यान करते हुए गुरु ने एक आवाज सुनी, "मेरे प्रिय, तुम्हारे लिए युद्धभूमि में डटने का समय आ गया है।" अपना ध्यान छोड़कर उन्होंने उस आवाज का अनुसरण किया। उन्हें महसूस हुआ कि औरंगजेब द्वारा दी जा रही यातना के खिलाफ खड़े होना उनका कर्तव्य है। निष्ठावानों की रक्षा के लिए वे युद्धभूमि में डट गए। ऐसा करते हुए उन्होंने एक शक्तिशाली आंदोलन की शुरुआत की।

उन्होंने सिखों को सीधे आनंदपुर बुलाया और अपने अनुयायियों से सीधा संपर्क स्थापित किया। बैसाखी के वार्षिकोत्सव पर सिख बड़ी संख्या में आनंदपुर में एकत्र हुए। हजारों की संख्या में निष्ठावान सिख उन्हें सुनने के लिए एवं उनके आदेश को पूरा करने के लिए एकत्र हुए। उस जनसमूह को उन्होंने अपने संकट में पड़े धर्म की रक्षा के लिए उत्साह व जोशपूर्ण संबोधन दिया। उन्होंने सिख सैन्य दल बनाने की अपनी दैवीय योजना भी सुझाई। उन्होंने उन्हें बताया कि अब उन्हें महान् और शौर्ययुक्त कार्य करना था। लेकिन प्रत्येक महान् कार्य पहले महान् बलिदान चाहता है। प ित्र तलवार सर्वोच्च बलिदान के बाद ही शौर्यशाली राष्ट्र का निर्माण कर सकती थी, क्योंकि धर्म की स्थापना के लिए खून के बलिदान की आवश्यकता थी। इस ऐतिहासिक सम्मेलन की प्रमुख बातें इस तरह हैं—

"तुम कौन हो?" उन्होंने पूछा।

"हम आपके निष्ठावान शिष्य हैं।" उन्होंने उत्तर दिया।

"मैं कौन हूँ?" उन्होंने उनसे पूछा।

"आप हमारे प्रिय गुरु हैं और हम आपकी आज्ञा मानेंगे।" उन्होंने जवाब दिया।

अचानक गुरु गोबिंद सिंह ने अपनी तलवार खींचकर निकाल ली और एक भक्त की माँग की, जिसके सीने में वह तलवार उतार देते। इससे दर्शकों में भय से सनसनी फैल गई। उन्होंने और कड़े अंदाज में इसी बात को दोहराया। सभी आतंकित व भयग्रस्त से खड़े थे और पहली और दूसरी पुकार का कोई प्रत्युत्तर नहीं मिला। केवल एक बेचैन

करने वाली चुप्पी छाई रही और तभी एक व्यक्ति उठा। वह दयाराम था, लाहौर के डल्ला गाँव का खत्री। उसने अपना जीवन बलिदान करने की इच्छा प्रकट की।

गुरु उसे एक तंबू में ले गए। कुछ देर के बाद गुरु तंबू से बाहर आए, उनकी तलवार से खून टपक रहा था और उन्होंने दूसरे बलिदान के लिए आह्वान किया। इसी तरह तीसरे, चौथे और पाँचवें व्यक्ति ने आवेगयुक्त पुकार का प्रत्युत्तर दिया। तत्पश्चात् गुरु ने घोषणा की कि इन पाँच प्रिय लोगों से, जो अपने जीवन की बलि चढ़ाने के लिए सामने आए, खालसा पंथ का निर्माण होगा। पाँचों व्यक्ति अब तंबू से सुरक्षित सामने आए और उन्हें 'पंज पियारे' की संज्ञा दी गई।

उनकी भक्ति और बलिदान की भावना से अभिभूत होकर गुरु ने घोषणा की कि बाबा नानक को गुरु अंगद के रूप में एकमात्र समर्पित सिख मिला, जबकि उन्हें गुरु की कृपा से ऐसे पाँच सिख प्राप्त हुए। एक सच्चे शिष्य के समर्पण से सिख धर्म इतने वर्षों तक फला-फूला। पाँच सिखों के संस्कार से उनका मिशन सारी दुनिया में फैलने वाला था।

गुरु ने अपने पंज प्यारों को पवित्र जल, जिसे 'अमृत' कहा जाता था, से तिलक किया और उन पुरुषों को सिंह या शेर, और औरतों को 'कौर' या राजकुमारी नाम दिया। तभी उन्हें गोबिंद सिंह नाम से जाना गया। व्यक्तिगत रूप से प्रत्येक शिष्य को 'सिंह' पुकारा जाता था और सामूहिक रूप से उन्हें 'खालसा' नाम दिया गया। उन्होंने खालसा को पाँच 'क' अपनाने का आदेश दिया—

1. कृपाण या तलवार,
2. कड़ा या लोहे की चूड़ी,
3. केश या बाल,
4. कंघा,
5. कच्छा।

उस सौभाग्यशाली दिन गुरु के शिविर से शिष्य का एक नया अवतार संत-सैनिक उभरकर सामने आया। संत-सैनिक का अपना जीवन गुरु के कार्य के लिए प्रतिबद्ध था, उसने गुरु के प्रेम में मृत्यु स्वीकार की। गेरुए रंग से रँगे वस्त्र और गेरुआ पगड़ी धारण कर, केशों को मुकुटनुमा बाँधकर उसे पगड़ी से ढक दिया जाता था, जिससे वह सिंह या शेर की तरह दिखे और ईश्वर, गुरु और अपने भाइयों के लिए अपना जीवन कुर्बान करने के लिए तैयार रहे। गुरु ने उनमें से प्रत्येक को शपथ दिलाई कि वे प्रतिदिन गुरु ग्रंथ साहिब का पाठ करेंगे और सभी पुरुषों को अपना भाई मानेंगे तथा लोगों की मदद

के लिए हमेशा तैयार रहेंगे।

गुरु ने उनसे निम्न पुकार का उच्चारण करवाया—'जो बोले सो निहाल, सतश्री अकाल' (जो कोई भी कहेगा, 'अविनाशी ईश्वर सत्य है', वह धन्य हो जाएगा।) इस तरह पहली बार सिखों का महान् अभिवादन कहा गया। खालसा पंथ का जन्म हुआ!

खालसा पंथ की स्थापना से शिवालिक पहाड़ियों के राजपूत प्रमुख चौंक उठे। शुरुआत में ही गुरुजी ने उन्हें खालसा पंथ में शामिल होने का आमंत्रण दिया था, ताकि दमनकारी साम्राज्य के खिलाफ और ज्यादा ताकतवर हो सकें, लेकिन उनके संकीर्ण विचारों के कारण उन्हें बढ़ती हुई सिख सेना अपनी सत्ता के लिए खतरा महसूस हुई। उन्होंने बिलासपुर के राजा, जिसके राज्य में आनंदपुर पड़ता था, के नेतृत्व में गुरु गोबिंद सिंह को उनके पर्वत के किले से निकाल बाहर करने के लिए एक समागम आयोजित किया।

खालसा पंथ की कहानी इतिहास मात्र के लिए नहीं है। इसका दूसरा पहलू भी है। खालसा पंथ की बहादुर महिलाओं ने भी इसके प्रारंभिक चरण में महत्त्वपूर्ण भूमिका अदा की।

गुरु गोबिंद सिंह के चालीस शिष्य उनके प्रति विश्वासघाती हो गए और वे उन्हें आनंदपुर में छोड़कर चले गए। वे न केवल मरने से डर गए थे, बल्कि उन्होंने मृत्यु और पराजय के स्थान पर भगोड़े कहलाने के कलंक को प्राथमिकता दी। उन्हें अपने जीवन से इतना लगाव था कि उन्होंने अपने गुरु को त्यागने की बात लिखकर अपने हस्ताक्षर भी कर दिए। कलंक का यह कृत्य करने के बाद वे अपने परिवारों में लौट गए। वे इस बात की कल्पना करके खुश थे कि उनकी वापसी से उनकी पत्नियाँ व परिवार फूले नहीं समाएँगे और वे खुश होंगे कि हम जीवित हैं।

लेकिन वास्तविकता बिल्कुल विपरीत थी। उनकी पत्नियाँ उनकी कायरता से हैरान रह गईं। उनके गुरु को त्यागने की बात से वे सहम गईं। पत्नियों ने उनकी आँखों में झाँकते हुए कहा, "यदि तुमने गुरु को छोड़ दिया है, तो हमें इस बात की खुशी नहीं है कि तुग हमारे पास जीवित लौट आए। चाहे जो हो, तुम हमारे लिए मर चुके हो। वापस जाओ और अपने गुरु का साथ दो या तुम अपने लिए हमें मरा मान लो।"

लज्जा से वे सभी पुरुष गुरु के लिए लड़ने को लौट गए और वीरगति को प्राप्त कर अपनी आत्माओं को मुक्त किया। लेकिन इस कहानी का अदृश्य पहलू यह है कि उनकी खालसा पत्नियों के अंतःकरण ने उन्हें ऐसा करने के लिए प्रेरित किया।

खालसा महिलाओं ने होशो-हवास में अपने गुरु की अवज्ञा के स्थान पर वैधव्य को चुना। उन्होंने अपने पतियों को मृत देखने, गहन दुःख में छोड़ दिए जाने और वैधव्य के अकेलेपन, अकेले बच्चों के पालन-पोषण करने, पति की अनुपस्थिति में आर्थिक

सुरक्षा पाने के भयंकर बोझ के विकल्प का चुनाव किया। वे ये सभी दु:ख सहन कर सकती थीं, लेकिन अपने पतियों के द्वारा गुरु को धोखा देना, उन्हें सहन नहीं हो सकता था। वे महिलाएँ एक खालसा पत्नी का कर्तव्य और भूमिका जानती थीं कि उन्हें अपने पति की आत्मा की मुक्ति, गुरु और ईश्वर के प्रति उसके सौभाग्य में योगदान देना है।

इस तरह उन पुरुषों की पत्नियों की कृपा, सुरक्षा, ज्ञान और आशीष ही था, जिससे उन्हें मुक्ति मिली। ये खालसा महिलाएँ विरक्ति, दैवीय सुरक्षा, ईश्वर की इच्छा के अनुसार रहने, गुरु के प्रति निष्ठा को इतनी अच्छी तरह समझती थीं कि उनके पतियों का किसी और तरीके से जीवित रहने के बदले गुरु की सेवा में कुर्बान हो जाना बेहतर था। उनके लिए पति को खोने के दर्द से बड़ा दर्द था उनके पतियों द्वारा ईश्वर के रास्ते को छोड़ना। सार्वजनिक रूप से पुरुषों की बहादुरी की चर्चा हुई, लेकिन निजी रूप से इसके पीछे महिलाओं का ज्ञान व्याप्त रहा। संयुक्त चेतना, बहादुरी और ज्ञान के पीछे पुरुष और स्त्री ही थे, जिससे सच्चे खालसा की शक्ति परिलक्षित हुई।

~•~

विचार मनन

इस काल में महिलाओं द्वारा निभाई गई भूमिका की समझ और उसके मूल्यांकन की दिशा में बहुत ज्यादा रुचि उभरकर सामने आई है। इसमें न केवल समस्त इतिहास में दर्ज समाज में महिलाओं की स्थिति और महिलाओं के अधिकार, बल्कि व्यक्तिगत महिलाएँ जिनके जीवन और कार्यों का ऐतिहासिक महत्त्व उनका मूल्यांकन भी शामिल है। कई विद्वानों ने अपने दृष्टिकोण की अभिव्यक्ति में कहा है कि इतिहास के परंपरागत अध्ययन से महिलाओं का योगदान और ऐतिहासिक घटनाओं का जो प्रभाव महिलाओं पर रहा है, उसे न्यूनतम करने या पूरी तरह नजरअंदाज करने की प्रवृत्ति रही है। इस तरह महिलाओं का इतिहास एक तरह का ऐतिहासिक 'पुर्नदर्शनवाद' की तरह देखा जाता है, जो इतिहास के स्वीकार्य आम राय का विस्तार करने या उसे स्वीकार करने को चुनौती की माँग करता है।

समस्या यह है कि प्राय: हम आधुनिक महिलाओं के उल्लेखनीय और सु-प्रलेखित उपलब्धियों से इतनी चकाचौंध में पड़ जाते हैं कि पहले की महिलाओं के द्वारा दिए गए महत्त्वपूर्ण योगदान को उपेक्षित या नजरअंदाज करने लगते हैं। महिलाओं के इतिहास की एक विशेष कृति 'गाइड टु वूमेंस हिस्टरी,' को प्रस्तुत करते हुए 'इनसाइक्लोपीडिया ब्रिटानिका' ने पाया कि सभ्यता की शुरुआत के

साथ ही महिलाओं ने दुनिया में अपनी पहचान छोड़ी है। कभी उन्होंने इतिहास का दौर बदल दिया, तो कभी जीवन के छोटे-छोटे क्षेत्रों को प्रभावित किया है। किंतु अभी पिछली शताब्दी में ही हमने इतिहास की पुस्तकों में महिलाओं के योगदान को ज्यादा पूर्णता के साथ प्रतिनिधित्व देना शुरू किया है। परिणामस्वरूप, आधुनिक युग में कई महिलाओं की स्थिति को बदलने वाली नाटकीय घटनाएँ, जैसे संपत्ति का स्वामित्व प्रदान करना, मतदान करना, अपना कॅरियर चुनना—अतीत में महिलाओं द्वारा प्राप्त उपलब्धियों को धुँधला कर सकते हैं।

यद्यपि विद्यालयों में पढ़ाई जा रही इतिहास की पुस्तकों में इन्हें दर्ज नहीं किया गया है, किंतु इन्हें महसूस करने और इनकी विवेचना करने का हम पूरा प्रयास करेंगे।

मेरा अडिग विश्वास है कि हमारी सीता और राधा जैसी दैवीय महिलाओं से लेकर साध्वी मैत्रेयी और गार्गी, भजन मंडली की संत अंदाल, मीरा और जना बाई, चित्तौड़ की रानी पद्मिनी और झाँसी की रानी लक्ष्मीबाई जैसी नायिकाओं तथा आधुनिक काल की प्रसिद्ध नारियाँ सावित्री बाई फुले, शारदामनी, कस्तूरबा गांधी व अन्य के जीवन से संसार को बहुत कुछ सीखने को मिलेगा।

सूफ़ी धर्म

संक्षिप्त परिचय

सूफी पंथ, जिसे अरबी में 'तसव्वुफ' उल्लेखित किया जाता है, को बहुत से विद्वानों और सूफियों के द्वारा इस्लाम का आंतरिक, रहस्यमय या मनो-आध्यात्मिक आयाम समझा जाता है। इसे आध्यात्मिक सत्य को एक निश्चित लक्ष्य के रूप में प्राप्त करने के लिए स्थापित किया गया है। यह तार्किक सिद्धांत पैगंबर मुहम्मद के संक्षिप्त कथन पर आधारित है, "जो कोई भी स्वयं को जानता है, वह अपने खुदा को जानता है।" अधिकतर विद्वान् इस बात से सहमत हैं कि सूफी पंथ को इस्लाम से बाहर किसी और धर्म से जोड़ना असंभव है।

यद्यपि आम लोग इस परंपरा को सूफी पंथ, इसे माननेवाले इसे सूफी राह के रूप में उल्लेख करते हैं।

वो इसलिए कि 'वाद' शब्द का उपयोग 'दर्शन' से ज्यादा संबंधित है या जैसा कि पूँजीवाद या समाजवाद और कइयों का ये मानना है कि सूफी राह ज्यादा उत्तम है, क्योंकि वह व्यावहारिक राह दिखाती है, जीने का तरीका बताती है।

ऐसा माना जाता है कि सूफी पंथ की उत्पत्ति पैगंबर मुहम्मद के समय में हुई थी। प्रथम सूफी संत पैगंबर मुहम्मद के समकालीन थे। व्युत्पत्ति के रूप में सूफी शब्द की उत्पत्ति 'अहल-अल-सूफ्फा' से मानी जाती है, जिसका शाब्दिक अर्थ है—'बरामदे के साथी' या 'बेंच के साथी'; वस्तुत: प्रारंभिक सूफी भक्ति भाव वाले किंतु गरीब मुस्लिम थे, जो अपने दिन और रात उस मस्जिद के बाहर बेंच पर काटते थे, जहाँ पैगंबर को पूजा जाता था। वे संसार और सांसारिक क्रिया-कलापों से अलग-थलग रहते थे। उनके पास स्वयं का कोई स्वामित्व नहीं होता था। उन्हें जो भी दिया जाता, वे खा लेते थे और सादे मोटे कपड़े पहनते थे।

गुरुदेव साधु वासवानी सूफियों को 'ईश्वर का मित्र' बतलाते थे। वे कहते—पैगंबर इन गरीब और पवित्र लोगों का बहुत सम्मान करते थे। वे हृदय में ईश्वर को प्राप्त करने की राह पर चलते थे। जैसा कि एक महान् सूफी संत कहते हैं कि प्रेम तब

होता है जब आप स्वयं को बहुत नगण्य और ईश्वर को बहुत महान् समझते हैं। प्रेम का अर्थ है—आप जो हैं और आपके पास जो है, वह सब उसे (ईश्वर को) दे देना, जिससे आप प्रेम करते हैं, ताकि तुम्हारा खुद का कुछ न बचा रहे। जब आप प्रेम के मार्ग पर चलते हैं, तो आप पाते हैं, आप में जो 'आप' था, वह विलुप्त हो गया और केवल ईश्वर, महबूब ही बचा रहा।

अल्लाह की इबादत के लक्ष्य के अनुगमन में सूफी विभिन्न तरीके अपनाते हैं, जिन्हें पैगंबर मुहम्मद की मृत्यु के बाद की कुछ शताब्दियों में स्थापित किया गया।

इन वर्गों में एक मुरशिद या गुरु होता है, जो कि समूह में दूसरों को पवित्र ज्ञान की शिक्षा देता है। सूफी की आस्था सभी पंथों या धर्मों से ऊपर होती है। यह एक जीवन-पद्धति है—आस्था और स्वतंत्रता एवं प्रेम का जीवन। यह व्यक्तियों को सभी पंथों, मतों, क्रियाकांड, समारोहों के बंधन से मुक्त करता है और उन्हें समस्त बाह्य चीजों से अलग कर आत्मा के अंतरतम जीवन में ले जाती है। सूफी तर्कों या व्यावहारिक क्रियाकांडों की अपेक्षा आंतरिक अनुभवों व आनंद-विभोरता पर जोर देता है। यह हृदय का मार्ग है—हृदय, जो हर समय और हर हालत में एक और मात्र एक महबूब की तरफ उन्मुख होता है।

अंतर्दृष्टि के ज्ञान और ईश्वर के प्रेम पर सूफियों के जोर ने इस्लाम के आकर्षण को जनसामान्य में बढ़ाया और इसके विस्तार को मध्य-पूर्व से आगे अफ्रीका और पूर्वी एशिया में संभव बनाया। सूफी बंधुत्व तेजी से विभिन्न महाद्वीपों में बढ़ता गया और इसकी सफलता प्राथमिक तौर पर इसके संस्थापकों और नेताओं के मानवीय दृष्टिकोण के कारण थी, जिन्होंने न केवल अपने अनुयायियों की आध्यात्मिक आवश्यकताओं की पूर्ति की, बल्कि सभी आस्थाओं के गरीबों की मदद की।

सूफी पंथ ने कुछ तो जलालउद्दीन रूमी के जैसी रहस्यवादी कविताओं और कुछ धार्मिक भ्रातृत्व के निर्माण के माध्यम से बड़ा प्रभाव उत्पन्न किया। धार्मिक भ्रातृत्व ईश्वर से सीधा संबंध स्थापित करने की दिशा में पीर या संत के अधीन अध्ययन करनेवाले शिष्यों के व्यवहार से बढ़ता गया।

सूफी मनोविज्ञान ने इस्लाम के अंदर और बाहर विचार के कई क्षेत्रों को प्रभावित किया है, जो कि मुख्यतः तीन अवधारणाओं से आता है—नफ्स, आध्यात्मिक अंतर्ज्ञान, जिसे 'कल्ब' कहते हैं, रूह या आत्मा। ये परस्पर विभिन्न तरीकों से प्रभाव डालते हैं, जब नफ्स प्रबल होता है तो इंसान आध्यात्मिक तानाशाह बन जाता है, जब कल्ब प्रबल होता है तो इंसान आस्थावान हो जाता है। और जब आत्मा प्रबल होती है तो इंसान खुदा के इश्क में खो जाता है।

सूफी रहस्यवाद ने पश्चिमी संसार और इसके पूर्वी विद्वानों में सदा एक खिंचाव या आकर्षण उत्पन्न किया है। अमरीका में जहाँ सूफी पंथ को शांतिमय और गैर-राजनीतिक माना जाता है, रूमी घर-घर में जाने जाते हैं।

यूरोप और मुस्लिमों को जोड़ने की दिशा में कार्यरत, मैनहेम, जर्मनी के इस्लामिक संस्थान सूफी पंथ को परस्पर धार्मिक संवाद और प्रजातांत्रिक एवं बहुधर्मावलंबी समाज में बौद्धिक समता के लिए विशेष उपयुक्त मानता है। इसने सूफी पंथ को सहिष्णुता एवं मानवतावाद का प्रतीक बताया है, जो कट्टर नहीं, लचीला और अहिंसक है।

कव्वाली संगीत की सूफी परंपरा का एक भाव-विभोर कर देनेवाला गायन, जिसका श्रवण करके लोग उस अवस्था में पहुँच जाते हैं, जहाँ वे ईश्वर से एकात्म महसूस करके आध्यात्मिक ऊँचाई हासिल करते हैं। सारे दक्षिण एशिया में मूल रूप से कब्र या दरगाहों पर आयोजित की जाने वाली कव्वाली ने दुनिया भर में लोकप्रियता हासिल की है।

संसार को बदलिए

''जब वे ईश्वर को अपने हृदय में पाएँगे, तो वे ईश्वरीय हो जाएँगे।''

—द रिलीजन ऑफ गॉड

एक सूफी संत, बयाजिद अपनी आत्मकथा में हमें बतलाते हैं, ''जब मैं छोटा था, तो हर समय एक ही चीज के बारे में सोचता था और वह ईश्वर से कहता था और यही मेरी सारी प्रार्थनाओं का आधार था—मुझे ऊर्जा दो, ताकि मैं सारी दुनिया बदल सकूँ।'' हर कोई और सब कुछ मुझे गलत नजर आता था। मैं एक क्रांतिकारी था और धरती का चेहरा ही बदल देना चाहता था''जब मैं कुछ बड़ा हुआ और मुझमें कुछ और परिपक्वता आई तो मैंने पाया कि जो मैं संपन्न करना चाहता था, वह आखिर इतना आसान नहीं है। मैंने प्रार्थना करना शुरू कर दिया—''यह बहुत ज्यादा लगता है। जीवन मेरे हाथों से निकलता जा रहा है—लगभग मेरा आधा जीवन जा चुका है और मैंने एक भी व्यक्ति को नहीं बदला है, सारी दुनिया को बदलना तो बहुत बड़ी बात है।'' इसलिए मैं ईश्वर से कहने लगा, ''इसके लिए मेरा परिवार ही पर्याप्त है। मुझे अपने परिवार को बदलने दो।''

बयाजिद कहता है, ''और जब मैं बूढ़ा हो गया, मैंने महसूस किया कि अपने परिवार को ही बदलना इतना छोटा काम नहीं है, परिवार भी बहुत ज्यादा है और उन्हें बदलने वाला मैं होता कौन हूँ? तब मैंने महसूस किया कि यदि मैं स्वयं को बदल सकूँ, तो उतना ही पर्याप्त होगा, बल्कि पर्याप्त से भी बढ़कर होगा। इसलिए मैंने ईश्वर से प्रार्थना की, अब मैं सही बिंदु पर आ पहुँचा हूँ। कम-से-कम मुझे ऐसा करने दो। मैं

स्वयं को बदलना चाहूँगा।'' ईश्वर ने उत्तर दिया, ''अब समय ही नहीं रहा। तुम्हें शुरू में ही ऐसा माँगना था, तब तो यह संभावना थी।''

विचार मनन

स्वर्ग क्या है? नर्क क्या है? स्वर्ग का निर्माण करने के लिए हमें अपने मन के स्वरूप या ढाँचे को बदलने की आवश्यकता है। अपना मन बदलिए और दुनिया बदल जाएगी।

मैं शांतिमय जीवन के चार नियम आपको बताना चाहता हूँ—

1. लोगों को खुश करने के बदले ईश्वर को खुश करने का प्रयास कीजिए।
2. गंभीर बातों को हलके से लीजिए और हलकी बातों को गंभीरता से।
3. जितना हो सके उतना हँसिए।
4. स्वीकृति की भावना विकसित कीजिए।

राबिया और हसन

"किसी ने पूछा कि धरती, आकाश और दैवीय सिंहासन के अस्तित्व से पहले ईश्वर कहाँ था? हमने कहा कि ऊपरी तौर पर प्रश्न अमान्य है, क्योंकि परिभाषा से ही ईश्वर वह है, जिसका कोई स्थान नहीं है।"

—हजरत रूमी

महान् सूफी संत राबिया ने उल्लेखनीय जीवन जीया। जीवन भर ईश्वरीय प्रेम, विपन्नता और स्वयं को नकारना उसके निरंतर साथी थे। उसके पास एक टूटा मर्तबान, एक चटाई और तकिए के रूप में इस्तेमाल किए जाने वाली ईंट से ज्यादा कुछ नहीं था। वह सारी रात प्रार्थना और मनन में बिताती थी। सो जाने पर स्वयं को झिड़कती थी, क्योंकि इससे वह ईश्वर के सक्रिय प्रेम से दूर हो जाती थी।

जैसे-जैसे उसकी ख्याति बढ़ती गई, उसके कई शिष्य बन गए। फरीदुद्दीन अत्तार, जिसने उसकी जीवनी लिखी है, बताता है कि वह अपने समय के कई प्रसिद्ध धार्मिक लोगों से चर्चा करती थी। हालाँकि उसे शादी के कई प्रस्ताव मिले और (दंतकथाओं के अनुसार) उनमें से एक बसरा के आमिर का प्रस्ताव भी था, उसने उसे ठुकरा दिया, क्योंकि उसके जीवन में ईश्वर के अलावा और किसी के लिए समय ही नहीं था।

ईश्वर के प्रति प्रेम की उसकी अवधारणा सचमुच ऊँचा उठाने वाली थी। सबसे पहले उसी ने यह विचार दिया कि ईश्वर से प्रेम, ईश्वर के वास्ते ही करना चाहिए, न कि डर से, जैसा कि पूर्व संतों ने किया था। इस तरह वह प्रार्थना करती थी, "हे अल्लाह! यदि मैं तेरी पूजा नर्क के डर से करूँ और यदि तेरी पूजा मैं स्वर्ग की उम्मीद

से करूँ, तो मुझे स्वर्ग से निकाल देना। लेकिन यदि मैं तेरी पूजा तेरे ही लिए करूँ, तो अपनी चिर सुंदरता देने में मुझसे कोई शिकवा न रख।''

एक बार राबिया बाजार जाते समय एक सड़क से गुजर रही थी। प्रतिदिन बाजार जाना और लोगों को उस सत्य के बारे में बताना, जिसे उसने अपनी प्रार्थना और मनन से हासिल किया था, उसकी आदत में शुमार था। कई दिनों से वह एक हसन नामक प्रसिद्ध दरवेश को मस्जिद के दरवाजे पर बैठकर प्रार्थना करते देख रही थी। वह भक्ति की तन्मयता में प्रार्थना कर रहा था, ''ईश्वर, दरवाजा खोलो! कृपया दरवाजा खोलो और मुझे अंदर आने दो।''

उस दिन राबिया और बर्दाश्त नहीं कर सकी। हसन रो रहा था, उसकी आँखों से आँसू बह रहे थे और वह बार-बार चीख रहा था, ''दरवाजा खोलो। मुझे अंदर आने दो। तुम सुनते क्यों नहीं हो? तुम मेरी प्रार्थना क्यों नहीं सुनते?''

हर दिन, वहाँ से गुजरते हुए, राबिया हँसी थी। जब कभी उसने हसन को शिकायत करते सुना, तो वह मन ही मन हँसी थी। लेकिन उस दिन तो हद हो चुकी थी। हसन रो-रोकर बेहाल हुआ जा रहा था। वह उसके पास पहुँची और उसे झकझोरते हुए कहा, ''बंद करो यह बकवास! दरवाजा खुला है—वस्तुत: तुम पहले से ही अंदर हो।''

हसन ने राबिया को देखा और वह क्षण उसके लिए दैवीय प्राकट्य का क्षण हो गया। राबिया की आँखों में देखते हुए वह झुक गया। उसके पैर छुए और कहा, ''आप समय पर आई हैं, वरना मैं अपना सारा जीवन ईश्वर को इसी तरह पुकारते हुए ही गुजार देता। सालोंसाल मैं ऐसा किए जा रहा हूँ—आप पहले कहाँ थीं? मुझे मेरे कष्ट से बाहर निकालने के लिए आप पहले क्यों नहीं आईं। मैं जानता हूँ, आप रोज इस सड़क से गुजरती हैं। आपने मुझे रोते और प्रार्थना करते सुना होगा और फिर भी इसके पहले आप मेरे पास नहीं आईं?''

राबिया ने हसन से कहा, ''हाँ, लेकिन सत्य को एक नियत समय पर, एक नियत स्थान पर और नियत प्रसंग में जाना जा सकता है। मैं सही क्षण, परिपक्व क्षण का इंतजार कर रही थी। आज यह क्षण आ गया है। इसलिए मैं तुम्हारे पास आई। यदि मैं तुम्हें कल बता देती, तो तुमने झल्लाहट महसूस की होती, तुम नाराज भी हो गए होते, तुम्हारी प्रतिक्रिया विरोधी की तरह हो सकती थी। तुम कह सकते थे, आपने मेरी प्रार्थना में खलल डाला है और किसी की प्रार्थना में खलल डालना अच्छी बात नहीं है।''

राबिया ने कहा, ''मैं बहुत समय पहले तुम्हें यह बताना चाहती थी, लेकिन मुझे सही समय का इंतजार करना पड़ा, जो अभी तक नहीं आया था।''

~•~

विचार मनन

सच्चा सूफी कौन है? इसका उत्तर मुझे एक पवित्र स्थान पर पहुँचने पर मिला। एक दरगाह थी, जहाँ मैंने एक तख्ती पर ये शब्द लिखे देखे—"शांत बैठो और महबूब की तरफ देखो।"

सच्चा सूफी बहुत कम बोलता है। सच्चा सूफी सदा चुप रहता है। मेरे प्रिय ईश्वर के भक्तों, इन शब्दों को अपने हृदय की तख्ती पर लिख लो और इसका अभ्यास करो। जरूरत से ज्यादा बोलने की इच्छा पर नियंत्रण रखिए। स्वयं को यह कहावत याद दिलाओ—सच्चा सूफी कम बोलता है। यदि आप एक वाक्य में कुछ कहना चाहते हैं, तो उसी बात को कुछ शब्दों में कहो। यदि आप कुछ शब्दों में कुछ कहना चाहते हैं, तो शब्दों की संख्या को न्यूनतम कर दो।

मेरे प्रिय मित्रो, सूक्ष्मता रखो, संक्षिप्त बनो। शांति को अपना पैमाना बनाओ। शांति को अपनी कुंजी बना लो।

प्रकाश की कल्पना करने के लिए चुप्पी का प्रयोग करो। हर कहीं व्याप्त ब्रह्मंडीय चमक के बारे में सोचो। एकांत में बैठो, सारे प्रकाश के स्रोत—तुम्हारे गुरु, तुम्हारे इष्ट देव, तुम्हारे पैगंबर की कल्पना करो। उनकी देदीप्यमान तसवीर का मन ही मन ध्यान करो और चमत्कार होता हुआ देखो। तुम प्रकाश से सराबोर हो जाओगे। तुम सांसारिक बातों से दूर रहना चाहोगे, क्योंकि मौन की सुंदरता ने तुम्हें स्पर्श किया है और तुम इसे सांसारिक घटनाओं से नष्ट नहीं करना चाहते। इसे आजमाओ और अपने भीतर के परिवर्तन को अनुभव करो।

प्रियतम के चेहरे को निहारना

"तुम्हारा काम प्रेम की तलाश करना नहीं है, बल्कि उन सभी अवरोधों को खोजकर निकालना है, जो तुमने अपने भीतर उसके खिलाफ निर्मित कर रखे हैं।"

—*रूमी*

संत फरीद एक बार एक शहर में पहुँचे, जहाँ उनके व्याख्यानों और उपदेशों ने सभी साधकों के दिलों पर कब्जा कर लिया। कई लोग उन्हें देखने, सुनने और उनसे आशीर्वाद लेने आए। उन्हीं में एक युवक भी था, जो संत के चरणों में गिर पड़ा और कहने लगा—"कृपया मेरे प्रियतम के चेहरे को देखने में मेरी मदद कीजिए। कृपया अल्लाह से बात करने में मेरी मदद कीजिए, क्योंकि मेरे हृदय में ईश्वर को पाने की प्यास जागी है।"

संत फरीद उस युवक की ओर देखकर मुस्कराए और उससे पूछा, "क्या तुम्हें कभी प्रेम हुआ है? क्या तुमने कभी उस इश्क को महसूस किया है, जिसने करोड़ों दिलों को गुलाम बना रखा है?"

"नहीं", युवक ने जवाब दिया, "अब तक मैंने उस भाव को कभी महसूस नहीं किया, जिसकी बात आप कर रहे हैं।"

संत फरीद ने कहा, "ऐसी स्थिति में, मैं तुम्हें सुझाव देता हूँ कि प्रेम करो। किसी से प्रेम करो। प्रेम के तरीके सीखो और फिर मेरे पास वापस लौटो। तब मैं तुम्हें ईश्वर को पाने का तरीका बताऊँगा।"

युवक ईश्वर को पाने के लिए इतना दृढ़-निश्चयी था कि उसने संत की आज्ञा का अनुसरण करना शुरू कर दिया। वह शहर की गलियों में घूमता, लेकिन उसे कोई ऐसा न दिखता, जिससे उसे प्रेम हो सके। शहर में घूमने के दौरान, वह महल के द्वार से होकर गुजरा। ऊपर महल की पहली मंज़िल पर देखते हुए, उसने खिड़की के पास खड़ी एक खूबसूरत लड़की देखी। उसने मन ही मन कहा, 'यही वह लड़की है, जिसकी मुझे तलाश थी। मैं इससे प्रेम करूँगा। मैं प्रेम का वही अनुभव प्राप्त करूँगा, जो संत ने मुझे बताया था।'

वह महल के बाहर ऐसी स्थिति में खड़ा हो गया कि वह सीधे खिड़की की ओर देख सके। और लड़की की झलक पाने के लिए वह वहाँ खड़ा रहा।

वह लड़की कोई और नहीं बल्कि उस प्रांत की राजकुमारी व राजा की इकलौती बेटी थी। उसने (राजकुमारी) उस युवक को अपनी खिड़की के नीचे खड़े स्वयं की तरफ टकटकी लगाकर देखते हुए पाया। जब कभी वह वहाँ से गुजरती, वह उसे देखती। पहले तो उसने कोई उत्सुक राहगीर समझकर उसे टाल दिया, लेकिन जब उसने हर दिन उसे वहीं खड़े पाया, तो वह नाराज हो गई। उसने अपनी दासियों को उसे वहाँ से भगाने के लिए भेजा।

महल की दासियाँ उस युवक के पास पहुँचीं और उससे कहा, "यहाँ से तुरंत चले जाओ, नहीं तो मुसीबत में पड़ जाओगे। तुम्हारे यहाँ लगातार उपस्थित रहने से राजकुमारी नाराज है। हमें तुमको यहाँ से भगाने के लिए भेजा गया है। यदि तुम नहीं जाओगे, तो वह राजा से शिकायत कर देगी और तुम्हें या तो जेल भेज दिया जाएगा या राज्य से बाहर कर दिया जाएगा।"

युवक को कोई फर्क नहीं पड़ा। उसने उन दासियों से कहा, "एक दरवेश ने मुझे यहाँ प्रेम का अनुभव करने के लिए भेजा है। मैंने इस अध्याय को पूरी तरह सीख लेने का निश्चय किया है। चाहे कुछ भी हो, मैं यहीं रहूँगा और जिस लड़की से मैं प्रेम करता हूँ, उसे देखता रहूँगा।"

जब राजकुमारी को यह बात बताई गई, तो वह चौंक गई। यह कैसा पागलपन है? ऐसे आदमी से कैसे निपटा जाए, जो ऐसे मूर्खतापूर्ण कृत्य में लगा हुआ है। 'प्रेमी' से छुटकारा पाने का, उसे कोई तरीका सूझता, इसके पहले ही यह समाचार बादशाह तक पहुँच गया कि एक युवक महल के बाहर खड़ा होकर राजकुमारी की खिड़की की तरफ देखता है। राजा का खून खौलने लगा। क्यों न उस धूर्त को पत्थर मार-मारकर खत्म कर दिया जाए। उसने अपने मंत्री को बुलाया और उस युवक को मार डालने का आदेश दिया।

अब तक मंत्री को सारी कहानी मालूम पड़ गई थी। उसने राजा से कहा, "राजन्,

जल्दबाजी में कदम न उठाएँ। उस युवक ने सच्चे प्रेम की बात की है। एक प्रेमी के साथ सावधानीपूर्वक व्यवहार किया जाना चाहिए। उसकी आहें, उसके आँसू और उसके दु:ख में स्वर्ग को हिलाने की शक्ति होती है। प्रेमियों के दर्द की वजह से कई साम्राज्य नष्ट हो चुके हैं। यदि उस युवक ने हमें कोसा, तो ईश्वर उसकी बददुआ को सुनेगा और हम पर कहर ढाएगा।''

राजा हैरान रह गया। उसने कहा, ''तुम्हारी बात सही हो सकती है। लेकिन इस युवक को भगाने के लिए कुछ करो—कुछ भी करो। उसके वहाँ खड़े रहकर देखने से मैं परेशान हो जाता हूँ। मैं नहीं चाहता कि उसकी आँखें मेरी बेटी की तरफ देखें। कृपया उसकी नजरों से हमें बचाने के लिए कुछ करो।''

मंत्री ने सावधानीपूर्वक विचार किया और एक चाल सोची। वह उस युवक से मिला और उसकी बातें सुनीं।

उसने युवक से कहा, ''मैं तुम्हारी इच्छा को समझता हूँ। तुम प्रेम के अनुभव से गुजरने के लिए दृढ़ संकल्पित हो। मेरे साथ आओ, मैं तुम्हें बताऊँगा कि तुम्हारी इच्छा कैसे पूरी हो सकती है।''

मंत्री उस युवक को महल के द्वार से बाहर घड़ीवाली मीनार के द्वार के नजदीक ले गया और उससे कहा, ''इस मीनार पर चढ़ जाओ। जब तुम शीर्ष पर पहुँचोगे तो राजकुमारी तुम्हें नीचे खड़ी नजर आएगी। यदि तुम सचमुच अपनी प्रेयसी को पाना चाहते हो, तो मीनार के शीर्ष से नीचे कूदो और वह तुम्हारी हो जाएगी।''

युवक ने मंत्री की चुनौती को स्वीकार कर लिया। मिनटों में वह मीनार की खड़ी सीढ़ियाँ चढ़ गया और शीर्ष पर पहुँच गया।

मंत्री ने राजा और राजकुमारी से मीनार के नजदीक चलकर आने को तैयार कर लिया। उसने राजा से कहा, ''यह युवक या तो पागल है या सच्चा प्रेमी है। अब मैं उसे नीचे कूदने के लिए कहूँगा, यदि वह गिरकर मर जाता है, तो हमारी समस्या हल हो जाएगी, यदि बच जाता है तो वह सच्चा प्रेमी है और फिर हमें उससे सावधानीपूर्वक बर्ताव करना चाहिए।''

और इस तरह राजकुमारी नीचे खड़ी हो गई और मंत्री ने युवक को आवाज दी, ''यदि तुम सचमुच उससे प्रेम करते हो, तो नीचे कूद जाओ। सावधानी से सोच लो कि क्या तुम सचमुच ऐसा करना चाहते हो। इस जोखिम के बारे में सोचो, इसके खतरे पर विचार करो। इसके पहले कि बहुत देर हो जाए, पीछे हट जाओ।''

युवक ने उत्तर दिया, ''यह मीनार कुछ भी नहीं है। अपनी प्रेमिका के लिए मैं समुंदर में कूद जाऊँगा, आग में चल पड़ूँगा, खड़ी चट्टान से कूद जाऊँगा।'' उसने नीचे राजकुमारी की ओर देखा, जो नीचे एक तिनके की तरह नजर आ रही थी और वह

अल्लाह का नाम लेकर नीचे कूद गया।

इससे वहाँ हलचल मच गई। युवक राजकुमारी के कदमों पर निर्जीव पड़ा हुआ था। राजकुमारी भौंचक्की रह गई। वह फूट-फूटकर रोने लगी। राजा और मंत्री भी इतने चकित थे कि उन्हें कुछ सूझ ही नहीं रहा था।

उसी समय संत फरीद का महल में आना हुआ। वहाँ जो कुछ हुआ था, वह सब एक नजर में वे ताड़ गए। स्थिति का जायजा लेते हुए उन्होंने राजकुमारी से कहा, ''इस युवक के निर्जीव शरीर के पास जाकर उसका नाम 'सलीम' पुकारो। यदि वह सच्चा प्रेमी है, तो तुम्हारी आवाज सुनकर आँखें खोल देगा।''

राजकुमारी ने कहे अनुसार किया। वह युवक के नजदीक गई और धीरे से कहा, ''सलीम! सलीम!''

चमत्कार हो गया। युवक को न केवल होश आ गया बल्कि संत फरीद को देखकर वह उठकर खड़ा हो गया।

तब संत फरीद ने उससे कहा, ''देखो, युवक, राजकुमारी तुम्हारे बगल में खड़ी है। उससे शादी करके इस विशाल साम्राज्य के मालिक बनने के लिए तुम स्वतंत्र हो।''

''लेकिन इस राज्य का मैं क्या करूँगा?'' युवक ने कहा, ''आप जानते हैं कि मैं यहाँ स्वयं को साबित करने के लिए आया था। मेरी केवल एक इच्छा है, अल्लाह का दीदार करने की। बाकी सब मेरे लिए कोई महत्त्व नहीं रखता।''

संत फरीद ने धीरे से कहा, ''राजकुमारी की तरफ देखो, क्या वह खूबसूरत नहीं है? ऐसी लड़की से शादी करके क्या तुम भाग्यशाली नहीं होगे?''

युवक ने राजकुमारी की तरफ देखा और कहा, ''सचमुच, वह बहुत खूबसूरत है, लेकिन उसकी खूबसूरती भी बेदाग नहीं है और जहाँ तक मेरी बात है, मेरा हृदय अल्लाह से मिलने को तड़प रहा है।''

उत्तर से खुश होकर संत फरीद ने युवक को अपने पीछे आने के लिए कहा। ''मेरे साथ आओ और मैं तुम्हें सच्ची खूबसूरती की झलक दिखाऊँगा, ऐसी खूबसूरती, जो पवित्र और बेदाग है।''

~•~

विचार मनन

सूफी सांसारिक बातों की परवाह नहीं करता है। वह प्रेम की मदिरा पीना चाहता है और तन्मय कर देने वाली अपने प्रेमी की खूबसूरती में खो जाता है। उसके जीवन में ऐसा भी समय आता है, जब वह हर कहीं, कोने-कोने में, हर

वृक्ष और फूल में, बादलों एवं वर्षा में, वह उसके ही चेहरे को देखता है। उसकी धुन उसे मरुस्थलों और पर्वत के शिखरों में ले जाती है।

सूफी उस पतंगे की तरह होता है, जो स्वयं को प्रेम की जलती लौ में जला डालता है। वह अपने प्रेमी की धुन में अपने अहं को खो देता है। शुरू में प्रेमी को देखने की धुन सवार होती है, उसके बाद उसकी तीव्र इच्छा अपने प्रेमी की खूबसूरती में स्वयं को खो देने की होती है।

इसी अनुभव के लिए सूफी संत साधु की तरह विचरण करते हैं। उसकी लौ प्रज्वलित हो चुकी होती है और वह इश्के-इलाही की खोज करता है, जो उसे नए क्षितिजों के अनुभव कराने का वादा करती है। सूफी के अनुभव मन के तर्क को नकारते हैं, उसके अनुभव वर्णन से परे होते हैं। ये अनुभव आत्मा के अनुभव होते हैं, ये सूक्ष्म और गूढ़ होते हैं।

बयाजिद अल-बिस्तामी से दीनता का पाठ

''कोई आया, प्रियतम का द्वार खटखटाया
और एक आवाज आई, ''कौन है?''
प्रेमी ने उत्तर दिया, ''मैं हूँ।''
''यहाँ से जाओ, '' लौटकर आवाज आई।
यहाँ दो के लिए जगह नहीं है।
फिर प्रेमी दूसरी बार आया और फिर
दरवाजा खटखटाया।
फिर आवाज आई, ''कौन है?''
उसने उत्तर दिया, ''तुम्हीं हो।''
आ जाओ, क्योंकि मैं भीतर हूँ?''
आवाज आई।''

—*रूमी*

एक साधु था, जो बस्ताम के दरवेशों में से एक होने का दावा करता था। उसका अपने अनुयायियों का एक समूह था, लेकिन वह बयाजिद अल-बिस्तामी (या अबू याजिद अल-बिस्तानी) की मंडली से कभी भी अनुपस्थित नहीं रहता था। वह अबू याजिद के व्याख्यानों में शामिल होता और अपने साथियों के साथ बैठता था।

एक दिन उसने अबू याजिद से कहा, ''गुरुजी तीस सालों से मैंने नियमित व्रत रखा है, हर रात प्रार्थना करने के लिए मैं जगा रहता हूँ, मैं बहुत कम सोता हूँ। लेकिन जिस रोशनी की आप बात करते हैं, उसकी टिमटिमाहट तक मैंने नहीं देखी। मुझे इस ज्ञान का निशान भी नहीं मिलता, जिसका आप वादा करते हैं कि वह सभी साधकों को मिलेगा। कृपया मेरा यकीन करो कि मुझे उस ज्ञान की प्यास है। उस रोशनी को देखने की मेरी इच्छा है, मुझे आपके व्याख्यान अच्छे लगते हैं।''

अबू याजिद ने उससे कहा, ''भले ही तुम रोज व्रत रखो और 300 साल तक रात में प्रार्थना करो, लेकिन तुम इस व्याख्यान का एक अक्षर भी नहीं समझ सकते।''

''लेकिन क्यों?'' साधु ने सहमकर पूछा। अबू याजिद ने जवाब दिया, ''क्योंकि जो पर्दा तुम्हें उस प्रकाश से ढककर रखता है, वह तुम्हारा स्वयं का अहं है।''

''तो कृपया मुझे इसका उपचार बताइए, ताकि मैं इस पर्दे को चीर सकूँ और प्रकाश को देख सकूँ।'' उस व्यक्ति ने अबू याजिद से कहा।

''यकीनन मैं तुम्हें उपचार बता सकता हूँ, लेकिन मुझे लगता है, तुम इसे कभी स्वीकार नहीं करोगे।'' अबू याजिद ने जवाब दिया।

उस व्यक्ति ने कहा, ''मैं आपको यकीन दिलाता हूँ कि मैं निश्चित रूप से इसे स्वीकार करूँगा। मुझे वह उपचार बताइए तो—आप जैसा कहेंगे, मैं वैसा करूँगा।''

''अगर ऐसी बात है तो यह रहा मेरा नुसखा,'' अबू याजिद ने कहा, ''मैं चाहता हूँ कि तुम अब तुरंत जाकर अपने बाल और दाढ़ी साफ कराओ। तुमने यह जो अच्छी पोशाक पहन रखी है, उसे हटा दो और बकरे के ऊन का कपड़ा कमर में लपेट लो। अपनी गर्दन में सुपारी का थैला लटका लो और बाजार में चले जाओ। जितना हो सके, उतने बच्चों को इकट्ठा कर लो और उनसे कहो, मुझे जो भी थप्पड़ मारेगा, 'मैं उसे एक सुपारी दूँगा।'

''शहर भर में ऐसा करते हुए घूमो, खासकर उस जगह जाओ, जहाँ लोग तुम्हें अच्छी तरह जानते हों। यही तुम्हारा उपचार होगा।''

''ईश्वर की जय-जयकार हो! ईश्वर के अलावा कुछ भी नहीं है।'' इन बातों को सुनकर साधु ने कहा।

''यदि एक काफिर ने ये शब्द बोले होते, तो वह एक आस्तिक बन गया होता,'' अबू याजिद ने कहा, ''लेकिन उन्हीं शब्दों का उच्चारण करने पर तुम बहुआस्तिक हो गए हो।''

''ऐसा कैसे संभव है?'' उस व्यक्ति ने जानना चाहा।

''क्योंकि तुम स्वयं को इतनी शान वाले समझते हो कि मैंने जो कहा, तुम नहीं कर सकते। तुमने इन शब्दों का उच्चारण अपना अहं व्यक्त करने के लिए किया है, न कि सचमुच ईश्वर की ख्याति के लिए।'' अबू याजिद ने कहा।

''लेकिन आपने जो सुझाया है, वह करने के लिए मैं स्वयं को तैयार नहीं कर सकता,'' उस व्यक्ति ने उत्तर दिया, ''मुझे कोई दूसरा उपचार बताइए।''

''तुम्हारी स्थिति के लिए केवल एक ही उपचार है और वह मैंने तुम्हें दे दिया है।'' अबू याजिद ने कहा।

''मैं ऐसा नहीं कर सकता।'' उस व्यक्ति ने दोहराया।

''मैंने तुमसे कहा था कि तुम ऐसा नहीं करोगे, तुम मेरी आज्ञा का पालन कभी नहीं करोगे, कहा था न?'' अबू याजिद ने कहा।

(फरीदूद्दीन अत्तार के 'मेमोरियल ऑफ द सेंटर्स में से लिया गया)

विचार मनन

बुद्धिमान लोग हमें बताते हैं कि ऐसे कई पर्दे हैं, जो ईश्वर को हमारी चेतना से छिपाकर रखते हैं। शायद अहं सबसे ज्यादा कष्टकारी पर्दा है। गुरुदेव साधु वासवानी हमसे प्राय: कहते थे, ''अहं का पर्दा हटा दो, तो तुम्हें दिव्य प्रकाश नजर आएगा।'' जो सर्वव्यापी है, वह यहीं हमारे सामने खड़ा है। हम अपने जिद्दी, समर्पणहीन अहं के पर्दे की वजह से उसे देख नहीं पाते।

''प्रकाशमय, देदीप्यमान ईश्वर यहीं है। लेकिन अहं हमारी दृष्टि को धुँधला कर देता है और हम उस दिव्य प्रकाश को देख नहीं पाते।'' गुरुदेव साधु वासवानी कहते हैं। ''बिना अहं का एक व्यक्ति वह होता है, जिसका रास्ता स्वीकृति का होता है। वह सब कुछ स्वीकार करता है। यदि उसे देश का राष्ट्रपति होने के लिए कहा जाता है, तो वह इसे स्वीकार करता है और देश की बाग-डोर सँभालता है। और जब उसे झाड़ू लगाने के लिए कहा जाता है, तो उसे भी वह उसी पैमाने में स्वीकार करता है। एक विनम्र व्यक्ति प्रश्न नहीं पूछता।''

एक बात कहूँ आपसे, मेरे प्यारे भाइयो और बहनो, यदि हम अहं का पर्दा हटा सकें, तो सचमुच हमें प्रियतम के दर्शन होंगे!

अल्लाह यहीं है!

''जो कोई भी अल्लाह से मिलना चाहता है, अल्लाह भी उससे मिलना चाहता है।''

—अज्ञात

एक भक्त था, जिसके होठों और हृदय में सदा अल्लाह का नाम रहता था। हर रात वह 'अल्लाह! अल्लाह' तब तक चिल्लाता रहता था, जब तक उसके होंठ ईश्वर के नाम से मधुर नहीं हो जाते थे।

शैतान इससे बिल्कुल खुश नहीं था। इसलिए उसने उस व्यक्ति के कान में कहा, ''तुम बकवादी गला बैठने तक 'अल्लाह, अल्लाह' क्यों चिल्लाते हो? क्या मैं एक बात पूछूँ कभी तुम्हारी पुकार का जवाब तुम्हें मिला है? क्या कभी ईश्वर के सिंहासन से यह जवाब मिला, 'मैं यहाँ हूँ।' तो तुम व्यर्थ क्यों चीखते रहते हो? तुम कब तक 'अल्लाह, अल्लाह!' चिल्लाते रहोगे? क्या अब तुम्हें चुप नहीं हो जाना चाहिए?''

बेचारे उस आदमी का दिल टूट गया, वह बेसहारा और परित्यक्त महसूस करने लगा। जब वह रात को सोने गया तो तकिए पर सिर रखकर रोने लगा। उस दयावान, उदार, अल्लाह ने उसके प्यार से उमड़ते दिल से रोने का उत्तर क्यों नहीं दिया?

जब वह व्यथित मन से सोया उसे स्वप्न में हरे बाग में संत शेख खाजिर के दर्शन हुए।

खाजिर ने उससे कहा, ''भले मानस, तुम आज रात अल्लाह का नाम लेने से रुक क्यों गए? क्या ऐसा संभव है कि तुम्हें इस बात का पछतावा है कि तुम उसे पुकारते रहे?''

व्यक्ति ने खाजिर को जवाब दिया, "मैंने बार-बार अल्लाह को पुकारा, उसने एक बार भी जवाब नहीं दिया, मेरे इतना पुकारने के बाद भी "मैं यहाँ हूँ।" इसलिए मुझे डर है कि उसके दरवाजे से मुझे लौटा न दिया जाए।"

शेख खाजिर ने जवाब दिया, "अरे बेटे! क्या तुम्हें नहीं मालूम कि जितनी बार तुम अल्लाह का पवित्र नाम लेते हो, उतनी बार वह कहता है, 'मैं यहाँ हूँ,' अल्लाह कहते हैं कि तुम्हारे 'अल्लाह' की पुकार ही मेरा जवाब है, कि 'मैं यहाँ हूँ!' तुम्हारी पुकार, व्यथा और उत्साह मेरे संदेश हैं। तुम्हारा मेरी तरफ आना ही मेरा तुम्हें अपनी तरफ खींचना है, ताकि तुम्हारे पैरों को मुक्ति मिल जाए। तुम्हारी उत्कंठा और प्रेम ही मेरी कृपा पाने का फंदा है। मुझ तक पहुँचने का तुम्हारा प्रयास ही, तुम्हारे पास पहुँचने का मेरा प्रयास है! आंतरिक शांति, जिससे 'अल्लाह' की पुकार घिरी हुई है, में ही तुम मेरी आवाज 'मैं यहाँ हूँ' सुन सकते हो।"

~•~

विचार मनन

प्रत्येक सच्चा साधक अपने जीवनकाल में ही अपने प्रियतम का दर्शन पाना चाहता है। उसकी लालसा तीव्र और गहन होती है। उसकी उत्कंठा असहनीय होती है। स्वयं और अपने प्रियतम के बीच के सारे पर्दे वह चीरकर हटा देना चाहता है। वह खूबसूरत दर्शन करना चाहता है। एक साधक ईश्वर से सदा यही विनय करता है, "हे ईश्वर! मैं आप तक पहुँचने में असमर्थ हूँ। लेकिन निश्चित रूप से आप मुझ तक पहुँच सकते हैं और मुझ पर अपनी कृपा उड़ेल सकते हैं, ताकि मैं आपके दिव्य स्वरूप का साक्षी बन सकूँ।"

ईश्वर के दर्शन प्राप्त करने के लिए तीन सिद्धांतों का अनुसरण किया जाना चाहिए—

पहला है—विरक्त होइए—यह संसार एक माया है।

दूसरा है—दिव्य प्रेम की लौ प्रज्वलित कीजिए।

तीसरा है—उसमें आश्रय लीजिए और उसकी कृपा के लिए पुकारिए।

बहाई धर्म

संक्षिप्त परिचय

इतिहासकार और सभी धर्मों के विद्वान् इस बात से सहमत हैं कि बहाई आस्था विश्व का सर्वाधिक लघुतम स्वतंत्र धर्म है। इसके संस्थापक बहाउल्लाह (1817-1892) ने ऐसे समय में रहकर अपनी विचारधारा का प्रचार किया, जो आज भी लोगों की सजीव याददाश्त में है। आज संसार भर में लगभग 50 करोड़ लोग इस मत से जुड़े हुए हैं। 'बहाई' शब्द संज्ञा व विशेषण दोनों है, जिसका प्रयोग क्रमश: आस्था और अनुयायी को दर्शाता है। बहाइवाद (बहाइज्म) शब्द के प्रयोग को सामान्यत: प्रोत्साहित नहीं किया जाता, बल्कि बहाई मत ही प्राथमिकता के तौर पर पसंद किया जाता है।

कोई नया या स्वतंत्र धर्म निर्वात (शून्य) से उत्पन्न नहीं होता है, अत: बौद्धमत और जैनमत हिंदू धर्म से उपजे, एक तरह से वे अपने ऐतिहासिक और सामाजिक संदर्भ में हिंदुत्व की प्रतिक्रिया थे। उसी तरह ईसा मसीह का जन्म यहूदी धर्म में हुआ था और ईसाइयत के रूप में उनकी शिक्षा के विकसित होने से पूर्व, वे यहूदी धर्म का पालन करते थे। हम यह भी कह सकते हैं कि बौद्धमत और ईसाई धर्म को अपनी स्वतंत्रता एवं पहचान केवल तभी मिली, जब वे अपने उद्‌गम वाली जगहों से बाहर विस्तृत वैश्विक क्षेत्र में पहुँचे और भारतीय या यहूदियों की अपेक्षा बाहरी दुनिया के लोगों के स्वीकृत मत बने। यही बात बहाई पर भी खरी उतरती है। कहा जा सकता है कि बहाई धर्म इस्लाम की संरचना से विकसित हुआ है, यद्यपि तदुपरांत यह अपने उद्‌गम धर्म से बिल्कुल स्वतंत्र हो गया।

इस नए धर्म की शुरुआत पहले पर्सिया या ईरान में हुई। वहाँ से यह तुर्की, रूस और उत्तरी भारत जैसे पड़ोसी देशों में फैल गया। कुछ यहूदी, ईसाई और पारसी लोगों ने इस नए धर्म को अपनाया। हालाँकि शुरुआत में इसके अनुयायी प्रमुख रूप से मुस्लिम थे। इसके बहुत से विचार कुरान शरीफ से संबंधित हैं, हालाँकि व्याख्या के स्तर पर वे भिन्न हैं।

बहाई मत इस बात में अनुपम है कि यह दूसरे मतों और संसार के धर्मों की वैद्यता स्वीकार करता है। बहाई अनुयायियों का यकीन है कि अब्राहम, मूसा, जुरतुश्त, बुद्ध,

श्रीकृष्ण, ईसा और मुहम्मद सभी एक ईश्वर के समान रूप से प्रामाणिक संदेशवाहक हैं। इन दैवीय संदेशवाहकों की शिक्षाएँ मुक्ति के मार्ग के रूप में देखी जाती हैं, जो कि एक सतत बढ़नेवाली सभ्यता को आगे बढ़ाने में योगदान देती हैं। किंतु वे यह भी मानते हैं कि अपने संदेशवाहकों के माध्यम से ईश्वर द्वारा दिए गए दखलों की ये शृंखलाएँ मानव इतिहास के संबंध में प्रगतिशील रही हैं। ईश्वर का प्रत्येक प्राकटीकरण पूर्व के प्राकटीकरण से आया, प्रत्येक पूर्व के प्राकटीकरणों की अपेक्षा ज्यादा जटिल और प्रत्येक अगले प्राकटीकरण का मार्ग प्रशस्त करता है।

बहाई मत की उत्पत्ति की कोई भी चर्चा की शुरुआत इसके महान् प्रणेता से होनी चाहिए। जो स्वयं को 'बाब' अर्थात् 'द्वार' कहता था, जो कि शिया मुस्लिम अवधारणा पर आधारित है। सन् 1844 में बाब ने अपने कुछ आस्थावान अनुयायियों के बीच घोषणा की कि आध्यात्मिक नेताओं की लंबी पंक्ति में वह नवीनतम है, जिसका कार्य धरती पर ईश्वर के अवतार की घोषणा करना है। उन्होंने बारंबार यह भी कहा, 'वह जिसे ईश्वर प्रकट कराएगा,' एक मसीहा, जिसके आगमन की घोषणा संसार के सभी ग्रंथों में की गई थी। अपनी पुस्तक 'बयान' (Bayan) में बाब ने दर्शाया कि 'सर्व दैवीय गुणों की उत्पत्ति' के रूप में एक मसीहाई पुरुष, जिसकी आज्ञा, ईश्वर की आज्ञा के समान होगी, इस भविष्यवाणी को 'बहाउल्लाह', बहाई मत के संस्थापक के रूप में पूरी होने को विस्तृत मान्यता दी गई।

पहले के बहुत से अन्य मसीहाओं और युगद्रष्टाओं के विपरीत, बहाई आस्था के संस्थापक ने आनेवाली पीढ़ी के लिए उस प्रकटीकरण को लिखने के लिए कागज-कलम उठाया, जो उन्हें प्राप्त हुआ था। अगले चालीस वर्षों के दौरान उनके द्वारा हजारों पुस्तकें व पत्र लिखे गए या उनके उन अनुयायियों को बोलकर बताए गए, जो उनके सचिवों की तरह कार्य करते थे। इन्हीं से उस मत या आस्था के ग्रंथों का निर्माण हुआ, जिसे उन्होंने स्थापित किया।

मानवता को पूर्णतः एक, यद्यपि अत्यधिक विविध रूप में देखा गया; इस जाति की विविधता और संस्कृति को प्रशंसा व स्वीकृति के योग्य माना गया। जातिवाद, राष्ट्रवाद, जाति, सामाजिक वर्ग और लिंग आधारित वर्गानुक्रम को एकता की राह का कृत्रिम अवरोध ठहराया गया। बहाई की शिक्षा कहती है कि मानवजाति का एकीकरण वर्तमान संसार की धार्मिक और राजनीतिक दशाओं का प्रमुख मुद्दा है।

अब्दुल-बहा के अनुसार निम्न सिद्धांत बहाई शिक्षा के सारतत्त्व के रूप में बार-बार सूचीबद्ध किए जाते हैं—

- ईश्वर की एकता (या एक होना)।
- धर्म की एकता।
- मानवजाति की एकता।

- पुरुषों और स्त्रियों के बीच समानता।
- सभी तरह की पूर्वधारणाओं को दूर करना।
- विश्व शांति।
- धर्म और विज्ञान का मेल।
- सत्य का स्वतंत्र अनुसंधान।
- सार्वभौमिक अनिवार्य शिक्षा।
- सार्वभौमिक सहायक भाषा।
- सरकार की आज्ञाकारिता और दलगत राजनीति में शामिल न होना।
- धन और गरीबी की अत्यधिकता की समाप्ति।

बहाउल्लाह के संदेश का केंद्रीय सार यही है कि मानवता एकमात्र जाति है और वैश्विक समाज में इसके एकीकरण का दिन आ गया है। इसे संभव बनाने में मदद करना भी बहाई आस्था का एक उद्देश्य है। इस दर्शन के अनुरूप बहाई विस्तृत जातीय और सांस्कृतिक पृष्ठभूमियों से आया है।

बहाई धर्म में कोई पादरी या पुजारी वर्ग नहीं होता; क्योंकि मानव जाति अपने परिपक्वता के युग में प्रवेश कर चुकी है। प्रत्येक व्यक्ति ईश्वर के प्रकटीकरण का अन्वेषण करने और जीवन के मुद्दों पर प्रार्थना, मनन और दूसरों के साथ परामर्श कर निर्णय लेने में सक्षम है। इसे संभव बनाने के लिए बहाई ग्रंथों का अब तक लगभग 800 विभिन्न भाषाओं में अनुवाद किया जा चुका है। बहाई अनुयायी जिस जीवन-शैली को विकसित करना चाहते हैं, वह व्यक्तिगत विकास को प्रोत्साहित करती है। प्रतिदिन की प्रार्थना और ध्यान आत्मा को शर्तयुक्त स्वरूपों से मुक्त कर इसके लिए नई संभावनाओं के रास्ते खोलती है।

इस धर्म के अस्तित्व की पहली शताब्दी में स्थिति काफी नाजुक थी। इसके दौरान बहाउल्लाह द्वारा निर्धारित किए गए प्रावधानों ने बहाई समुदाय को वर्गवाद से बचाया और इसे तीव्र विकसित होती सभ्यता की आवश्यकताओं के अनुरूप ढालने के योग्य बनाया।

उनके साथी अनुयायियों ने जिस धार्मिक यातना का अनुभव किया, उसने बहाइयों को बहाउल्लाह की मानव अधिकारों की शिक्षाओं के प्रति संवेदनशील कर दिया। अंतरराष्ट्रीय बहाई समुदाय सक्रिय तौर पर संयुक्त राष्ट्र संघ के साथ अल्प मताधिकार, महिलाओं की दशा, अपराध नियंत्रण, नशीली दवाओं के नियंत्रण, बाल व परिवार-कल्याण और निःशस्त्रीकरण आंदोलन के मुद्दों में भाग लेता है।

बहाई मत सिखाता है कि सच्चा धर्म एकता को प्रोत्साहित करता है और यही एकता अंतरराष्ट्रीय शांति की प्राप्ति में आधारभूत आवश्यकता है। बहाउल्लाह ने कहा है, ''शांति और सुरक्षा के साथ, मानव कल्याण तब तक नहीं हो सकता, जब तक यह एकता मजबूती से स्थापित नहीं हो जाती।''

कठपुतली का खेल

"अपने जीवन के मूल्यवान दिनों को संसार की भलाई में समर्पित करें।"

—बहाउल्लाह

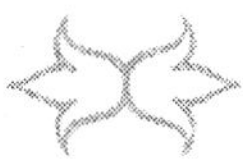

बहुत सा भोजन था; वातावरण में संगीत गूँज रहा था। पोशाकधारी नौकर-चाकर सैकड़ों मेहमानों की जरूरतों को पूरा करते इधर-उधर घूम रहे थे…फारस के शाही दरबार के विशिष्ट दरबारी, मिर्जा बुजुर्ग के पारिवारिक आलीशान महल में शानदार विवाह समारोह चल रहा था। वह फारस के शाह के दरबार में बतौर वजीर और फिर राज्यपाल रह चुका था। उसकी पत्नी कादीजीह खानूम ने सुनिश्चित कर रखा था कि उनके सबसे बड़े बेटे का विवाह समारोह उपयुक्त रूप से शानदार व भव्य हो। उनके छोटे बेटे मिर्जा हुसैन अली का ध्यान वहाँ चल रहे सभी कार्यक्रमों की ओर था। लेकिन उस छोटे बच्चे को मजा उस कठपुतली के खेल में आ रहा था, जिसका इंतजाम मेहमानों के मनोरंजन के लिए किया गया था। वह बड़े आश्चर्य से कठपुतली चलानेवाले के अंदाज में खेल की आगे बढ़ती कहानी को देख रहा था।

कहानी की रूपरेखा एक शाही महल में रची गई थी। शानदार तैयारियाँ करके दरबारी कठपुतलियाँ व्यग्रतापूर्वक राजा के आने का इंतजार कर रही थीं। कुछ कठपुतलियाँ फर्श पर झाड़ू-पोंछा कर रही हैं, दूसरे महल को फूलों से सजाते हैं और अन्य कठपुतलियाँ राजा के लिए लाल गलीचा बिछाती हैं।

शीघ्र ही राजा (कठपुतली) का आगमन होता है और वह सिंहासन पर बैठता है। उसके सैनिक एक लुटेरे को दरबार में घसीटते हुए लाते हैं और राजा से उसे सजा देने के लिए कहते हैं। दबंगतापूर्वक जहाँपनाह उस चोर का सिर धड़ से कलम करने का आदेश देते हैं। शीघ्र ही एक भारी सा चाकू लिये जल्लाद हाजिर होता है और लुटेरे का सर कलम कर दिया जाता है।

अचानक एक संदेशवाहक राजा को सूचित करने आता है कि उसके राज्य में दुश्मन घुस आए हैं और किसी भी क्षण महल में धावा बोल सकते हैं। राजा अपने सेनापति को युद्ध की तैयारी करने का आदेश देता है और इसी तरह कठपुतली का खेल चलता रहा। बालक हुसैन अली बड़े आश्चर्य से यह सब तब तक देखता रहा, जब तक वहाँ उपस्थित लोगों की तालियों की गड़गड़ाहट के बीच यह खत्म नहीं हो गया।

दर्शक इधर-उधर बिखर गए। लेकिन वह बच्चा वहीं अपने स्थान पर खड़ा रहा। वह कठपुतली खेल के मंच से अपनी नजर नहीं हटा पा रहा था। तभी उसने क्या देखा, मिनटों में कठपुतली का खेल दिखानेवाला उस्ताद अपना छोटा सा थैला लादे हॉल से जाने लगा। लड़के ने पूछा, ''क्या बता सकते हैं कि थैले में आप क्या भरकर ले जा रहे हैं?'' उस्ताद ने उत्तर दिया, ''जिन कठपुतलियों को अभी कुछ समय पहले आपने मंच पर देखा, उन सभी को अब इस थैले में भर दिया गया है और इस थैले में वे तब तक रहेंगे जब तक अगले कार्यक्रम के लिए मैं उन्हें बाहर न निकालूँ।''

यह सुनकर लड़का हैरान रह गया। तो क्या सब कुछ ऐसा ही था! एकदम से उसे लगा कि यह दुनिया भी विस्तृत कठपुतली का खेल ही है और हम सब बातें करते, हँसते, योजना बनाते, साजिश रचते हुए अपनी-अपनी जिंदगियों में खोई कठपुतलियाँ हैं। एक क्षण के लिए भी हम यह सोचने के लिए नहीं रुकते कि जल्द ही यह खेल खत्म हो जाएगा और हमें वापस थैले में लौटना पड़ेगा। उसी समय उस बच्चे ने मन में निश्चय किया कि जीवन बहुत छोटा है, समय बहुमूल्य है, हमारा पड़ाव इस धरती पर क्षणिक है, इसलिए मुझे अपना समय नष्ट नहीं करना चाहिए।

वह छोटा सा बच्चा, जिसने यह कठपुतली का खेल देखा और यह सीख ली, वह कोई और नहीं, बहाई धर्म के महान् संस्थापक थे। सांसारिक महिमा के छल कितने भ्रामक और क्षणिक हैं, बहाउल्लाह को यह महसूस कराने के लिए कठपुतली का एक खेल ही काफी था।

बहाउल्लाह ने बाद में इस घटना के विषय में लिखा है—''उसी दिन से दुनिया के सभी छल इस युवक की नजर में उसी खेल की तरह महसूस हुए। उनमें कभी भी कोई वजन या निष्कर्ष न तो नजर आया, न आएगा। सदा से ये बाहरी छल, ये नजर आनेवाले खजाने, ये सांसारिक तुच्छताएँ, ये सेनाओं का जमावड़ा, ये गर्व से भरे लोग सभी मकबरे में उस थैले की तरह कैद होकर रह जाएँगे। जिनके पास अंतर्दृष्टि है,

उनकी नजर में ये सभी संघर्ष, झगड़े और व्यर्थ की ख्याति बच्चे के खेल की तरह सदा से रहे हैं और रहेंगे।''

~•~

विचार मनन

गुरुदेव साधु वासवानी प्राय: कहते थे कि ईश्वर के प्रति सर्वोत्तम भेंट आप प्रेम और भक्ति के आँसू ही दे सकते हैं। आँसुओं के उपहार ही ईश्वर सबसे ज्यादा पसंद करते हैं। हम ईश्वर को सभी तरह की भेंट प्रस्तुत करते हैं। मंदिरों व गिरजाघरों में लोग पैसे, वस्त्र और भोजन दान करते हैं। हममें से कितने उन्हें आँसुओं का उपहार भेंट करते हैं?

हममें से कई इस दुनिया के झंझटों में फँसे हुए हैं। खुशी, धन-दौलत, शक्ति, जो हमें इस संसार से मिला है, उसके हम गुलाम होकर रह गए हैं। यहाँ तक कि हमें ईश्वर की जरूरत भी महसूस नहीं होती है। लेकिन हम एक अहम सत्य भूल जाते हैं—यदि यह संसार एक छाया है, तो हम इस पर निर्माण कैसे कर सकते हैं? क्या है वह, जिससे हम इस क्षणिक संसार से आसक्त रख सकते हैं? फिर हम उसके (ईश्वर) लिए आँसू कैसे बहा सकते हैं?

काफी भटकने के बाद यह अहसास इंसान को होता है कि वह ईश्वर से अलगाव रखकर अपना जीवन जी रहा है। वह महसूस करने लगता है कि उसकी भटकन ईश्वर से उसे काफी दूर ले गई है और इसी अहसास से उसकी आँखों में आँसू आ जाते हैं।

तभी वह तय करता है कि उसे वापस ईश्वर की ओर अपनी यात्रा प्रारंभ करनी चाहिए, क्योंकि इसी यात्रा से ही उसका जीवन सार्थक होगा। जब वह यह यात्रा प्रारंभ करता है, तो उसके हृदय की गहराई से यह रुदन उठता है—''हे प्रभु, इस भटकनेवाले को घर वापस ले चलो!'' और आँखों से अपने आप आँसू बहने लगते हैं।

बहाउल्लाह और ग्रामीण बालक

''दोस्ती का प्रदर्शन केवल बातों से करने में संतुष्ट मत रहो, जो कोई भी तुम्हारे रास्ते से गुजरे, उन सभी के लिए तुम्हारे हृदय में प्रेमयुक्त दया की लौ होनी चाहिए।''

—बहाउल्लाह

बहाउल्लाह और उसके परिवार के लिए वे बहुत मनहूस दिन थे। बगदाद निर्वासित किए जाने के मात्र एक साल के बाद बहाउल्लाह को खुर्दिस्तान के पहाड़ी वीराने में चले जाने के लिए बाध्य किया गया, जहाँ वे दो साल तक अकेले रहे। उन्होंने उस दैवीय उद्‌देश्य में छिपे अर्थ पर मनन करते हुए अपना समय बिताया, जिसके लिए उन्होंने इस धरती पर जन्म लिया था। वास्तव में यह अवधि मूसा के माउंट सिनाई में जाने, ईसा के 40 दिन-रात रेगिस्तान में और मुहम्मद के माउंट हीरा की गुफा में चले जाने की याद दिलाती है।

एक दिन, पहाड़ों में बसे एक गाँव के पास बहाउल्लाह ने एक छोटे बालक को फूट-फूटकर रोते हुए देखा। किसी को भी दु:खी देखकर, खासकर यदि कोई बच्चा हो, करुणामय इस महान् आध्यात्मिक गुरु ने उस बालक से कहा, ''तुम रो क्यों रहे हो, बेटे?''

लड़के ने सिर उठाकर दरवेश की ओर देखा और कहा, ''ओह श्रीमान!'' और फिर से रोने लगा। ''स्कूल मास्टर ने ठीक से न लिखने के कारण मुझे सजा दी है। मैं लिख नहीं सकता और मेरे पास कॉपी भी नहीं है। अब वापस स्कूल जाने की हिम्मत मुझमें नहीं है।''

''अब रोना बंद करो। मैं तुम्हारे लिए एक कॉपी तैयार कर दूँगा और तुम्हें बताऊँगा कि कैसे इसका अनुसरण करो। तब तुम इसे ले जाकर अपने स्कूल मास्टर को दिखा सकते हो।''

तुरंत ही बच्चे के बस्ते से कागज तथा कलम निकाले गए और अभ्यास-पुस्तिका तैयार करके बालक को दे दी गई। सहृदयता से मुस्कराते हुए उसके आँसू पोंछे गए और बड़े प्रेम से बच्चे को स्कूल भेज दिया गया।

बालक द्वारा लाए गए लेख कार्य को देखकर स्कूल मास्टर दंग रह गया, क्योंकि उसने इस आश्चर्यजनक पांडुलिपि को शाही सुलेख के रूप में पहचान लिया। ''इसे तुम्हें किसने दिया?'' स्कूल मास्टर ने पूछा। ''पहाड़ के फकीर ने यह मेरे लिए लिखा है,'' लड़के ने सच-सच उत्तर दिया।

स्कूल मास्टर ने कहा, ''इस कॉपी का लेखक फकीर नहीं हो सकता, वह तो कोई राजघराने का है।'' यह कहानी सुनकर गाँव के बहुत से लोग उस फकीर को खोजने निकल पड़े, जिसके बारे में बहुत सी आश्चर्यजनक बातें कही गईं। उसे खोजने वाली भीड़ इतनी बड़ी थी कि उसे (फकीर) बार-बार दूर-दूर जाना पड़ा। वह एक स्थान से दूसरे स्थान स्वयं को भीड़ से छिपाते पहाड़ों की कंदराओं में और वीरान रेगिस्तानी ठिकानों पर बढ़ता गया।

स्रोत—

http://susangammage.com/bahaistories/quotepage.

~•~

विचार मनन

मृदु वचन बोलें। विनम्र बनें। पवित्र बनें।

जीवन में आपकी स्थिति कैसी भी हो; भले ही आप कितने धनी और शक्तिशाली हैं; आपके संबंध कितने ही प्रभावशाली क्यों न हों, लेकिन विनम्र रहें। अपने से निम्न सभी लोगों के प्रति दयालु और सज्जन रहें।

हमें विनम्र क्यों होना चाहिए? क्योंकि ईश्वर हम सभी के भीतर रहता है। वह हम सभी से ज्यादा धनवान है। वह हमसे ज्यादा बुद्धिमान और समझदार है। वह सर्वशक्तिशाली, सर्वव्याप्त और सर्वज्ञानी है। उसकी दिव्य सुंदरता, कला, बुद्धिमत्ता, ज्ञान और योग्यता सर्वोच्च हैं।

हम उसकी शक्ति और वैभव के आगे धूल के कण की तरह नगण्य हैं, फिर भी वह हमारे हृदय में निवास करने आता है। क्या इससे हमें यह शिक्षा नहीं मिलती कि हम विनम्र बनें?

कुरत-उल-एन 'ताहिरीह' : एक औरत अपने समय से आगे

''आप जब चाहें, मुझे खत्म कर सकते हैं; लेकिन आप औरतों की मुक्ति नहीं रोक सकते।''

—कुरत-उल

कुरत-उल ऐन (आँखों का सुकून) या ताहिरीह (पाक व्यक्ति), ये दोनों संज्ञा फातिमा बरघानी को दी गई थीं। वह बाब के प्रति कटिबद्ध और उसकी अनुयायी महिलाओं में से एक थी। वह स्वयं में एक कवयित्री और धर्मशास्त्री थी। वह बाबी मत के शुरुआती अनुयायियों में से एक थी। उसका जीवन, उसके कार्य और उसकी मौत के अंदाज ने उसे बहाउल्लाह से जुड़े अमर लोगों में से एक बना दिया।

उस समय के फारस के प्रमुख परिवार से आनेवाले मुल्ला मुहम्मद सालिह बरघानी की बेटी थी फातिमा। हालाँकि वह एक रूढ़िवादी परिवार से संबंधित थी और उसके पिता स्वयं कठोर दृष्टिवाले सख्त मौलवी थे; फिर भी उसने अपनी बेटी को व्यक्तिगत तौर पर धर्मशास्त्र, न्याय व्यवस्था, फारसी साहित्य और कविता की शिक्षा देकर वस्तुत: इस परंपरा को तोड़ा था। उसे इस्लामी तालीम हासिल करने की भी इजाजत दी और वह धार्मिक कानून से जुड़े मुद्‍दों पर बहस कर सकती थी। उसके पिता ने उसे पर्दे के पीछे बैठकर पुरुष छात्रों के लिए चलाई जानेवाली कक्षा में शामिल होने की अनुमति दी थी। उसके शिक्षक, उसकी कुरान शरीफ को कंठस्थ करके सुनाने की योग्यता की तारीफ करते थे और बुद्धिमानी तथा ग्रहण करने की योग्यता में वह स्कूल

के लड़कों को भी पीछे छोड़ देती थी। प्यार से उसके पिता उसे 'जारीन ताज' (सोने का मुकुट) कहकर पुकारते थे और इस बात का दुःख व्यक्त करते थे कि वह उनका बेटा नहीं है। इस तरह अपने पिता और अपने चाचाओं के प्रोत्साहन से शिक्षा हासिल की, जो शाह के दरबार से अच्छी तरह जुड़े हुए शक्तिशाली मौलवी थे। शायद यह उसकी विद्वत्ता ही थी, जो उसने उन रचनात्मक वर्षों में पाई, जिसने बाद के जीवन में उसके धर्म और समाज के क्रांतिकारी दृष्टिकोणों का मार्ग प्रशस्त किया। साथ-ही-साथ समाज में औरतों की स्थिति पर उसके तेज-तर्रार दृष्टिकोण ने बाब के विद्रोही पंथ से उसे जुड़ने को प्रेरित किया।

क्रांतिकारी, स्वतंत्र सोच, बुद्धिमान और तेज दिमागवाली फातिमा एक आकर्षक युवती भी थी, जिसे उसके अत्यधिक शारीरिक सौंदर्य और आकर्षण के लिए भी सराहा जाता था। जब वह लगभग तेरह वर्ष की थी, तब उसके पिता ने अपनी पसंद के एक लड़के के साथ उसकी सगाई करा दी। यह विवाह उसके पिता और चाचा द्वारा तय किया गया था और चौदह वर्ष की उम्र तक आते, उसका विवाह उसके चचेरे भाई मुहम्मद बरघानी के साथ हो गया। विवाह सफल नहीं रहा, हालाँकि इस जोड़े से दो पुत्र और एक पुत्री का जन्म हुआ। जैसा कि हम जानते हैं, फातिमा छोटी उम्र से ही अपनी खूबसूरती के साथ-साथ विद्वत्ता और साहित्यिक योग्यता के लिए जानी जाती थी, लेकिन ये गुण (विद्वत्ता और साहित्यिक योग्यताएँ) एक पत्नी में वांछनीय नहीं थे। उसके पति को उसका साहित्य की ओर झुकाव और ज्ञान की प्यास पसंद नहीं थी।

अपने एक चचेरे भाई जावेद विलायती की लाइब्रेरी में फातिमा सबसे पहले शायखी आंदोलन के क्रांतिकारी लेखों से परिचित हुई, जो उस समय इराक में तेजी से फैल रहा था। जावेद ने उसे चेताया कि उसके पिता और चाचा इन दृष्टिकोणों के विरुद्ध हैं, लेकिन इन्हें पढ़कर वह बहुत ज्यादा प्रभावित हुई और इराक में इस आंदोलन के नेताओं के साथ पत्र-व्यवहार करने लगी। उनके समक्ष वह ऐसे धार्मिक सवाल रखा करती, जो उसे परेशान करते थे। उस आंदोलन से जुड़े नेताओं में एक सिय्यीद काजिम धार्मिक मसलों पर उसकी रुचि से बहुत प्रभावित था और उसे इस बात की ख़ुशी थी कि शक्तिशाली बरघानी परिवार में ऐसी एक समर्पित छात्रा है।

छब्बीस साल की उम्र में फातिमा अपने जीवन पर और ज्यादा नियंत्रण रखने लगी। वह अपने पति से अलग हो गई और करबला के तीर्थ पर जाने के लिए अपने पिता को मना लिया। इस यात्रा का वास्तविक कारण यह था कि अपने शिक्षक से वह स्वयं मिलना चाहती थी। दुर्भाग्यवश, इसके पहले कि वह सिय्यीद काजिम से मिल पाती, उसकी मृत्यु हो गई। लेकिन उसकी विधवा ने फातिमा को अपने घर में रखकर पर्दे के पीछे से पुरुषों को काजिम के दृष्टिकोणों को पढ़ाने की अनुमति दे दी, क्योंकि

उन दिनों एक औरत का मर्दों के सामने सार्वजनिक तौर पर उपस्थित होने के बारे में सोचा भी नहीं जा सकता था, पढ़ाना तो दूर की बात थी। उसे काजिम की अप्रकाशित कृतियों तक पहुँचने की भी पूरी छूट थी और उसके दृष्टिकोणों को पढ़कर आत्मसात् करने में वह बहुत समय बिताया करती थी। करबला में उसकी उपस्थिति और शिक्षक की भूमिका, जो उसने स्वयं के लिए चुन रखी थी, उससे शहर में विवाद खड़ा हो गया। पुरुष पादरियों के प्रकोप के कारण उसे फिलहाल अपना पढ़ाने का काम रोकना पड़ा।

अब वह बाब से पत्र-व्यवहार करने लगी, जो शायखी पंथ के अनुयायियों में मशहूर था। वह उसके 'लिविंग सर्कल' की सत्रहवीं सदस्य बन गई। यह (लिविंग सर्कल) निकट के अनुयायियों का चुनिंदा समूह था, जिन्हें उसने अपने प्रारंभिक शार्गिदों के रूप में चुना था। इस समूह में एकमात्र महिला सदस्य के तौर पर उसकी तुलना मेरी मेगडलिन से की जाती थी, जिसे ईसा मसीह की तेरहवीं प्रचारक समझा जाता था। लेकिन फातिमा बाब से आमने-सामने कभी नहीं मिली। सुदूर करबला में वह उसके नए दृष्टिकोण को पढ़ाते हुए, उसकी शागिर्द बनी रही। इससे कई लोगों ने 'बाबवाद' को अपनाया।

उसके (फातिमा) बारे में एक अमेरिकी बहाई विद्वान् मार्था रूट का कहना है, "अपने मन में ईरान की सर्वाधिक खूबसूरत जवाँ औरतों में से एक की तसवीर बनाइए, जो कि अत्यधिक बुद्धिमान, कवि, कुरान शरीफ और प्रथाओं की सबसे बड़ी विद्वान् हो; जरा सोचो पढ़ी-लिखी न्यायिक परिवार की बेटी, उस क्षेत्र के सबसे ऊँचे पुजारी और धनी की बेटी, अपने उच्च पद का आनंद लेने वाली, जो कलात्मक महल में रह रही हो और जो अपने मित्रों में अतुल साहस के लिए विख्यात हो। कल्पना कीजिए कि बीसवें साल के उत्तरार्ध में बाब की पहली शागिर्द बननेवाली ऐसी महिला के लिए यह क्या मायने रखता है!"

करबला का शिया काजी उसके धर्म-परिवर्तन और बाबवाद की शिक्षा देने के उसके प्रयास को बर्दाश्त नहीं कर सका। उसे शहर छोड़ने को बाध्य कर दिया गया और कहा जाता है कि उसके बगदाद जाते समय उस पर पत्थर फेंके गए। यहीं से उसने नए धर्म के बारे में सार्वजनिक बयान देना और काजियों के साथ विद्वत्तापूर्ण वाद-विवादों में भाग लेना शुरू कर दिया। किसी औरत के लिए यह बहुत ही दुरूह समझा जाता था; खासकर उसके जैसी पुरातनवादी परिवार से आनेवाली महिला के लिए। किंतु उसकी बहुत सी समर्पित महिला अनुयायी थीं, जो उसे सुनने के लिए बड़ी संख्या में आती थीं। इराक के शिया काजी ने अंततः तय किया कि चूँकि जन्म से वह फारसी है, इसलिए उसे उसके पैतृक देश वापस भेज दिया जाना चाहिए।

उसके पिता, चाचा और भाई उसके क्रांतिवाद से काफी दुःखी थे और सोचते थे

कि उसके कारण परिवार की बदनामी हो रही है। उन्होंने बार-बार उससे इन दृष्टिकोणों को त्यागकर पुरातनवादी मत के सिद्धांतों के अनुसार रहने का अनुरोध किया, लेकिन उसने ऐसा करने से मना कर दिया। अपने परिवार में लौटने के बाद उसने अपने पति के साथ रहने से इनकार कर दिया और अपने भाई के घर में निवास करने लगी। उसके पति ने उसे तलाक दे दिया और उसके चाचा ने उसे बेदखल कर दिया, किंतु फिर भी उसने अपना नया धर्म त्यागने से साफ मना कर दिया। उसे पुन: धर्म-परिवर्तन कराने में सफल न होने के कारण पुरातनवादी काजी ने उस पर अनैतिकता का आरोप लगाना शुरू कर दिया। उसने विरोध करते हुए कहा, 'वह पाक और गुणवान है।' उसके पिता तो उसका यकीन करते थे, लेकिन इस बात से वह टूट चुके थे कि उनके भाई उससे इतनी नफरत करते थे

इस समय क्रांतिकारी शायख दृष्टिकोण और बाब के विचार फारस में तेजी से फैल रहे थे। लोगों के मन में बेचैनी और अशांति थी। उसका चाचा, जो कठोर कट्टरपंथी और नए दृष्टिकोण का विरोधी था, धर्मांध दृष्टिकोणों के कारण उसका कत्ल कर दिया गया था और उसके (फातिमा) पति ने खुलेआम उसके खिलाफ घृणा फैलाने का आरोप लगाया और उसने अपने प्राधिकारी को फातिमा को गिरफ्तार करने को कहा। उसने अपने दोषी न होने का विरोध किया, किंतु उसे तब तक दोषी माना गया, जब तक वास्तविक हत्यारे ने अधिकारियों के समक्ष आत्मसमर्पण नहीं कर दिया। लेकिन उसके आजादी के दिन अब समाप्त हो चुके थे; उसे घर लौटने दिया गया, लेकिन उसे एक तरह से घर में ही कैद करके रखा गया और उस पर कड़ी नजर रखी जाने लगी।

अब उसका जीवन खतरे में था और बहाउल्लाह ने ही उसके तेहरान भाग निकलने की व्यवस्था की। बाब को माननेवालों की तरह, वे समान गोपनीय बंधुत्व से जुड़े थे और एक-दूसरे के साथ संपर्क में थे। उसने अभी तक अपने मिशन की शुरुआत नहीं की थी। फातिमा और कई दूसरे लोगों की तरह वह भी बाब का गोपनीय अनुयायी था। फातिमा को तेहरान लाया गया और उसने उसे अपने घर में अपनी पत्नी के संरक्षण में रहने की अनुमति दी। यहीं फातिमा का बाब के बेटे अब्दुल बाहा के साथ विशेष लगाव हो गया, जो उस समय मात्र तीन साल की उम्र का था। बाद में उसने संयुक्त बाबी-बहाई मत उसके योगदान के बारे में लिखते हुए अपनी पुस्तक 'मेमोरियल्स ऑफ द फेथफुल' में फातिमा को श्रद्धांजलि दी।

तेहरान में रहने के दौरान उसने शिराज, जहाँ बाब कैद था, जाने की इच्छा प्रकट की, ताकि वह 'ईश्वर के मसीहा' का दर्शन कर सके। लेकिन बहाउल्लाह ने इस बात को मन से निकाल देने के लिए उसे समझाया, क्योंकि यह उसके लिए खतरनाक हो सकता था।

काफी समय बाद वह और बाब के दूसरे अनुयायियों को उनके धर्म की अभिव्यक्ति करने का अवसर तब दिया गया, जब बादाश्त का ऐतिहासिक सम्मेलन का आयोजन आंशिक तौर पर बहाउल्लाह के द्वारा प्रायोजित किया गया था। यहाँ पहली बार बाबीज एक-दूसरे से मिले। इस सम्मेलन में यह निर्णय लिया गया कि पुरातनवादी मत के कर्मकांडों एवं रीति-रिवाजों तथा शरीया के नियमों से पूरी तरह दूरी बनाई जानी चाहिए और बाबीवाद में धर्मांतरण एवं उसकी मान्यताओं और अभ्यासों को पूरी तरह मानना चाहिए। बाब को बचाने के लिए सशस्त्र विद्रोह और इस्लाम से अलग होने पर जोर देते हुए फातिमा ने सार्वजनिक तौर पर विद्रोह के रूप में अपना नकाब उतार दिया। बहुत से मर्दों में इससे नाराजगी और घृणा पैदा हुई और इसके गंभीर प्रभाव उत्पन्न हुए।

अब तक उसकी तारीफ उसके पवित्रता और ज्ञान के कारण की जाती थी। अब वे उस पर गिरी हुई और अनैतिक औरत होने का दोषारोपण करने लगे। बिना नकाब धारण किए, जब वह पहली बार मर्दों के बीच आई तो लोग आतंक में चीखने-चिल्लाने लगे; ऐसा कहा जाता है कि एक आदमी तो इतना आतंकित हो गया था कि उसने अपना गला काट लिया और गर्दन से गिरते खून के साथ वहाँ से भाग खड़ा हुआ। नकाब उतारने का यह कृत्य इतना विवादास्पद हुआ कि इससे बाब धर्म को माननेवाले बहुत से लोगों ने इस नए धर्म को त्याग दिया। किंतु फातिमा अपनी बात पर अडिग रही और तभी बहाउल्लाह के द्वारा उसे 'ताहिरीह' की उपाधि से नवाजा गया। बाब को जब इस घटना की जानकारी हुई, तो उसने इस उपाधि का समर्थन किया।

एक सार्वजनिक विरोध के बाद ताहिरीह को गिरफ्तार कर तेहरान ले जाया गया। शाह उसकी खूबसूरती से काफी प्रभावित हुआ। उसने उसे अपना धर्म त्यागने की सलाह दी, ताकि वह उसे माफ करके आजाद कर सके। कहा तो यह भी जाता है कि शाह ने उसे अपने हरम (जनानखाना) में एक खास ओहदे का प्रस्ताव भी दिया था। उसने इसे स्वीकारने से इनकार कर दिया था और अगले चार सालों तक उसे तेहरान में गृह कैद में रखा गया। उसने अदालत के सामने बताया कि उसका अपना दृष्टिकोण व मान्यता है, जो स्वयं में अपराध नहीं है। जो लोग उसे सुनने के लिए आते थे, उनसे उसने अपनी क्रांतिकारी बातों का लगातार प्रचार किया। उसने खुलकर बहुविवाह, नकाब प्रथा और दूसरे प्रतिबंधों का विरोध किया। जहाँ औरतें उसके दृष्टिकोण से रोमांचित हो उठतीं, वहीं कट्टर मौलवी शाह को चेताया करते कि वह बहुत ज्यादा प्रभावशाली होती जा रही है। तथा उसकी बातें लोगों में तेजी से फैल रही हैं। उन्होंने [illegible]से यकीन दिलाया कि उसका कत्ल कर दिया जाए, क्योंकि उसे रोक पाने का यही [illegible]क तरीका है।

ताहिरीह ने अपने अंतिम दिन व्रत और प्रार्थना करने में बिताए। उसे कत्ल करने की सजा दिए जाने के दिन आधी रात को उसे बाग में लाया गया और उसके दुपट्टे से गला घोटकर उसे मार डाला गया। उसकी लाश को एक कुएँ में डाल दिया गया और उस पर पत्थर फेंके गए।

मौत के समय वह पैंतीस वर्ष की उम्र से ज्यादा नहीं थी और उसके तीन बच्चे अनाथ हो गए।

इडरड पोलक, शाह के यूरोपियन डॉक्टर, जो कि इस मौत का चश्मदीद गवाह था। उसने उसके बारे में ये लिखा : ये गवाही कुरत-उल-एन के वध की है, जिसको युद्ध मंत्री और उनके साथियों ने कत्ल किया। वह सुंदर औरत, अलौकिक धैर्य के साथ धीरे-धीरे मरती रही। बाद में अब्दुल बहा, जो बचपन से उसे पसंद करता था, उसने ताहिरीह की सराहना करते हुए कहा कि वह एक ऐसी औरत थी, जो शालीन और पवित्र, श्रेष्ठ सुंदरता की निशानी, प्रभु के प्रेम की जलती हुई मिसाल।

~•~

विचार मनन

मेरा मानना है कि कई पीढ़ियों से हम औरतों को व्यापार की वस्तु या अदला-बदली की जानेवाली सामग्री और मर्दों के नियंत्रण में अबला की तरह प्रयोग करते आ रहे हैं। यदि मेरी बात कड़वी या आलोचनात्मक लग रही हो तो जरा सोचिए कि दहेज क्या है? क्या हम अपने बेटों और भाइयों को सबसे ऊँची बोली लगानेवालों को नहीं बेच देते? क्या हम अपनी बेटियों को वस्तुओं के रूप में नहीं मान लेते हैं, जिनको शादी के नाम पर खरीदा जाता है। कुछ लोग तो औरतों को पायदान या घर की नौकरानी या अवैतनिक नौकर या देख-भाल करनेवाली के रूप में संबोधित करते हैं।

लेकिन मैं आपको बता दूँ कि औरत एक शक्ति है। औरत शक्ति का सरोवर है। गुरुदेव साधु वासवानी ने देवदूत के दृष्टिकोण से ही कहा था—"यह शताब्दी औरतों की है। औरत की आत्मा एक नए युग की शुरुआत की उद्घोषक बनेगी—सेवा, बलिदान, संवेदना और प्रेम पर आधारित एक नई सभ्यता। नई सभ्यता निस्स्वार्थता पर आधारित होगी।"

हाँ, एक नई दुनिया का निर्माण चल रहा है। पुरुषों द्वारा निर्मित संसार टूट चुका, लहूलुहान होकर अपने बोझ के नीचे धसकता सिद्ध हो रहा है। इंसान से

भारी गलती हुई है, क्योंकि उसने ताकत और हिंसा में यकीन किया है। किसी समय शादी भी कब्जा करके की जाती थी। पुरुष ने अपना अवसर पा लिया है। अब औरत को उसका अवसर मिलेगा; नई दुनिया के निर्माण के लिए उसका आह्वान किया जाता है। वह शक्ति का प्रतीक है। शक्ति ताकत नहीं है; शक्ति वह ऊर्जा है, जो लोगों, राष्ट्रों और संप्रदायों को जोड़ने का कार्य करती है।

गुरुदेव साधु वासवानी सच ही मानते हैं कि औरत सामाजिक अखंडता का केंद्र है। उन्होंने कहा है कि जर्जर हो चुकी दुनिया के पुनर्निर्माण की शक्ति औरत में है, जो कि उसके अंतर्ज्ञान की ताकत, उसकी पवित्रता, उसकी सादगी, उसकी आध्यात्मिक आकांक्षाओं, उसकी सहानुभूति और उसके मौन बलिदान में है। इसीलिए उन्होंने कहा, 'औरत की आत्मा हमें ऊर्ध्वगामी बनाकर ईश्वर की ओर ले जाएगी।'

अब्दुल-बहा : अपने पिता का पुत्र

''मेरा नाम अब्दुल-बहा है (शाब्दिक अर्थ में यह बहा का सेवक है)। मेरी योग्यता अब्दुल -बहा है। मेरी वास्तविकता अब्दुल-बहा है। मेरी तारीफ अब्दुल-बहा है। धन्य पूर्णता (बहाउल्लाह) ही मेरा गौरवशाली और चमकता हुआ ताज है और समस्त मानव जाति की गुलामी मेरा निरंतर धर्म है। अब्दुल-बहा के अलावा मेरा कोई भी नाम, पदवी, उल्लेख, प्रशस्ति नहीं है, न ही कभी होगी, यही मेरी अभिलाषा है। यही मेरी सबसे बड़ी आकांक्षा है। यही मेरा अनित्य जीवन है। यही मेरी सदा बनी रहने वाली ख्याति है।''

—अब्दुल-बहा

बहाउल्लाह और उसकी पत्नी आसीयीह खानूम की तीन बची हुई संतानों में अब्बास इफेंदी सबसे बड़ा था। अब्बास के पिता को राजनीति और सत्ता से दूर रहना पसंद था। उसने गरीबों की यथासंभव सेवा करते हुए चिंतन-मनन का शांत जीवन जिया। अब्बास का प्रारंभिक जीवन विलासी और शांति भरा था। उसका जन्म और पालन-पोषण, विशेषाधिकार धन-दौलत और प्रेम भरे वातावरण में हुआ था। धनाढ्य और प्रभावशाली मिर्जा बुजुर्ग के पोते की हैसियत से उसका पालन-पोषण परिवार के तेहरान वाले घरों और गाँव के छुट्टी बिताने वाले स्थानों में हुआ था, जो खूबसूरत व सुख-सुविधाओं तथा विलासिताओं से परिपूर्ण थे। उसे और उसके भाई-बहनों को संभ्रांत परिवार की सारी सुख-सुविधाएँ उपलब्ध थीं।

लेकिन जब बाब के अनुयायियों को शाही अधिकारियों द्वारा यातना-कष्ट दिए जाने लगे तो इस परिवार पर भी पहाड़ टूट पड़ा। बाब के कत्ल की सजा से भड़के इन क्रांतिकारियों में से कुछ ने जब शाह की हत्या का प्रयास किया तो बहाउल्लाह, जिसका इस षड्यंत्र में कोई हाथ नहीं था, को शक में गिरफ्तार कर लिया गया और 'ब्लैक पिट' नामक कुख्यात काल कोठरी में डाल दिया गया। उसके घर को लूट लिया गया और उसके परिवार को किराए के घर में शरण लेनी पड़ी, जो कि महल जैसे निवास के आगे कुछ भी नहीं था। युवा अब्बास, जो क्षय के आक्रमण से उबर रहा था, उसे अपने प्रिय पिता से अलगाव के लिए मजबूर कर दिया गया। इस भावनात्मक कष्ट के अलावा उसे अभाव, एकाकीपन और पड़ोस के दूसरे बच्चों से मारपीट एवं अपमान भी झेलना पड़ा।

एक दिन उसकी माँ ने परिवार के लिए भोजन खरीदने के लिए उसकी चाची से कुछ पैसे उधार लाने के लिए उसे भेजा। रास्ते में गली के बच्चों द्वारा उस पर पत्थर फेंके गए और वे चीख-चीखकर कह रहे थे, "वह बाबी है! वह बाबी है!" उसे पत्थरों से मारा और गाली दी, उसने एक पड़ोसी के घर शरण ली, जहाँ वह अँधेरा होने तक रुके रहने को बाध्य हुआ। लेकिन जब वह बाहर आया, तब भी उसे ललकारने और पीछा करने के लिए लड़के उसका इंतजार कर रहे थे। वह पूरी ताकत से भागते हुए घर पहुँचा और थककर बदहवास पड़ गया। पूरी दुपहर उसका रास्ता देखती रही चिंताग्रस्त माँ ने उससे बार-बार पूछा कि 'क्या हुआ?' तुम इतने डरे-सहमे क्यों हो, लेकिन वह बालक उत्तर में एक शब्द भी न बोल सका।

परिवार के मित्रों के द्वारा अब्बास को उसके पिता से मिलाने जेल ले जाया गया। इस घटना से उसके कोमल मन को काफी ठेस लगी। उसने आगे चलकर लिखा, "हमने एक छोटे, सँकरे दरवाजे से प्रवेश किया और दो सीढ़ी नीचे उतरे, लेकिन उसके आगे हम कुछ नहीं देख सके। सीढ़ियों के बीच अचानक हमें उनकी (बहाउल्लाह) आवाज सुनाई दी, 'उसे यहाँ मत लाओ', और इसलिए वे मुझे वापस ले गए। हम बाहर की ओर बैठ गए और बाहर ले जाए जाने के लिए कैदियों का इंतजार करने लगे। अचानक वे काल-कोठरी से धन्य पूर्णता (बहाउल्लाह) को बाहर ले आए, उसे कई और कैदियों के साथ जंजीरों में बाँधकर रखा गया था। जंजीर का क्या कहना! बहुत ही भारी थी। इसके कारण कैदी बड़ी कठिनाई से आगे बढ़ पाते थे। यह बड़ा ही दु:खपूर्ण व हृदय-विदारक था।"

वह भाग्यशाली था कि उसके प्यारे पिता को कैद से चार माह बाद रिहा कर दिया गया, लेकिन उसकी जमीन-जायदाद और दौलत जब्त कर ली गई थी और उन्हें फारस से देश निकाला दे दिया गया और इराक में शरण लेने के लिए मजबूर कर दिया गया, जो

कि ओटोमेन साम्राज्य के अधीन था। अब्दुल-बहा, जिसकी उम्र उस समय मात्र नौ साल की थी, को दुबारा अपने पैतृक जन्मभूमि देखने का अवसर नहीं मिला।

सारे परिवार के लिए यह बड़ी कठिन परीक्षा का समय था। 'ब्लैक पिट' में लंबे समय तक रहने के बाद उसके पिता का स्वास्थ्य बहुत कमजोर हो गया था। माँ गर्भवती थी, सबके सब उस प्यारे बच्चे मिहदी के लिए दुःखी थे, जिसे फारस में ही छोड़कर आना पड़ा था; क्योंकि वह इतना कमजोर था कि यात्रा भी नहीं कर सकता था। बगदाद जाने का पहाड़ी रास्ता बड़ा दुर्गम और बर्फीला था और कड़कड़ाती ठंड से बचने के लिए उनके पास पर्याप्त साज-सामान और गरम कपड़े भी नहीं थे। पाँच महीने बाद जब वे आखिरकार बगदाद पहुँचे, तो वे बीमार और थक कर चूर हो चुके थे।

यहाँ भी उनका जीवन शांतिमय नहीं था। स्थानीय अस्वीकृति की वजह से बहाउल्लाह को कुर्दिस्तान के पहाड़ों में शरण लेने के लिए मजबूर किया गया। परिवार को उससे और दो साल का अलगाव झेलना पड़ा, लेकिन दो साल बाद जब बहाउल्लाह लौटा तो उसके बाद का समय अमन-शांति का था। अब तक बहाउल्लाह को छोटे किंतु बढ़ते हुए बाबी समुदाय का नेता मान लिया गया।

बगदाद में अब्बास को स्कूल नहीं भेजा गया, किंतु उसे अपने पिता से व्यक्तिगत शिक्षा ग्रहण करने का विशेषाधिकार था। उसने उत्साहपूर्वक बाबी की शिक्षाओं को पढ़कर ग्रहण कर लिया। जल्द ही वह अपने पिता का सचिव, लेखक और व्यक्तिगत सहायक की हैसियत से मदद करने लगा। मात्र उन्नीस साल की उम्र में ही उसके पिता उसे उन तेज-तर्रार बगदादी अधिकारियों से समझौता-वार्त्ता करने भेजने लगे, जो बाबियों के प्रति सरल व सहज नहीं थे। उसी समय वह अपने पिता के पवित्र लेखों को सुनकर लिख रहा था। जब उन्हें टर्की में एनाटोलिया जाने के लिए बाध्य किया गया, तो उसी ने यात्रा के सारे इंतजाम किए थे, जिसमें उसने सारे सदस्यों की सुविधाओं और अपने पिता की जरूरतों का ख्याल रखा था। कॉस्टेटिनोपल में चार साल के देश निकाले के बाद, परिवार को पुनः एड्रियनोपल भगा दिया गया। अब्बास ने अब 'अब्दुल-बहा' नाम अख्तियार कर लिया था, जिसका अर्थ होता है—'बहा का सेवक'।

जब बहाउल्लाह ने एड्रियनोपल में अपने मिशन की सार्वजनिक घोषणा की, तो धीरे-धीरे वह सामान्य लोगों से हट गया और अब्दुल-बहा पर परिवार और बहाई के देश-निकालों की जिम्मेदारी छोड़ दी। इस तरह बहाई समुदाय के आंतरिक मामलों को छोड़कर सभी मामलों में वह अपने पिता का प्रतिनिधि बन गया।

अगले चालीस वर्षों तक एक शहर में परिवार को एक तरह से गृह कैद में रखा गया। यहाँ गंभीर जिम्मेदारियों को निभाते हुए उसने अपने भाई की मृत्यु और देश निकाला

की सजा काटनेवाले अपने पिता के अनुयायियों के निरंतर झेले गए कष्ट को देखा। इन सभी कष्ट और परेशानियों के बीच वह विनम्र, खुश, सेवाभावी, उद्देश्य के प्रति समर्पित और सकारात्मक सोच रखनेवाला इंसान बना रहा। 1872 में एकर के किले में दो साल की कठोर कैद से छूटने के बाद अपने पिता की आज्ञा से अब्दुल-बहा ने मुनिरीह खानूम से शादी कर ली, जिसके पिता इस्फाहन के प्रतिष्ठित बाबी थे। वर्षों के अंतराल में उनसे नौ बच्चे यानी सात बेटियाँ ओर दो बेटे पैदा हुए। उनकी बेटियों में केवल चार ही जीवित रह सकीं।

एड्रियनोपल में बीते प्रारंभिक वर्षों के दौरान बहाउल्लाह ने अपने बेटे को अपना आध्यात्मिक उत्तराधिकारी नियुक्त कर दिया था। 'टेबलेट ऑफ द ब्रांच' (सुरि-ई-घुस्न) में पैगंबर (Prophet) के अपने शब्द हैं—"हे लोगों, ईश्वर को उसकी उपस्थिति के लिए धन्यवाद दो, क्योंकि उसकी आप पर महान् कृपा है, उसकी आप पर पूर्ण उदारता है और उसके माध्यम से साँचे में ढली हर हड्डी जीवित होती है। जो कोई उसकी तरफ मुड़ता है, वह ईश्वर की तरफ मुड़ा है। और जो कोई उससे मुँह मोड़ता है, वह मेरी खूबसूरती से दूर हुआ है, उसने मेरे सबूत को नकारा है और मेरे खिलाफ गया है।"

स्वामी (बहाउल्लाह) की मृत्यु के बाद उसके भाई मिर्जा मुहम्मद अली और उसके अनुयायियों ने विद्रोह कर दिया और बहाउल्लाह के वसीयत के प्रावधानों का उल्लंघन करने का प्रयास कर अब्दुल-बहा के अधिकारों को छीनने की कोशिश की। नए नेता और उसके वफादार समर्थकों के लिए यह बड़े दुःख की बात थी। संघर्ष और उठा-पटक के शुरुआती दौर के बाद समुदाय उसके साथ फिर से एक जुट हो गया।

पश्चिम में बहाई धर्म का प्रचार करते हुए अब्दुल-बहा ने यूरोप और उत्तरी अमेरिका की विस्तृत यात्रा की। इस दौरान उसने इसके सिद्धांतों की उद्घोषणा की एवं दोनों महाद्वीपों में बहाई समुदायों की सुदृढ़ स्थापना की। पश्चिमी श्रोताओं को दिए अनेक संबोधनों में उसने अपने पिता की शिक्षाओं की सार्थकता को समकालीन मुद्दों और समस्याओं से जोड़ते हुए उनका प्रभावशाली प्रदर्शन किया।

उसके जीवन के अंतिम कुछ वर्ष पश्चिम के अनुयायियों से पत्र-व्यवहार एवं 'मास्टर इन एकर' की समाधि पर आने वाले तीर्थयात्रियों से व्यक्तिगत विचार-विमर्श करते हुए व्यतीत हुए। इससे हाल ही में बहाई धर्म से जुड़नेवाले और अनुभवी बहाईयों, दोनों की समझ गहरी हुई। उसने बहाई धर्म के संगठनात्मक ढाँचे की स्थापना के प्रति उनके प्रयासों का समर्थन और सुदृढ़ीकरण किया और इसके प्रसार के लिए उन्हें प्रेरित किया।

28 नवंबर, 1921 को प्रातः काल हाइका में 77 वर्ष की आयु में अब्दुल-बहा का निधन हो गया।

विचार मनन

ऐसा क्या है, जो गुरु हमारे लिए करते हैं? वह क्या है, जिसे गुरु के अलावा किसी और से हासिल नहीं कर सकते?

गुरु हमारा निर्माण नए सिरे से करता है। वह शिक्षक, सलाहकार और प्रोफेसर से बहुत आगे होता है। रूपांतरणकारी शक्ति के साथ वह निर्वाणकारी होता है। जैसा कि हमने देखा है, आध्यात्मिकता एक प्रचंड शक्ति है और गुरु की शक्ति इसी में निहित होती है कि वह शिष्य को न केवल मुक्ति की ओर ले जाता है, बल्कि स्वयं की ओर भी, ताकि शिष्य स्वयं के अधिकार से एक शिक्षक हो सके।

बहाई स्वामियों के जीवन के लघुचित्र

''कोई बुराई मत सुनो और न ही कोई बुराई देखो, स्वयं को मत गिराओ, न ही कराहो और रोओ। ऐसी कोई बुराई मत करो, जो तुम स्वयं अपने लिए बोले जाने पर न सुन सको। दूसरों की गलतियों को इसलिए बढ़ा-चढ़ाकर मत बतलाओ, ताकि तुम्हारी अपनी गलतियाँ बड़ी न लगें; और अपने को तिरस्कृत होने से बचाने के लिए दूसरे का अपमान न करें। फिर गुजरते क्षण से भी कम अपने जीवन के दिनों को जीते हुए अपने मन को बेदाग, हृदय को पवित्र, विचारों को पवित्र और स्वभाव को निष्कपट रखो, ताकि स्वतंत्र और संतुष्ट होकर तुम इस नश्वर शरीर को छोड़ सको और उस रहस्यमय स्वर्ग से जुड़कर सदा के लिए अनंत साम्राज्य में निवास कर सको।''

—बहाउल्लाह

बादाश्त का सम्मेलन

बादाश्त का सम्मेलन जुलाई 1848 में तेहरान से कुछ दूर एक गाँव में संपन्न हुआ। इस सम्मेलन में बाब के इक्यासी सर्वाधिक विशिष्ट अनुयायी शामिल हुए। बहाउल्लाह, कुद्दुस और ताहिरीह प्रमुख प्रतिभागी थे।

हालाँकि शुरू में बहाउल्लाह बाब के अनुयायियों में कोई विशेष दर्जा लेने के लिए उपस्थित नहीं हुआ, किंतु सम्मेलन में उसकी भूमिका निर्णायक थी। जहाँ सम्मेलन आयोजित हुआ था, उन बगीचों को उसने किराए पर ले रखा था और अगले बाईस दिनों तक वहाँ

इकट्ठे हुए सभी लोगों ने उसके उदार आतिथ्य का आनंद लिया। प्रतिदिन बहाउल्लाह एकत्र अनुयायियों के समक्ष पढ़े जाने के लिए एक प्रपत्र सामने रखता था। प्रत्येक को उसने एक नया नाम दिया। उसने ताहिरीह और कुद्दुस की जो उपाधियाँ दीं, उनके द्वारा वे इतिहास में जाने गए। 'ताहिरीह' उपाधि का अर्थ पवित्र इनसान और 'कुददुस' का अर्थ है पवित्र। इसके बाद, आगे वह स्वयं 'बहा' के नाम से जाना गया। बाद में बाब ने सम्मेलन में शामिल सभी लोगों के लिए एक-एक प्रपत्र प्रस्तुत किया। उन्हें उस नाम से संबोधित किया गया था, जो उन्हें उस अवसर पर मिला था।

बादाश्त के सम्मेलन से बाबी धर्म के विकास में सर्वाधिक उथल-पुथल की शुरुआत हुई। जल्द ही इसके अनुयायियों की यातनाएँ काफी बढ़ गईं और कई लोग शहीद कर दिए गए। यह ऐसा कुछ था, मानो सम्मेलन एक विदाई समारोह रहा हो, जहाँ ईश्वर के राज्य में फिर से मिलने के लिए वे वीरता के महान् कार्य करेंगे।

(स्रोत : रूही बुक-4)

संकट और विजय

सारे जिले में बाब का संदेश जंगल की आग की तरह फैलता रहा। तब मुख्य धर्मशास्त्री के अनुयायी चौंक गए और उन्होंने उस पर कुछ कदम उठाने का दबाव बनाया, अंततः उसने अपने दो सर्वाधिक विशिष्ट शिष्यों को बहाउल्लाह से मिलने और उसके संदेश की प्रकृति की पड़ताल करने भेजा। यह कहानी बयान करती है कि जब बहाउल्लाह की उपस्थिति में उन प्रतिनिधियों ने प्रवेश किया तो क्या हुआ।

धर्मशास्त्री के प्रतिनिधियों के 'टाकुर' (Takur) आने पर जब उन्हें बताया गया कि बहाउल्लाह पहले ही अपने शीतकालीन निवास पर जा चुका है, तो उन्होंने वहीं जाने का निर्णय लिया। जब वे वहाँ पहुँचे तो उन्होंने पाया कि बहाउल्लाह कुरान शरीफ के एक अध्याय पर टिप्पणी कर रहा था। जब वहाँ बैठकर उन्होंने उसे सुना, तो वे उसके प्रस्तुतीकरण और बोलने की कला से बहुत प्रभावित हुए। खुद को रोक पाने में असमर्थ एक प्रतिनिधि अपनी जगह से उठा और चलकर कमरे के पीछे गया और आदर व विनम्रता से दरवाजे की बगल में खड़ा हो गया। वह काँप रहा था और उसकी आँखों में आँसू थे। उसने अपने साथी को बतलाया—"बहाउल्लाह से प्रश्न करने की ताकत मुझमें नहीं है। जो प्रश्न मैंने उससे पूछने की योजना बनाई थी, वे अचानक मेरी याददाश्त से विलुप्त हो गए। अब तुम अपनी पड़ताल करने या अकेले लौटकर हमारे शिक्षक को, जिस दशा में मैं हूँ, उसकी सूचना देने के लिए स्वतंत्र हो। मेरी तरफ से उन्हें बता देना कि मैं अब कभी उनके पास वापस लौटकर नहीं आऊँगा। अब मैं यह दहलीज कभी नहीं छोड़ूँगा।"

लेकिन दूसरा प्रतिनिधि भी बहाउल्लाह की बातों से उतना ही प्रभावित था और

उसने अपने मित्र के उदाहरण का ही अनुसरण किया। उसका जवाब था, ''मैंने अपने शिक्षक को पहचानना छोड़ दिया है। इसी क्षण मैंने ईश्वर से प्रतिज्ञा की है कि अपनी जिंदगी के बाकी दिन मैं बहाउल्लाह की सेवा में लगा दूँगा, जो कि मेरा एकमात्र सच्चा मालिक है।'' इन दोनों धर्मशास्त्री शार्गिदों के हृदय परिवर्तन की बात पदाधिकारियों, सरकारी अधिकारियों, धार्मिक नेताओं, व्यापारियों, किसानों और बहाउल्ला के समूह में फैल गई। सैकड़ों लोग इस नई आस्था के झंडे तले आ गए।

(स्रोत : रूबी बुक-4, पेज 84-85)

दो शहीदों की कहानी

मैं आपको दो शहीदों की कहानी सुनाना चाहता हूँ—उनमें से एक फारसी सामंत था, जो दरबार का शौकीन, धनाढ्य एवं देश भर में पहचाना जाता था। जब यह मालूम हुआ कि वह बहाउल्लाह का अनुयायी है, तो इस ख्यातिलब्ध व्यक्ति को हिरासत में लेकर एक अन्य व्यक्ति के साथ बिना भोजन-पानी के कैदखाने में डाल दिया गया। तीसरे दिन उनमें से एक ने जेलर से एक कप चाय के लिए अनुरोध किया। उसकी विनम्रता से प्रभावित होकर जेलर ने उसके अनुरोध को पूरा किया। उसको धन्यवाद देते हुए इस कैदी ने कहा, ''आपको कष्ट देने का मुझे बड़ा खेद है। आज रात हमारे अनुरोध के प्रति थोड़ा धैर्य रखें, क्योंकि कल रात हम ईश्वर के मेहमान हो जाएँगे।''

चौथे दिन उन्हें कैदखाने से बाहर लाया गया और उनके सामने दो भालुओं को नचाया गया। उन्हें नीचा दिखाने के लिए कई बंदर भी लाए गए। सोलोमन काहन और उसके मित्र को एक कमरे में ले जाया गया। उनके सीनों को चीरा गया और कटे हुए भाग पर जलती मोमबत्तियाँ रखी गईं। फारस में इसे सबसे भयंकर यातना माना जाता है।

इसके बाद इन्हें शहर भर में घुमाया गया। अपने चारों ओर देखते हुए सोलोमन काहन ने कहा, ''इस शोर-शराबे की कोई जरूरत नहीं है। हमारी मौत पर इतना जलसा क्यों हो रहा है? सचमुच यह हमारी शादी का भोज है और हम खुश हैं।'' बैंड-बाजे व पीछे बहुत से लोगों की भीड़ के साथ उन्हें शहर के बाजारों और सड़कों पर घुमाया गया। लोग लंबे-लंबे नुकीले सूए चुभोते हुए उनसे कहते, ''हमारे लिए नाचो!'' बड़े साहस और खुशी के साथ वे आगे बढ़ते गए। सुबह से शाम तक वे शहर भर में चलते रहे। जब मोमबत्तियाँ बुझ जातीं तो जेलर दूसरी मोमबत्तियाँ लगा देता था।

पूरे समय हमारे नायक शांत और खुश रहे और आगे बढ़ते हुए वे अपने दाएँ-बाएँ लोगों को देखकर मुस्कराते रहे तथा ऊपर की ओर देखकर प्रार्थना करते रहे। अंततः वे शहर के बाहरी द्वार तक पहुँचे, जहाँ उनमें से प्रत्येक के टुकड़े-टुकड़े किए जाने थे।

तेहरान में चार ऊँचे द्वार हैं। उनके शरीर के एक भाग से द्वारों के एक-एक हिस्से

को सजाया गया। अंग-भंग किए जाने के दौरान भी सोलोमन काहन प्रार्थना कर रहा था और ईश्वर से विनती कर रहा था। यह कहानी इस उद्देश्य से दुश्मन के द्वारा संकलित की गई है, क्योंकि सब कुछ शाह के इतिहासकारों द्वारा दर्ज किया गया है। अंत में इतिहासकारों ने सोलोमन काहन के विषय में कहा है, ''इस इंसान पर शैतानी रूह सवार थी।'' यह वर्णन बतलाता है कि ईश्वर पर यकीन करनेवाले कितनी तत्परता के साथ अपना जीवन त्याग देते हैं, वे कितने बलिदानी होते हैं, निरंतर दृढ़ और निश्चयी बने रहते हैं। निर्वाण प्राप्त ये आत्माएँ बहाउल्लाह के प्रकाश का परिणाम हैं, जिसने उन्हें ईश्वर के राज्य के लिए इतने दृढ़ शक्ति से आकर्षित किया कि आकाश में स्थिर तारों की तरह ये शहीद इल-अभा के क्षितिज पर चमकते रहेंगे।

(स्रोत: अब्दुल-बहा, डिवाइन फिलॉसफी, पृष्ठ 47-49)

दिव्य कारण

अब्दुल-बहा की पत्नी मुनीरीह खानूम ने कहा है—

मेरे बच्चों में से पाँच अकरा की जहरीली जलवायु से मर गए। वस्तुतः बुरी आबोहवा केवल बाहरी भौतिक कारण था। आंतरिक आध्यात्मिक कारण यह था कि स्वामी (पति) का कोई भी बेटा बड़ा होकर पुरुष न बन सके।

जब मेरा प्यारा नन्हा हुसैन गुजरा, बहाउल्लाह ने लिखा, ''तुम्हारे प्यारे बच्चे को वापस क्यों बुला लिया गया, इस कारण का ज्ञान ईश्वर के मन में है और वह इसे अपने उचित समय पर प्रकट करेगा। ईश्वर के पैगंबरों के लिए वर्तमान और भविष्य एक ही होते हैं।''

इसीलिए मैं समझती हूँ कि बुद्धि के संयोग से बहाउल्लाह और बाब के परिवारों को जोड़ने का निर्णय मेरी बेटी दीयायीह खानूम, जिसका विवाह अका मिरजा हादी अफनान से किया गया, उससे जन्मा बड़ा बेटा शोगी इफेंदी के समक्ष लिया गया।

मैं फारस में मित्रों को लिखती रही हूँ, ''तुम हमसे मिलने की इच्छा कर रहे हो, हम तुमसे मिलने की इच्छा कर रहे हैं; हमारे अलगाव के पीछे बात क्या है?''

आइए, समझें कि यदि बहाउल्लाह को बगदाद, कॉस्टेटिनोपल और अकरा के लिए देश निकाला नहीं दिया गया होता, तो दो ईश्वरीय संदेश इतनी जल्दी नहीं फैलते और पवित्र पुस्तकों (Holy Books) की भविष्यवाणियाँ पूरी नहीं हुई होतीं।

(लेडी ब्लोमफील, द चूजेन हाई वे)

अपने दुश्मनों को माफ करो

यह अक्का के शायख महमूद से संबंधित है, जो बहाइयों से नफरत करता था। जबकि उसके बहुत से कस्बाई साथी धीरे-धीरे यह महसूस करने लगे थे कि वे कितने

गलत थे कि कैदियों की प्रशंसा करते थे, लेकिन शायख महमूद अपनी नफरत में ही अड़ा रहा।

एक दिन वह एक सम्मेलन में उपस्थित था, जहाँ लोग अब्दुल-बहा की बतौर अच्छे और उल्लेखनीय इंसान के रूप में तारीफ कर रहे थे। शायख यह बिल्कुल बर्दाश्त नहीं कर सका और यह कहते हुए गुस्से से बाहर निकल गया कि वह इस अब्बास इफेंडी को देख लेगा। गुस्से से लाल-पीला होकर वह मस्जिद पहुँचा, उसे मालूम था कि अब्दुल-बहा उस वक्त वहाँ हो सकता है और उसे थप्पड़ मारा।

स्वामी ने उसकी ओर निस्तब्धता और प्रतिष्ठा के साथ देखा, उसे पैगंबर मुहम्मद की कही बात याद दिलाई—"मेहमान के प्रति उदार रहो, फिर चाहे वह काफिर ही क्यों न हो।" शायख महमूद मुड़कर चला गया। उसका गुस्सा काफूर हो चुका था और इसी तरह उसकी घृणा भी खत्म हो गई थी। उसे शर्म के गहरे भाव और तीव्र पश्चात्ताप के अलावा किसी बात का होश नहीं था। वह भागकर अपने घर गया और दरवाजा बंद कर लिया। कुछ दिनों बाद वह अब्दुल-बहा की उपस्थिति में आया और घुटने के बल बैठकर क्षमा-याचना करने लगा—"आपके अलावा मैं किस दर की तलाश कर सकता हूँ? आपके अलावा मैं किसकी उदारता की उम्मीद कर सकता हूँ?" और वह एक समर्पित बहाई बन गया।

(स्रोत : होनोल्ड, अन्नामेरी, विग्नेट्स फ्रॉम द लाईफ ऑफ अब्दुल-बहा, पृष्ठ 50)

~•~

विचार मनन

सच्चा संत कौन है?

एक सच्चा संत वह है, जो लोगों से कटकर नहीं रहता। एक सच्चा संत वह है, जो लोगों में हिल-मिल जाता है, वह जो रोजमर्रा के क्रियाकलाप में भाग लेता है, लेकिन जो ईश्वर को एक क्षण के लिए भी नहीं भूलता। एक सच्चा संत वह है, जो इस संदेश को जीता है—'प्रत्येक दिन ईश्वर के प्रेम में, दीन-हीनों के साथ, दया और करुणा में, प्रेम और सत्य में रहने की आकांक्षा रखो।'

यहूदी धर्म

संक्षिप्त परिचय

यहूदी धर्म का इतिहास 'जेनेसिस की पुस्तक' के अनुसार ईसाई और इस्लाम की तरह सृष्टि के मिथक से प्रारंभ हुआ, कहा जा सकता है। किंतु यह प्राचीन इतिहास अब्राहम के जीवन के द्वारा विशेष रूप से यहूदी हो जाता है, जिसे यहूदी धर्म का संस्थापक और यहूदी संप्रदाय का पितामह कहा जाता है। टेरा का पुत्र और इस्माइल और इस्साक के पिता अब्राहम की ईश्वर ने परीक्षा लेते हुए उसे उसके पुत्र इस्साक की बलि चढ़ाने के लिए कहा ताकि वह अपना धर्म स्थापित कर सके और सिद्ध कर सके कि वह उस शक्तिशाली राष्ट्र का पिता होने के योग्य है, जो आकाश के तारों और समुद्र तट के रेत के कणों की तरह अनगिनत है।

अब्राहम ने आदेश का पालन किया और बलि की वेदी पर अपने पुत्र को खत्म करने ही वाला था, तभी एक फरिश्ते ने हस्तक्षेप कर बालक के जीवन की रक्षा की। अब्राहम की निष्ठा से खुश होकर, ईश्वर ने पैगंबर को वचन दिया कि उसके उत्तराधिकारी 'देश के वारिस' होंगे (अर्थात् कन्नान, जो कि उस क्षेत्र का प्राचीन नाम है, जिसमें आधुनिक समय का इजराइल, पेलेस्तिन के साथ-साथ लेबनान, सीरिया और जोर्डन के भाग शामिल हैं, जिसे 'ओल्ड टेस्टामेंट' में 'प्रॉमिस्ड लैंड' कहा गया है।) इसे 'अब्राहम का मठ' कहा जाता है। अधिकतर विद्वानों का मत है कि यह घटना लगभग 1800 ईसा पूर्व हुई थी। सभी प्राचीन यहूदी अपनी भौतिक वंशावली अब्राहम के जन्म से जोड़ते हैं और बाइबल में यहूदी स्वयं को 'अब्राहम के बीज' के रूप में उल्लेख करते हैं। बाद के सभी पैगंबर भगवान को 'अब्राहम का भगवान' का हवाला देते हैं और उसे यहूदी धर्म, इस्लाम और ईसाई के पैगंबरों में प्रथम पैगंबर मानते हैं।

यहूदी, यहूदी धर्म को 'इजरायल के बच्चों' (जिसे बाद में यहूदी राष्ट्र कहा गया) और ईश्वर के बीच पारंपरिक संबंध की अभिव्यक्ति मानते हैं। बाइबल परंपरा के अनुसार ईश्वर ने स्वयं को अब्राहम के समक्ष प्रकट किया और स्वयं ही उसके सामने अद्वैतवाद के सिद्धांत का प्रतिपादन, एक ऐसे समय में किया, जब मध्य एशिया और

यूरोप के अधिकतर धर्म वस्तुतः बहुदेववादी थे। ईश्वर ने यहूदियों के लिए विशेष संरक्षण का भी वादा किया, जिन्हें तभी से 'चुने हुए लोग' के रूप में जाना गया।

यहूदी धर्म केवल दुनिया के प्राचीन धर्मों में से ही एक नहीं है, बल्कि यह यहूदियों की धार्मिक संस्कृति भी है, जो यहूदी नियम की प्रणाली, रीति-रिवाज और व्यक्तिगत व समूचे संप्रदाय के व्यवहार को समाहित करती है। जूडैस्म शब्द हेब्रिऊ शब्द 'येहुदाह' शब्द से निकला है और इसकी विशिष्ट विशेषता है—मान्यताओं और व्यवहारों का समूह, जिसे 'तनख' भी कहा जाता है, एक ऐसा धर्म, जो ओल्ड टेस्टामेंट के अनुसार 3000 साल की ऐतिहासिक उपस्थिति का दावा करता है, यह दुनिया का सबसे प्राचीन अद्वैतवादी धर्म है। इसके धर्मग्रंथ, परंपराएँ और मान्यताएँ सभी अब्राहम से संबंधित धर्मों, जैसे ईसाई, इस्लाम और बहाई धर्म के समान हैं।

मजे की बात है कि इस धर्म के पवित्र ग्रंथ यहूदियों को धर्म के बदले राष्ट्र (नेशन) के रूप में दर्शाते हैं, इस तरह सभी वर्गों के यहूदियों को एक ही जातीय-धार्मिक समूह से संबंधित माना जाता है, चाहे वे दुनिया में कहीं भी रहें। मध्य-पूर्व से प्रारंभ होकर यहूदी धर्म दुनिया के अनेक भागों में फैल गया, जिसमें यूरोप, रूस, अमरीका और भारत शामिल है। यह फैलाव ऐच्छिक आव्रजन और बलपूर्वक देश निकाले के कारण हुआ। आज अनेक यहूदी इस विचार से इत्तेफाक रखेंगे कि जिसे हम 'यहूदी पहचान' कहते हैं, वह प्राथमिक रूप से प्राचीन लोगों से संबंधित है और इसकी प्रथाओं का समर्थन करता है।

बेबल की मीनार

''इसलिए इसके नाम को बेबल कहा जाता है, क्योंकि ईश्वर ने वहाँ से सारी धरती की भाषा को विचलित कर चकित कर दिया और तभी से ईश्वर ने सभी लोगों को पृथ्वी पर अलग-थलग कर दिया।''

—जेनेसिस 11-9

यह गहन प्रतीकात्मक कहानी हमें 'जेनेसिस' पुस्तक में पढ़ने को मिलती है। जब सारी धरती पर सैलाब आने को था, तभी ईश्वर ने नोह को उसके परिवार और हर तरह के पक्षी तथा जानवर के सात जोड़े के साथ एक नाव तैयार करने के लिए कहा। उसने नोह को चेतावनी दी कि लगातार 40 दिन और 40 रातों तक वर्षा होगी और नोह की नाव को छोड़कर शेष सारी सृष्टि पूरी तरह नष्ट हो जाएगी।

नोह ने वही किया, जो ईश्वर ने उसे करने के लिए कहा। नोह और उसकी पत्नी अपने बेटे शेम, हैम और जफेठ तथा उनकी पत्नियों के साथ नाव में बैठे, उनके साथ विभिन्न प्रजातियों के जंगली जानवर, हर तरह के मवेशी, धरती पर विचरण करनेवाले हर तरह के प्राणी, सभी प्रजातियों के पक्षी, साँस लेनेवाले प्राणियों के हर तरह के जोड़े नोह की नाव में बैठ गए। नाव में जाने वाले जानवर प्रत्येक जीवित प्राणी के नर और मादा थे, जैसा कि ईश्वर ने नोह से कहा था। इसके बाद ईश्वर ने उसे अंदर से बंद कर लिया।

चालीस दिनों तक धरती पर बारिश होती रही और जब बाढ़ आई तो नाव धरती

से ऊपर उठी और उच्चतम पर्वतों से भी ऊपर उठती गई। जमीन पर विचरण करनेवाले हर जीवित प्राणी—पक्षी, मवेशी, जंगली जानवर और समस्त मानवता का नामो-निशान मिट गया। केवल नोह और उसका परिवार तथा वे जानवर, जो उसकी नाव में उसके साथ आ गए थे, जीवित बचे रहे।

तदुपरांत ईश्वर ने नोह से कहा, "अब तुम अपनी पत्नी और परिवार के साथ नाव से बाहर आ सकते हो। हर तरह के जीवित प्राणी, जो तुम्हारे साथी हैं—पक्षी, जानवर और जमीन पर विचरण करनेवाले सभी प्राणी—उन्हें बाहर निकालो, ताकि वे धरती पर गुणोत्तर दर से बढ़ सकें और अपनी संख्या बढ़ा सकें।"

ईश्वर ने फिर नोह के साथ एक नया समझौता किया—सारी सृष्टि को नष्ट करने के लिए पानी फिर कभी बाढ़ नहीं बनेगा। जब कभी भी आकाश में इंद्रधनुष नजर आएगा, तो यह मनुष्यों को ईश्वर और मनुष्य एवं समस्त जीवित प्राणियों के बीच चिरंतन समझौते की याद दिलाएगा।

नोह और उसके परिवार ने आकाश में इंद्रधनुष को उभरते देखा। वे सचमुच खुश थे। नोह के पुत्र और उनकी संतानें, बाढ़ के बाद समस्त धरती पर फैल गईं। उस समय विश्व की सारी जनसंख्या एक ही भाषा बोलती थी, हर कोई, हर किसी की भाषा समझता था। जब लोग पूर्व की ओर गए, तो उन्हें शिनार में एक मैदानी भाग मिला और वे वहाँ बस गए। शिनार वह जगह है, जो बाद में 'बेबीलोन' के नाम से विख्यात हुई।

लोग जो एक ही संप्रदाय और एक ही राष्ट्र से थे, उन्होंने एक शहर स्थापित करने का निर्णय लिया, ताकि वे और ज्यादा तितर-बितर न हो सकें, टुकड़ों में न बँट सकें। उन्होंने ईंट पकाना सीखा, उन्होंने गारे के बदले कोलतार से निर्माण करना सीखा, तत्पश्चात् उन्होंने तय किया कि वे एक ऊँची मीनार बनाएँगे—एक इतनी ऊँची मीनार कि वह स्वर्ग की सीढ़ी बन सके।

रब्बानी साहित्य दावा करता है कि मीनार के निर्माणकर्ता दुस्साहसी, अलगाववादी धर्म से विद्रोह करनेवाले थे। उनका इरादा ईश्वर को चुनौती देने का था—"ईश्वर का कोई अधिकार नहीं बनता कि वह ऊपरी दुनिया स्वयं के लिए चुने और नीचे की दुनिया हमारे लिए छोड़ दे। इसलिए हम एक मीनार बनाएँगे, जिसके ऊपर एक तलवारधारी प्रतिमा होगी, ताकि ऐसा लगे, मानो यह ईश्वर से युद्ध का इरादा लिये हुए है।"

ईश्वर ने उनका शहर और उनकी मीनार का निर्माण होते देखा, तो वह उनकी इस महत्त्वाकांक्षा से खुश नहीं हुआ। संगठित होने एवं एक ही भाषा बोलने के कारण वे महसूस करते थे कि उनकी उपलब्धियों की कोई सीमा नहीं होगी।

ईश्वर ने निर्णय लिया कि वह उन्हें विचलित कर देगा। अब वे विविध प्रकार की भाषाएँ बोलने लगे और एक-दूसरे की बातें समझ नहीं पाते थे। वे बिखर गए और

मीनार बनाने का विचार छोड़ दिया। जिस स्थान पर उनकी भाषा विचलित हुई, उसे 'बेबल' के नाम से जाना गया। यह नाम हेब्रू शब्द 'बलाल' से बना है, जिसका अर्थ है—'अस्त-व्यस्त हो जाना'।

प्रतीकात्मक रूप से यह कहानी मानवीय भाषा में विचलन की उत्पत्ति को दर्शाती है। जहाँ कुछ विद्वान् इस कहानी को मानव की अत्यधिक धृष्टता और घमंड की सजा के रिकॉर्ड (लेख-प्रमाण) के रूप में देखते हैं, वहीं इसकी एक सकारात्मक व्याख्या है, सांस्कृतिक एकल जातीयता से सांस्कृतिक विविधता की ओर प्रयाण। इस तरह बेबल को आने वाली 'समस्त सभ्यताओं का पालना' कहा जाता है।

'जेनेसिस की पुस्तक' में उस मीनार के विध्वंस का कोई उल्लेख नहीं है। हमें बताया जाता है कि लोगों ने आगे का निर्माण कार्य रोक दिया। किंतु 'मिडरेश' (यहूदी साहित्य) हमें बतलाती है कि मीनार का ऊपरी भाग जला दिया गया, नीचे का भाग निगल लिया गया और मध्य वाले भाग को समयांतराल में क्षय होने के लिए छोड़ दिया गया।

~•~

विचार मनन

मैत्री गीत

समस्त धरती हमारा देश है,
और आकाश इसका गुंबद है;
राष्ट्र हैं बंगले
दिव्य पिता के घर के!
हम चीन और जापान
मक्का और भारत
सोवियत, सिंध वासी
हम सब भाई-बहन हैं!

हिंदू, मुस्लिम, ईसाई,
समस्त बौद्धधर्मी और बहाई—
हम एक-दूसरे की मित्रता,
और अविनाशी प्रेम बाँटते हैं!

हम एक धर्म के सहारे जीते हैं
हम एक ही गीत गाते हैं!
थोड़े से सेवा कृत्यों से,
हम उसकी, अपने सम्राट् की पूजा करते हैं!

हम ईश्वर और उसकी दया पर यकीन करते हैं,
और स्वयं पर विश्वास करते हैं,
आज जिन चीजों की हमें आशा है,
एक दिन हम उन्हें पा जाएँगे!

हाथ में हाथ डाले, हम
बेहतर संसार बनाने आगे बढ़ते हैं,
प्रेम और हँसी की दुनिया
जिसमें पर्याप्त शांति भरी हो!

मूसा का जीवन

''मूसा ने ईश्वर से कहा, 'आप मुझसे कहते रहे हो, 'इन लोगों का नेतृत्व करो,' लेकिन आपने मुझे नहीं बताया कि आप किसे मेरे साथ भेजोगे। आपने कहा है, मैं तुम्हें नाम से जानता हूँ और तुम्हें मेरी कृपा प्राप्त है।' यदि आप मुझसे खुश हैं, तो मुझे अपने तौर-तरीके बताइए, ताकि आपको जान सकूँ और निरंतर आपकी कृपा पा सकूँ। याद रहे कि इस राष्ट्र में आपके लोग हैं।''

ईश्वर ने उत्तर दिया, ''मेरी उपस्थिति तुम्हारे साथ रहेगी और मैं तुम्हें विश्राम दूँगा।''

फिर मूसा ने उससे कहा, ''यदि आपकी उपस्थिति हमारे साथ नहीं होगी, तो हमें यहाँ से ऊपर मत भेजिए।''

''जब तक आप हमारे साथ नहीं जाएँगे तो कोई कैसे जानेगा कि आप मुझसे और अपने लोगों से खुश हैं? किस बात से मैं और आपके लोग धरती पर दूसरे लोगों से अलग व विशिष्ट होंगे?''

और ईश्वर ने मूसा से कहा, ''तुमने जो कहा है, वह मैं करूँगा, क्योंकि मैं तुमसे खुश हूँ और मैं तुम्हें नाम से जानता हूँ।''

—एक्सोडस 33:12-18

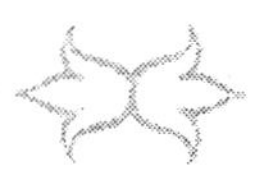

''मूसा हेब्रू था और उसका जन्म 'लेवी' जनजाति में हुआ था। लेवी के निवासी इजरायल की 12 जनजातियों में से एक थे। उन्हें ईश्वर के

आध्यात्मिक नेतृत्वकर्ता माना जाता था। उसका जन्म मिस्र में हुआ और वह लेवी जनजाति के आम्रम और योचेबेड का पुत्र था। बाइबल के अनुसार 'मूसा' नाम (हेब्रू में मोशेह) एक कहावत 'मैंने पानी से उसे खींचकर निकाला' (मेशीतीहू) से आता है।'' (एक्सोडस 2:10)

ऐसा कैसे हुआ कि इस महान् हेब्रू पैगंबर का जन्म सुदूर मिस्र में हुआ? उसके लोग उस देश में गुलाम क्यों थे?

बाइबल हमें बताती है कि प्राचीन इजरायलवासियों के कुल पिता जैकब, भयंकर अकाल के कारण अपने परिवार के साथ एशिया से मिस्र आ गए थे। बाइबल बताती है कि वे 'लैंड ऑफ रैमेसेज' में बस गए और अंततः वहाँ की संपत्ति के स्वमाी बन गए। (*जेनेसिस 47:11.27*) हमें यह भी बताया जाता है कि जैकब का पुत्र जोसफ, मिस्र में उच्च वर्ग अधिकारी तब बन गया, जब उसने फराओ के स्वप्नों की सही व्याख्या की (*जेनेसिस 41:39–45*)। वस्तुतः उसने राज्य के कामकाज को इतनी अच्छी तरह व्यवस्थित किया कि जब सारे क्षेत्र में अकाल का संकट आया तो जोसफ के प्रबंधन में फराओ के अन्य भंडार में अतिरिक्त अनाज था, जिसे दूसरे राष्ट्रों को बेचा जा सकता था। फराओ उसकी योग्यता से इतना खुश था कि उसने जोसफ को मिस्र का वाइसराय नियुक्त कर दिया।

जोसफ की मदद से जैकब के बारह पुत्र मिस्र के गोशेन प्रांत में बस गए। कहा जाता है कि जब उसके पिता जैकब, इजरायल के कुल पिता की मृत्यु हुई, तो जोसफ ने जैकब का कुशलतापूर्वक लेपन किया और फराओ की अनुमति से विशाल राजकीय शवयात्रा को बारह पुत्रों के कंधों पर मिस्र के अधिकारियों के साथ वापस केनान ले गया।

लेकिन जोसफ की मृत्यु के बाद मिस्र में इजरायलवासियों ने वह सम्मान खो दिया, जो उन्हें वहाँ पहले मिलता था। उनकी बढ़ती हुई जनसंख्या को स्थानीय मिस्र की आबादी के लिए खतरा माना गया। इस तरह उन्हें गुलाम बना लिया गया और रैमेसेज शहर के निर्माण के लिए उन्हें गुलामों की तरह प्रयोग किया गया (*एक्सोडस 1:11*)। गुलामी में उन्होंने इस विदेशी भूमि में लगभग 400 वर्ष निवास किया। अंततः मूसा ने उन्हें इस दशा से आजाद किया और उन्हें रैमेसेज से बाहर 'प्रॉमिस्ड लैंड' में ले गए। 'बुक ऑफ एक्सोडस' में उनकी यात्रा की अविस्मरणीय कहानी को बताया गया है, जिसका शाब्दिक अर्थ सामूहिक प्रयाण या प्रव्रजन है।

आइए, अब उस व्यक्ति की जीवनगाथा पर लौटें, जिसने उस सामूहिक प्रस्थान का नेतृत्व किया। वस्तुतः वह व्यक्ति, जिसने इसे संभव बनाया। जब आम्रम और योचेबेड से मूसा का जन्म हुआ, तब गोशेन के यहूदियों की दशा सचमुच बुरी थी। उन्हें सताया जा

रहा था और यातनाएँ दी जा रही थीं। फराओ ने एक आदेश पारित किया था कि यहूदियों के सभी नवजात शिशुओं को नील नदी में डुबोकर मार डाला जाए। आम्रम और योचेबेड के पहले ही दो बच्चे, आरोन और मीरियम थे। जब मूसा का जन्म हुआ, तो उन्होंने अपने नवजात बच्चे को एक बाँस की टोकरी में रखकर नील नदी की ऊँची घास में छिपा दिया।

उसकी बहन मीरियम ने चिंतातुर होकर अपने छिपने के स्थान से पानी में बहते हुए बच्चे को देखा। उसने देखा कि औरतों का एक समूह और उनके नौकर नदी में नहा रहे थे। उनमें से एक फराओ की बेटी राजकुमारी थी, जिसको कोई पुत्र नहीं था। बच्चे के रोने की आवाज सुनकर राजकुमारी उसे बचाने के लिए दौड़ी। उसने उसका नाम 'मूसा' रखा, जिसका अर्थ है 'नदी से निकाला हुआ'। उसकी पुत्र पाने की इच्छा अब पूरी हो चुकी थी और वह बच्चे को महल में ले गई। मीरियम, जिसने राजकुमारी को अपने भाई को बचाते हुए देखा, दौड़कर अपने माता-पिता को यह बताने गई कि उसका भाई सुरक्षित है।

इस तरह कुछ ऐसा हुआ कि हेब्रू गुलाम के बच्चे जिसे फराओ के आदेश से नदी में डुबोया जाने वाला था, उसका पालन-पोषण मिस्र के दरबार के शान-शौकत में फराओ की बेटी के दत्तक पुत्र के रूप में हुआ। राजकुमारी ने उसे अच्छी-से-अच्छी चीजें उपलब्ध कराईं, जिसमें शिक्षा भी शामिल थी। दूसरे रूप में हम देख सकते हैं कि यह ईश्वर की इच्छा ही थी कि यहूदियों को भविष्य में उबारनेवाले का पालन-पोषण मिस्र के राजकुमार की तरह हुआ। क्योंकि यदि मूसा का पालन-पोषण गुलामी की हालत में हेब्रू लोगों के बीच हुआ होता तो शायद उसमें गर्व, दृष्टिकोण और फराओ को चुनौती देने तथा विद्रोह करने का साहस नहीं होता।

बाइबल हमें सामूहिक प्रस्थान से पूर्व मूसा के जीवन की तीन प्रमुख घटनाओं के बारे में बताती है। युवावस्था में एक बार उसकी मुलाकात मिस्र के एक सिपाही से हुई, जो बेरहमी से एक यहूदी गुलाम पर कोड़े बरसा रहा था। वह इतना क्रोधित हुआ कि उसने मिस्र के सिपाही को वहीं मार डाला। अब फराओ के गुस्से के डर से वह मीडियन मरुस्थल की ओर भाग गया, जहाँ उसे पुजारी जेठरों के यहाँ चरवाहे के रूप में काम मिल गया। उसका व्यवहार और बर्ताव इतना अच्छा था कि उसका विवाह उसके मालिक की बेटी जिप्पोरा से कर दिया गया। उनके दो बेटे हुए—जेरशोम (अर्थात् अजनबी या अनजान), और एलिजर (ईश्वर की मदद)।

एक दिन जब वह एकांत में पहाड़ी पर अपने जानवरों को चरा रहा था, मूसा एक जलती हुई झाड़ी देखकर दंग रह गया, जिसे आग पूरी तरह जला नहीं पा रही थी। जब वह झाड़ी के पास पहुँचा तो उसे ईश्वर की आवाज सुनाई दी। आवाज ने उससे कहा,

''मैं अपने लोगों का कष्ट देख चुका हूँ और उन्हें बचाने के लिए दृढ़ संकल्पित हूँ। मैं चाहता हूँ कि तुम फराओ के पास जाओ और हेब्रुओं को मिस्र से बाहर निकालने की व्यवस्था करो।''

मूसा चकित रह गया। उसने विस्मय से कहा, ''ईश्वर मैं कौन हूँ, जो फराओ के पास जाऊँ और इजराइल के बच्चों को मिस्र से बाहर निकालकर लाऊँ?''

ईश्वर ने मूसा से कहा, ''मैं जानता हूँ कि मिस्र का राजा तुम्हें नहीं जाने देगा, लेकिन शक्तिशाली हाथ से, क्योंकि मैं अपने शक्तिशाली हाथ आगे बढ़ाऊँगा और अपने सारे करिश्मे से मैं मिस्र पर उनके बीच में वार करूँगा, इसके बाद वह तुम्हें जाने देगा।''

और फिर भी मूसा झिझका। उसने कहा, ''ईश्वर, मैं आपसे विनती करता हूँ, मैं वाक्पटु नहीं हूँ। मुझमें भाषा का अवरोध है और जुबान बहुत धीमी है।''

इस पर ईश्वर ने उसे सलाह दी कि वह अपने भाई आरोन को साथ ले जाए। आरोन एक ओजस्वी वक्ता और साहसी था तथा वह मूसा के लिए प्रवक्ता की भूमिका अदा करता। ईश्वर ने मूसा को करिश्मा दिखाने की शक्ति भी दे दी, ताकि हेब्रू लोग उसे ईश्वर के संदेशवाहक और सेवक के रूप में पहचान सकें।

इस तरह मूसा का भाग्य उदय हुआ। उसने जेथरो से छुट्टी ली और अपनी पत्नी तथा बच्चों के साथ अपनी जन्मभूमि मिस्र आ गया। अपने भाई आरोन के साथ मूसा फराओ के पास पहुँचा और उसे सूचित किया कि हेब्रू लोगों के ईश्वर ने कहा है कि उसे हेब्रू लोगों को आजाद कर देना चाहिए। फराओ ने उसकी बात सुनने से इनकार कर दिया। इसलिए ईश्वर के आदेश के अनुरूप मूसा ने चमत्कारी चीजों का प्रयोग किया, जो ईश्वर ने उसे प्रदान की थीं। उसने मिस्त्र में हैजा की भयंकर बीमारी उत्पन्न की। ईश्वर की ही इच्छा थी कि मिस्रवासियों को अपने राजा की जिद और क्रूरता की कीमत चुकानी पड़ी।

इस तरह मिस्रवासियों ने अनेक बीमारियाँ सहन कीं, जैसे—नील नदी का पानी खून बन गया, लोगों को एक के बाद एक चूहों, मक्खियों इत्यादि के संक्रमणों से गुजरना पड़ा। उनके मवेशी इन बीमारियों से मारे गए। उनके शरीर पर घाव हो गए। उन पर बर्फ, टिड्डियों आदि के आक्रमण हुए। हर बार का हैजा इतना तीव्र होता था कि इससे मिस्रवासियों की मौतें होती थीं और तकलीफें बढ़ जाती थीं। लेकिन हेब्रू लोग गोशेन में सुरक्षित थे।

दसवाँ हैजा सबसे खतरनाक था। मूसा की दलील सुनने से फराओ ने इनकार किया तो नाराज ईश्वर ने अपनी ताकत और ऊर्जा को सबूत के तौर पर मिस्रवासियों के प्रथम जन्मे सभी पुत्रों को मार डालने के लिए मृत्यु के फरिश्ते को भेज दिया। एक बार फिर से इजराइलवासियों की रक्षा हुई। मृत्यु का फरिश्ता उनके घरों के ऊपर से गुजरता। अंतिम

हैजे की बीमारी ने फराओ की जिद को तोड़कर रख दिया। वह हेब्रू लोगों को शीघ्र ही चले जाने की अनुमति देने के लिए बाध्य हो गया। इस घटना को अब भी यहूदियों के द्वारा 'फीस्ट ऑफ पासओवर' (फसह का पर्व) के रूप में मनाया जाता है।

अब मूसा ने स्वयं को गैर-अनुशासित गुलामों के नेता के रूप में पाया, जो मिस्र में अपनी गुलामी की जिंदगी से भागकर 'प्रॉमिस्ड लैंड' और स्वतंत्रता की ओर जाने के लिए उत्सुक थे। यह किसी भी तरह से सरल कार्य नहीं था। उन्हें जाने देने के बाद फराओ अपनी बात से मुकर गया और अपनी सेना को उनका पीछा करने के लिए भेज दिया। भागते यहूदियों के सामने लाल सागर और पीछे फराओ की सेना थी। फिर से ईश्वर ने अपना करिश्मा दिखलाया। लाल सागर का पानी मूसा और उसके लोगों को दूसरी ओर जाने का रास्ता देने के लिए बँट गया। लेकिन जब मिस्र की सेना ने उनके पीछे आने की कोशिश की, तो पानी उन पर बाढ़ की तरह बढ़ गया और उन्हें डुबो दिया।

कई समस्याओं और कष्टों के बाद हेब्रू लोग माउंट सिनाई आए। यहाँ ईश्वर ने मूसा को पर्वत शिखर पर जाने का आदेश दिया। इन ऊँचाइयों पर वह आग के बादल के रूप में लग रहा था और मूसा को दस आदेश दिए—नैतिक सिद्धांतों की एक सूची, जो यहूदियों और ईसाइयों, दोनों के लिए पवित्र है। लेकिन सभी पवित्र आत्माओं के लिए सार्वजनिक रूप से व्यवहार्य है। ईश्वर ने मूसा को तेज आवाज में बोलकर सुनाया और उसे पत्थर की दो तख्तियाँ भी दीं, जिस पर वे उत्कीर्ण थे।

लोगों ने ये आवाजें सुनीं और पर्वत पर लपटें देखीं; उन्होंने तुरहियों की आवाज सुनी और पर्वत पर धुआँ उठते हुए देखा तथा आतंकित व भयभीत होने के कारण वे दूर खड़े हो गए और उन्होंने मूसा से बात करने की विनती की।

मूसा ने लोगों से कहा, "डरो मत, क्योंकि ईश्वर तुम्हारे लिए यह सिद्ध करने के लिए आया हुआ है, उसका डर तुम्हारे अंदर हो सकता है और तुम्हें पाप नहीं करना चाहिए।" लोगों ने एक स्वर में उत्तर दिया, "हम ईश्वर की वे सभी बातें सुनेंगे, जो उन्होंने कही हैं।"

निर्देश की तख्तियाँ लेकर उसने लोगों को पढ़कर सुनाईं और उन्होंने कहा, "ईश्वर ने जो सभी बातें कही हैं, उन्हें हम निभाएँगे, हम उसकी आज्ञा का पालन करेंगे।"

उस विशेष अवसर पर मूसा द्वारा यहूदियों पर संचारित किए गए नियम 'टेन कमांडमेंट्स' से भी ज्यादा हैं। अनेक कर्मकांडीय नियमों से हटकर यहूदियों को ईश्वर से प्रेम करने, उसके प्रति डर रखने, अपने पड़ोसियों से स्वयं की तरह प्रेम करने और अजनबियों के प्रति प्रेम व्यवहार रखने की, अर्थात् गैर-यहूदी उनके बीच उनके अपनों की तरह रह सकें, की आज्ञा दी गई।

बिदाई की दु:खभरी बात ये थी कि जब उस क्षण ईश्वर या मूसा अपने यहूदी वफादार साथियों के लिए कुछ करना चाहते थे तब तत्काल ईश्वर या मूसा की उपस्थिति प्रकट न होने के कारण वे नीतिहीन मूर्तिपूजा की ओर लौट गए। सच्चे पिता की भाँति मूसा ने यहूदियों को पाप करने पर नाराजगी जताई पर कभी उनके खिलाफ नहीं गए—यहाँ तक कि ईश्वर के ऐसा करने पर भी नहीं!

एक बार जब ईश्वर ने क्रोधित होकर ये घोषणा की कि वह यहूदियों को मिटा देगा और मूसा के साथ नए राष्ट्र का निर्माण करेगा। उसने कहा, ''फिर मुझे भी मिटा दो।''

(एक्सोडस 32:32)

'प्रॉमिस्ड लैंड' की यात्रा आसान नहीं थी। लगभग 40 वर्ष तक मूसा सिनाई के वीराने में अपने गैर-अनुशासित लोगों के साथ भटकता रहा। उस समय यहूदी उतने निष्ठावान, अनुशासित, प्रतिबद्ध और वफादार नहीं थे, जितने वे आज हैं। वे भोजन, जलवायु और प्रॉमिस्ड लैंड तक पहुँचने की धीमी चाल के विषय में शिकायत करते रहते थे। उनके व्यवहार से मूसा प्राय: क्रोधित और निराश हो जाया करते थे। एक बार उन्होंने (मूसा) उन्हें यह कहते सुना कि इस वीराने के पार जाने से तो मिस्र की गुलामी बेहतर थी।

सभी विषमताओं से लड़ते हुए बहुत सी बाधाओं को पार करते हुए, मूसा ने पहले के गुलामों के दल को एक राष्ट्र का आकार दिया, जो भविष्य में निश्चय, साहस और सब्र का पर्याय बनेगा। इस दौरान रास्ते में कई करिश्मे हुए। जब भोजन की आपूर्ति समाप्त हो गई, तो ईश्वर ने इजराइलवासियों के पोषण के लिए मन्ना (आध्यात्मिक भोजन) भेजा। जब लोगों को पानी की आवश्यकता हुई, तो ईश्वर ने मूसा से कहा एक चट्टान से पानी माँगो और उससे एक जलधारा फूट पड़ेगी। तब तक मूसा के सब्र का बाँध टूट चुका था। ईश्वर के दिशा-निर्देश यथावत् अनुसरण करने के बदले उसने अपने साथियों के साथ डंडे से चट्टान पर प्रहार किया, फलस्वरूप अंतिम दिनों के दौरान इससे विध्वंसकारी परिणाम सामने आए।

मूसा के जीवन की सर्वाधिक दु:खद घटना तब घटी, जब ईश्वर ने उसका इजराइल के प्रॉमिस्ड लैंड में प्रवेश निषेध कर दिया। जब वे प्रॉमिस्ड लैंड पहुँचे तो नेबो की ऊँचाइयों से उसने अपने पूर्वजों के लिए वचन दिए गए स्थान का सर्वेक्षण किया और कहा कि उसे उनके बच्चों को दिया जाएगा। तदुपरांत 120 वर्षीय मूसा ने मोआब की जमीन पर अंतिम साँस ली और उसे बेट पेओर के सामने दफनाया गया।

~•~

विचार मनन

मूसा का व्यक्तित्व बाइबल के 'ओल्ड टेस्टामेंट' की पहली पाँच पुस्तकों को प्रभावित करता है, जिससे यहूदियों के सर्वाधिक पवित्र ग्रंथ बने हैं और इसे 'टोरा' के रूप में पूजा जाता है। यहूदी धर्म में मूसा न केवल सर्वाधिक महत्त्वपूर्ण पैगंबर है, बल्कि उसे इस्लाम, ईसाइयत, बहाई धर्म, रास्ताफरी और कई दूसरे धर्मों का पैगंबर भी माना जाता है। वह एक महान् नेता, विधिदाता और प्राचीन इजरायलवादियों या हेब्रू लोगों का पैगंबर माना जाता था। उसे इजरायलवासियों को मिस्र में दु:खद स्थिति से बाहर निकालकर उनके अपने प्रॉमिस्ड लैंड कनान लाने के लिए चुना गया था। हम कह सकते हैं कि उसी ने हेब्रू लोगों की सच्ची पहचान स्थापित की, इजरायल की राष्ट्रीयता का मार्ग प्रशस्त किया और उन्हें 'टेन कमांडमेंट्स' प्रदान किए। और फिर भी वह 'प्रॉमिस्ड लैंड' देखने के लिए जीवित नहीं रहा।

इस व्यक्तिगत त्रासदी के बावजूद मूसा ने यहूदी लोगों पर अपने अद्वैतवाद दर्शन का प्रभाव इतनी शक्ति से डाला कि आगे आनेवाली तीन सहस्राब्दियों में यहूदी संदेश के लेखक और संदेशवाहक को लेकर कभी उलझन में नहीं पड़े। एक महान् जीवनी लेखक के उद्धरण को देखते हैं, "उसने उन्हें चुना और दैवीय उद्देश्य के लिए उन्हें पृथक् कर दिया और सर्वोत्तम नीति तथा नैतिक नियमों के लिए उनका पवित्रीकरण किया। केवल अदम्य इच्छा-शक्ति, सब्र, संवेदना, विनम्रता और बड़ी आस्थावाला व्यक्ति ही उसके ज्ञान तथा सत्ता को निरंतर चुनौती देनेवाले ऐसे झगड़ालू और चालाक गुटों को एक अस्तित्व प्रदान कर सकता था। उसके प्रेरणास्पद नेतृत्व में यहूदी एक राष्ट्र के रूप में और एक ऐसी जनता के रूप में उभर सके, जिन्होंने अपनी सहिष्णुता, सब्र और अध्यवसाय के लिए संसार की सराहना तथा सम्मान पाया।"

व्यक्तिगत स्तर पर भी अपने अद्वितीय धैर्य और सहिष्णुता से मूसा ने अपने राष्ट्र के लिए एक मिसाल पेश की। उसके अपने भाई आरोन और बहन मीरियम, उसके खिलाफ बोलते और उसके साथ ईश्वर के वार्त्तालाप पर प्रश्न-चिह्न लगाते हुए उसके खिलाफ हो गए। उन्होंने कहा, "क्या बात करने के लिए ईश्वर के लिए अकेला मूसा ही है? क्या उसने हमसे भी बात नहीं की?" (संख्याएँ 12:10-14) लेकिन ईश्वर उनके प्रश्नचिह्न लगाने, विशेष रूप से मीरियम की ईर्ष्या से नाखुश हो गया और उसे कुष्ठ रोग की सजा दे दी। लेकिन ईश्वर के ज्ञान पर

प्रश्न उठाने के भयंकर पाप से उसे मुक्त कराने और उसे स्वस्थ करने का श्रेय भी मूसा को ही जाता है। मूसा ईश्वर को पुकारता हुआ कहता है, कृपया उसे स्वस्थ कीजिए, हे ईश्वर, मैं प्रार्थना करता हूँ।' और ईश्वर ने उसकी प्रार्थना सुन ली। सात दिनों तक शिविर से बाहर रखने के बाद मीरियम स्वस्थ हो गई। इस महान् पैगंबर का ऐसा क्षमाशील और स्वास्थ्यकारी स्वभाव था, जो न केवल इजरायल के महान् नेताओं में से एक था, बल्कि एक आश्चर्यजनक मनुष्य भी था, जिसे उसके अपने लोगों का नेतृत्व करने, उन्हें शिक्षित करने और उन्हें आगे का रास्ता दिखाने के लिए ईश्वर ने चुना था।

अल्पसंख्यक दृष्टिकोण

"जो टोरा के शब्दों पर ध्यान-मनन करता है, उसे उनमें सदा नए अर्थ मिलते हैं।"

—राशि, कामेटंरी टु कैंट 5.15

यह एक गजब की कहानी है, जिसे रब्बी तुविया बोल्टन द्वारा बताया गया है— वारसा का निवासी बेबी योनातन को तीन वर्ष की उम्र में एक विलक्षण बच्चे के रूप में देखा जाता था। लोग प्रदीप्तमान इस बच्चे और उसके तीक्ष्ण दिमाग से रोमांचित और आकर्षित थे। योनातन इतना प्रसिद्ध हो गया कि उसके बारे में शीघ्र ही पोलैंड के राजा को मालूम हुआ। राजा एक जिद्दी और मिजाजी व्यक्ति था, जिसे उसकी आदतन ऊब से बचने के लिए सनसनीखेज और असामान्य अनुभवों को जानने की लालसा रहती थी। इसलिए उसने उस विलक्षण बच्चे के पिता को बुलाने के लिए संदेश भेजने की ठान ली। एक निर्धारित दिन, सुबह जल्दी पिता को अपने बच्चे को घर से बाहर सड़क पर छोड़कर उसे शाही महल जाने के लिए कहना था, जहाँ राजा उसकी अत्यधिक प्रशंसित बुद्धि का परीक्षण करने के लिए उसका इंतजार कर रहा था। राजा ने उसके पिता से व्यंग्यात्मक लहजे में कहा, "चूँकि आपका बेटा एक विलक्षण बालक के रूप में इतना प्रतिष्ठित और पोलैंड का सबसे बुद्धिमान व्यक्ति है, तो उसे महल का रास्ता जानने में कोई परेशानी नहीं होगी। मैं देखना चाहता हूँ कि वह हमारे शहर की उलझन में डाल देने वाली और तंग गलियों से होकर, बिना आपकी और उसके परिवार की मदद के, महल का रास्ता कैसे तलाशता है!"

पिता भयभीत था। वह महल से कई मील दूर शहर के बाहरी इलाके में रहता था। उसका नन्हा सा बच्चा इतनी दूर चलकर, शाही महल का रास्ता कैसे ढूँढ़ पाएगा? लेकिन उन दिनों विनम्र यहूदी, राजा के आदेशों पर कोई प्रश्नचिह्न नहीं लगा सकते थे। एक निर्धारित दिन बेबी योनातन को अच्छे सॅबथ वस्त्र पहनाकर उसके घर से बाहर सड़क पर महल का रास्ता पाने के निर्देश के साथ छोड़ दिया गया, जहाँ राजा उससे मिलने के लिए उसका इंतजार कर रहा था। उसके पिता ने उसे आशीर्वाद दिया और सभी खतरों से उसकी रक्षा करने के लिए प्रार्थना की।

योनातन खुशी-खुशी निकल पड़ा। उसे चमकदार लिबास में सड़कों पर जल्दी-जल्दी चलते हुए स्वयं और उसके गंतव्य के प्रति इतना आश्वस्त देखकर नागरिक बड़े खुश और हैरान थे। बच्चे की ओर प्रेम से देखते हुए सभी उसे सफल होने की शुभकामनाएँ दे रहे थे। कुछ देर चलने के बाद योनातन शाही महल के द्वार के बाहर खड़ा हो गया। द्वार पर खड़े हुए द्वारपालों को अपनी आँखों पर विश्वास ही नहीं हुआ।

योनातन ने उन्हें विनम्रतापूर्वक बताया, ''मुझे राजा से मिलने के लिए कहा गया है। क्या आप उन्हें बताएँगे कि उनके आदेश के अनुसार योनातन पहुँच गया है!''

नन्हे आगंतुक से मिलकर राजा की खुशी का ठिकाना न रहा। उसने सोचा, 'कम-से-कम आज मैं अपने उबाऊ मंत्रियों और दरबारियों की बातें सुनने से बच जाऊँगा।' सारा दरबार नन्हे से बच्चे को देखकर मुग्ध रह गया। वह इतना खूबसूरत, आत्मविश्वासी और सारे दरबार का अपने तरीके से जायजा लेता हुआ लग रहा था। दरबार की हलचल इतनी तेज हो गई कि राजा को सभी को शांत रहने के लिए कहना पड़ गया।

''तो मेरे नन्हे मित्र, मेरे दरबार में आपका स्वागत है,'' उसने बच्चे से कहा, ''तुमने यहाँ आने का रास्ता कैसे पाया?''

योनातन ने अपने बचकाने अंदाज में कहा, ''जब कभी भी मुझे संदेह होता था, तो मैं रुक जाता था और लोगों से दिशा की जानकारी लेता था, ताकि मैं रास्ता न भूल जाऊँ। और हाँ, ईश्वर ने भी मेरी मदद की।''

''अच्छा!'' राजा ने कहा, ''लेकिन क्या तुम्हें कभी नहीं लगा कि लोग उलटी बात करके तुम्हें दिग्भ्रमित न कर दें? उदाहरण के लिए, कोई तुमसे दाएँ मुड़ने के लिए कह देता तो कोई और सीधे जाने के लिए कह सकता था। ऐसी परिस्थितियों में तुम क्या करते?''

''बड़ा आसान है न राजन? टोरा हमें बताता है कि जब हमें अलग-अलग राय मिले, तो व्यक्ति को बहुमत का अनुसरण करना चाहिए। मैंने भी यही किया। जब दो लोग विपरीत सलाह देते थे, तो मैं तीसरे व्यक्ति से पूछता था और बहुमत के दृष्टिकोण का अनुसरण करता था।''

राजा मुस्कराया और समूचा दरबार तालियों की गड़गड़ाहट से गूँज उठा। लेकिन तभी राजा गंभीर हो गया और योनातन से कहा, ''बेटे, तुमने जो कहा है, तुम्हें स्वयं उसे सुनना चाहिए—बहुमत के दृष्टिकोण को सुनना चाहिए। यहाँ पोलैंड में हममें से अधिकतर ईसाई हैं। टोरा के कहे अनुसार क्या तुम्हें बहुमत के दृष्टिकोण का अनुसरण नहीं करना चाहिए और यहूदी धर्म को त्याग देना चाहिए?''

श्रोताओं ने तालियाँ बजाईं और इस शाही चतुराई पर खुशी व्यक्त की। जब शोर और हँसी थम गई, तो योनातन ने अपना गला साफ किया और कहा, ''राजन, मुझे क्षमा करें। मेरे ख्याल से हमें यहाँ कुछ गलतफहमी है। जब मैंने बहुमत के दृष्टिकोण का अनुसरण करने की बात कही, तो मेरा तात्पर्य अपना रास्ता पाने से था, जब मैं महल से काफी दूर था। लेकिन अब, जब मैं यहाँ हूँ और आपको अपने सामने देख रहा हूँ, तो भले ही आपके सारे दरबारी कहें कि मैं गलत जगह पर हूँ, तो मैं उनका यकीन नहीं करूँगा। इजराइल का ईश्वर हर कहीं है और मैं उनकी उपस्थिति को मानता हूँ। कोई भी स्थान उनसे खाली नहीं है। इसलिए भले ही सारा राज्य उनकी उपस्थिति को नकार दे, मैं कभी उनका यकीन नहीं करूँगा।''

बेबी योनातन आगे चलकर अपने संप्रदाय के सर्वाधिक प्रशंसित आध्यात्मिक नेताओं में से एक बन गया—जर्मनी (एलटोना, हम्बर्ग और वेंडसबेक) में तीनों समुदायों के प्रमुख रब्बी और इतिहास में इसे महान् रब्बी योनातन ऐबेस्चुट्ज के नाम से जाना गया।

***

इतिहास के दुहराए जाने के एक विचित्र मामले में रब्बी ऐबेस्चुट्ज से एक पादरी, जिसके साथ वह टहल रहा था, द्वारा वैसा ही प्रश्न पूछा गया, ''यदि आपका टोरा बहुमत का दृष्टिकोण अपनाने को कहता है, तो आप अपने अल्पमत वाले धर्म से क्यों चिपके हुए हैं?''

रब्बी ऐबेस्चुट्ज ने ऊपर आकाश की ओर देखा और कहा, ''जरा उस अनोखे ग्रहण को देखो। क्या खगोलीय नजारा है!''

पादरी ने भी आकाश की ओर देखा और कहा, ''वाकई, बिल्कुल अनोखा है।''

जल्द ही उनके आस-पास एक भीड़ इकट्ठी हो गई और सभी ने ऊपर आकाश की ओर देखते हुए कहा, ''क्या आकर्षक ग्रहण है!''

रब्बी एकदम से पादरी की ओर मुड़ा और धीरे से कहा, ''वास्तव में आज कोई ग्रहण नहीं है। और मैंने आकाश में कुछ खास नहीं देखा।''

पादरी ने उसके कान में धीरे से कहा, ''वस्तुत: मैंने भी यह नहीं देखा। लेकिन, चूँकि तुम आकाश में इतने लीन थे, तो मैं भी तुम्हारी बात काटने में परेशानी महसूस कर रहा था।''

रब्बी ने कहा, ''पादरी, आप देख रहे हैं कि आपको मालूम है और मैं भी जानता हूँ कि आज ग्रहण नहीं है। लेकिन ये लोग विश्वस्त हैं कि आज ग्रहण है। इस तरह के बहुमत दृष्टिकोण का अनुसरण करने के लिए टोरा हमें नहीं कहता।''

~•~

विचार मनन

यदि आपकी इच्छा ईश्वर दर्शन की है, तो पहला कदम ईश्वर के साथ संबंध बनाने का है। ईश्वर को बुद्धि से, ज्ञान से और शब्दों से महसूस नहीं किया जा सकता। ईश्वर को शब्दों से नहीं समझा जा सकता, हालाँकि यह सच है, ईश्वर के बारे में हम केवल भाषा के माध्यम से बात करते हैं। जब कभी कुछ दुखद होता है या हम किसी मानसिक कष्ट से गुजरते हैं, तो हम दुःख से चीख उठते हैं—''कहाँ है ईश्वर?'' यह प्रश्न इसलिए पूछा जाता है, क्योंकि हमने ईश्वर से कोई संबंध स्थापित नहीं किया है। हमें ईश्वर के साथ संबंध निर्मित करना होगा। हमें ईश्वर को जानना होगा। और ईश्वर को जानने का अनुभव बिल्कुल अपने भाई, अपनी बहन, अपने मित्र, अपने दांपत्य साथी के अनुभव जैसा ही है।''

क्या किसी को तुम्हें औपचारिक रूप से तुम्हारी माँ, पिता, भाई या बहन से परिचित कराना पड़ा है? क्या कभी आपको पारिवारिक संबंध के महत्त्व पर कोई व्याख्यान या कार्यशाला में शामिल होना पड़ा है? क्या तुम्हें अपने दंपति के साथ (पति/पत्नी) और बच्चों से संबंध बनाने के लिए कोई अध्याय पढ़ना पड़ा? ये खूबसूरत संबंध/रिश्ते आप तक स्वाभाविक रूप से जुड़े। ऐसा ही ईश्वर के साथ होना चाहिए। अपने दिन-प्रतिदिन की जिंदगी में ईश्वर को वास्तविक बनाइए। वरना आप उसे अनुभव नहीं कर सकेंगे या अपने नजदीक नहीं पा सकेंगे। लेकिन उसके साथ संबंध बनाने के लिए हमें स्वयं को समर्पित करना होगा। समर्पण का कार्य बहुत महत्त्वपूर्ण है। वह सब, जो आपके पास है, और वह सब, जो आप हैं, उसे ईश्वर को समर्पित किया जाना चाहिए। यह सोचना चाहिए और विश्वस्त होना चाहिए कि हम ईश्वर से संबंधित हैं। ऐसा करने से उसके साथ एक अटूट रिश्ता जुड़ जाएगा और ईश्वर हमारे जीवन में इतना वास्तविक हो जाएगा, जितना हमारे जीवन में सूर्य है।

अच्छे लोग कष्ट क्यों भोगते हैं?

''यदि कोई व्यक्ति स्वयं पर कष्ट आता देखे, तो उसे अपने कर्मों का सूक्ष्म परीक्षण करना चाहिए, क्योंकि कहा जाता है, 'आइए, अपना रास्ता खोजें और उसे आजमाकर ईश्वर के पास लौटें।'''

—तालमुड लैमेंट 3:40

तालमुड के ग्रंथ हमें बताते हैं कि ईश्वर से सीधे आमना-सामना होने के दौरान एक बार पैगंबर मूसा ने सृष्टिकर्ता से दर्द, कष्ट और संसार में बुराई की समस्या के विषय में पूछा। उसका प्रश्न संसार में लोगों पर, विशेषकर अच्छे लोगों पर, यूँ ही आने वाले कष्टों से संबंधित था। कवि हॉपकिंस भी अपनी एक कविता में इसे सर्वाधिक जोरदार तरीके से व्यक्त करते हैं, जिसका शाब्दिक अनुवाद है—''पापी के तौर-तरीके क्यों फलते-फूलते हैं?'' और क्यों प्रयासों के बाद भी अंत में मुझे निराशा ही मिलती है।

रब्बी लुईस जैकब्स एक तालमुड के गद्यांश (बेराखोट 7ए) का उद्धरण देता है, जिसमें मूसा ईश्वर से पूछता है कि ऐसा क्यों है कि जहाँ एक धर्मनिष्ठ व्यक्ति समृद्धि का आनंद लेता है, तो दूसरा धर्मनिष्ठ व्यक्ति विपन्नता से पीड़ित, दु:खी रहता है; ऐसा क्यों है कि एक दुष्ट व्यक्ति समृद्धि का आनंद उठाता है और दूसरा दुष्ट व्यक्ति विपन्नता भोगता है? यदि सभी धर्मनिष्ठ व्यक्ति कष्ट भोगते और सभी दुष्ट-प्रकृति के व्यक्ति समृद्ध होते तो एक तरह का सिद्धांत उभरता कि धर्मनिष्ठ धरती पर अपने पापों की सजा भोगते, जबकि दुष्ट यहाँ धरती पर पुरस्कृत किए जाते, ताकि इसके बाद उन्हें सद्चित आनंद से वंचित रखे जाने की सजा दी जा सके। इससे आम लोगों में यह विचार आ सकता है कि कष्ट और सुख, दर्द और खुशी, योग्य और अयोग्य लोगों को बहुत ही

मनमाने तरीके से प्रदान किए जाते हैं। इससे हम इस ब्रह्मांड के न्याय पर प्रश्नचिह्न लगा सकते हैं।

तनख में 'द बुक ऑफ जॉब' विशेषकर इसी बात से संबंधित है। बड़े रुचिकर ढंग से यह कहानी भगवान् और शैतान (सैटन) के बीच वार्त्तालाप से शुरू होती है। शैतान भगवान् को बताता है कि धर्मनिष्ठ जॉब एक अच्छा और पवित्र व्यक्ति मात्र इसलिए है कि वह अपने धन की प्रचुरता में सुरक्षित है। उसका धन और समृद्धि छीन लो, तो वह कृतघ्न हो जाएगा, अपने बनाने वाले को कोसेगा। भगवान् द्वारा शैतान को यह अनुमति दी जाती है कि वह जॉब को प्रतिकूलताओं के दौर में रखे। जॉब ने न केवल धन और अपने बच्चे खो दिए, बल्कि उसे भयंकर त्वचा रोग भी हो गया। शैतान की सोच के अनुसार जॉब ने भगवान् को भला-बुरा नहीं कहा, बल्कि उसे आश्चर्य इस बात का हुआ कि उसे इस तरह की सजा क्यों दी जा रही है?

मेखिल्ता (बुक ऑफ एक्सोड्स की मिद्राश) निम्न टिप्पणी करता है—"मेरे प्रति वैसा बर्ताव मत रखो, जैसा मूर्तिपूजक अपने देवताओं के प्रति रखते हैं। जब उन्हें खुशी मिलती है, तो वे अपने देवताओं का गुणगान करते हैं, लेकिन जब उन पर कष्ट आते हैं, तो वे अपने देवताओं को कोसने लगते हैं। यदि मैं तुम्हें खुशी दूँ, तो तुम्हें मेरा धन्यवाद करना चाहिए और यदि मैं तुम्हें कष्ट दूँ, तो भी तुम्हें मेरा धन्यवाद करना चाहिए।"

एक रब्बी, टोरा की शिक्षाओं पर यहूदी शिष्यों को व्याख्यान दे रहा था। उन्हें एक पंक्ति मिली, "एक सच्चा विकसित व्यक्ति वही है, जो बड़ी-से-बड़ी प्रतिकूलताओं के बीच भी लगातार मुस्कराता रहे।" इस पर छात्रों ने शिक्षक से पूछा, "यदि हम बड़ी-से-बड़ी प्रतिकूलताओं से घिर जाएँ तो उन परिस्थितियों में मुस्कराना कैसे संभव है?"

रब्बी ने उनसे कहा, "इस प्रश्न का उत्तर मैं स्वयं नहीं दे सकता, क्योंकि जब मैं किसी कठिनाई के बीच होता हूँ, तो मैं स्वयं नहीं मुस्करा सकता। मुझे तो लगता है कि मैं मुस्कराना ही भूल जाता हूँ। मैं इसका उत्तर तुम्हें कैसे दे सकता हूँ?" लेकिन इस कस्बे में रहनेवाला एक व्यक्ति है, जिसने हर तरह की प्रतिकूलताओं का सामना किया है। जब वह पैदा हुआ था, तो एक सप्ताह के अंदर वह अनाथ हो गया। उसके बाद उसका पैर टूट गया और इस तरह उसकी कठिनाइयाँ जारी रहीं। वह हर तरह की परीक्षाओं से गुजरा है और हाल ही में पक्षाघात से पीड़ित हुआ है, फिर भी वह हमेशा मुस्कराता रहता है। तुम्हें उसके पास जाकर पूछना चाहिए कि ऐसा वह कैसे कर लेता है?"

सभी शिष्य एक कतार में उसी व्यक्ति के घर पहुँचे और दरवाजा खटखटाया। दरवाजा व्हील चेयर पर बैठे हुए एक व्यक्ति ने खोला और उसने उनके आने का कारण पूछा। शिष्यों ने सारी बातें बताईं। उसने उन्हें बताया, "तुम गलत पते पर आए हो, क्योंकि मैं तो वो हूँ जिसे कोई प्रतिकूलता सहन नहीं करनी पड़ी है। मैं 73 वर्ष की उम्र का हूँ,

लेकिन इन वर्षों के दौरान मुझे एक भी कठिनाई का सामना नहीं करना पड़ा। मैं तुम्हें प्रतिकूलता में मुस्कराने का तरीका कैसे बता सकता हूँ?''

***

''अच्छे लोगों के साथ बुरी बातें क्यों होती हैं?'' एक व्यक्ति ने रब्बी आरोन मॉस को पत्र लिखकर पूछा। ''यह दुनिया इतनी गलत क्यों है?'' कृपया मुझे यह मत बतलाइए, ''हम ईश्वर के तौर-तरीके नहीं समझते।'' यह सुन-सुनकर मैं तंग आ चुका हूँ। मुझे कारण चाहिए।''

रब्बी ने जवाब दिया, ''तो क्या तुम्हें निश्चित रूप से इसका कारण चाहिए? क्या तुम सचमुच जानना चाहते हो कि बेगुनाह लोग क्यों कष्ट भोगते हैं? मुझे नहीं लगता। तुम उत्तर से ज्यादा प्रश्न में रुचि रखते हो। तुम इस बात से परेशान हो कि लोग व्यर्थ ही कष्ट भोगते हैं। कोई भी व्यक्ति, जिसमें थोड़ी भी नैतिक संवेदनशीलता है, वह हमारी दुनिया के अन्यायों से व्यथित हो जाता है। पहले गुरु अब्राहम ने ईश्वर से पूछा, ''क्या सारे संसार के न्यायाधीश को न्यायपूर्वक कार्य नहीं करना चाहिए?'' मूसा ने भी ईश्वर से पूछा, ''आपने इन लोगों के साथ बुरा बर्ताव क्यों किया?'' और आज भी हम पूछते हैं, ''क्यों, ईश्वर, क्यों?''

लेकिन यदि हमें उत्तर मिल जाए तो क्या होगा? यदि कोई आकर हमें संतुष्टिदायक उत्तर दे दे तो क्या होगा? यदि यह रहस्य अंततः हल हो जाए तो क्या हो? यदि हमारे क्यों का उत्तर मिल जाए तो क्या हो?

''यदि इस अंतिम प्रश्न का उत्तर दे दिया जाता, तो हम बेगुनाहों के कष्ट के साथ सुलह कर लेते। यह विचार किए जाने योग्य नहीं है। बेगुनाह लोगों के कष्ट भोगने से भी बदतर है, असंवेदनशील होकर उन्हें कष्ट में देखना। तब बिल्कुल यही हुआ होता, जब हम यह समझ जाते कि बेगुनाह लोग कष्ट क्यों भोगते हैं? हम उनके रोने से परेशान नहीं होते, हम उनके कष्ट को महसूस नहीं करते, क्योंकि हम समझ रहे होते कि ऐसा क्यों हो रहा है।''

इसलिए रब्बी हमें कहता है, ''आइए, यह प्रश्न करते रहें कि अच्छे लोगों के साथ बुरा क्यों होता है? लेकिन आइए, तार्किक उत्तर खोजना बंद कर दें। इसके बदले एक प्रत्युत्तर तैयार करना शुरू कर दें। अपनी इस धर्मनिष्ठ नाराजगी, चिढ़ व रोष को अच्छाई करने की ताकत बना लें। आइए, अन्याय के प्रति कुंठा और अनुचित बातों को पुनः दिशा दें और इसे उसी अन्याय तथा अनुचित बातों से लड़ने का अभियान बना दें। आइए, अपने क्रोध को हम अपना कर्म बना लें। जब हम बेगुनाह लोगों को कष्ट भोगते देखें, तो इसका एक सही उत्तर है—उनकी मदद करो। आइए, संसार के सभी अनावश्यक कष्ट और दर्द से अच्छाई के साथ लड़ें। जब और जहाँ हो सके, दर्द का शमन करें।''

~•~

विचार मनन

व्यक्तिगत कष्ट, दर्द और दु:ख से निपटने का सर्वोत्तम तरीका क्या है? कुछ व्यावहारिक सुझाव हैं—

1. हमें अपना मन कष्टों की बात से दूर ले जाना चाहिए। यदि हमारा ध्यान कष्ट पर केंद्रित रहता है, तो यह गुणोत्तर दर से बढ़ने की ओर प्रवृत्त होता है।
2. दु:ख और कष्ट के समय, हमें अपनी अच्छाइयाँ गिनने का प्रयास करना चाहिए। हमसे वे लोग, जो बहुत निराशावादी हैं और सोचते हैं कि कोई भी अच्छाई गिनाने के लिए नहीं है, उनके लिए एक सामान्य अभ्यास है। हम कागज का एक टुकड़ा लेकर उन सभी बातों को लिख सकते हैं, जिनके बिना हमारा काम नहीं चल सकता।
3. हमें स्वयं को शरीर, मन और अहंकार से अलग करना सीखना चाहिए। यह सरल नहीं है, लेकिन आत्म-साक्षात्कार की दिशा में पहला कदम है। मन ही है, जो सभी कष्ट निर्मित करता है; एक बार हम मन को लाँघ जाएँ, तो कोई कष्ट ही नहीं है—केवल शांति और खुशी है।
4. जीवन की हर दशा और परिस्थिति में हमें निरंतर ईश्वर को धन्यवाद देते रहना चाहिए। हमें इसे अपनी आदत बना लेना चाहिए कि हम ईश्वर का हर कदम पर धन्यवाद करें। भय और कुंठा, चिंता व अवसाद तथा निराशा के बीच भी, 'ईश्वर आपका धन्यवाद,' 'ईश्वर आपका धन्यवाद' ये शब्द बार-बार हमारे होठों पर आने चाहिए। हम पाएँगे कि हम शांति के आश्चर्यजनक भाव से परिपूर्ण हैं।
5. कष्ट और दु:ख से भागने का प्रयास मत करो। वे हमारे विकास के लिए आवश्यक हैं। ईश्वर चाहता है कि हम उनका सामना करें और शक्ति व ज्ञान प्राप्त करें।
6. ईश्वर की इच्छा को स्वीकार करें और अपना मन तथा हृदय ईश्वर पर लगाएँ। महसूस करें कि ईश्वर सदा हमें देखते हुए, हमारा मार्गदर्शन करते हुए, हमारी रक्षा करते हुए, हमें संरक्षण देते हुए हमारे नजदीक ही है।

अपने सोने और चाँदी की गणना करो : कहानी के अंदर एक कहानी

''एक व्यक्ति, जिसके पास उसकी टोकरी में आज की रोटी है और वह चिंतित है, कल मैं क्या खाऊँगा? वह अल्प आस्था का व्यक्ति है, रब्बी इलिजर ने घोषणा की। ईश्वर हमारे प्रयासों के पीछे खड़ा है और जैसा कि वह मैदान में कौवे को भोजन देता है, वैसे ही वह इंसान की भी पूर्ति करता है। रब्बी के शब्दों में, जिसने हर इंसान बनाया, वह उसकी जरूरतों को भी पूरा करता है।''

—द विज्डम ऑफ तालमुड

यह कहानी रब्बी श्लोमो हलबर्स्टन द्वारा एक सामुदायिक समारोह में सुनाई गई थी।

एक बार युवक चेर्नोबिल से रब्बी मोटेल से आशीर्वाद लेने आया। रब्बी मोटेल ने आगंतुक से उसकी दिनचर्या सुनाने के लिए कहा। युवक ने बताया कि वह एक दुकानदार है। वह अपना हर दिन एक स्थानीय भूस्वामी से व्यवसाय के लिए वस्तुएँ खरीदने से शुरू करता है। इसके बाद वह सुबह की प्रार्थना करता है और अपनी दुकान खोलकर सामान बेचने लगता है।

उसकी दिनचर्या सुनकर रब्बी मोटेल कुछ उदास हो गया। ''सुबह की प्रार्थना करने से पहले तुम वस्तुएँ खरीदने क्यों जाते हो?'' उसने युवक से पूछा। युवक ने बताया कि यदि वह प्रार्थना करके जाता तब या तो सारा सामान बिक गया होता या सर्वाधिक घटिया स्तर का सामान बचा रहता है। सर्वोत्तम सामान काफी पहले बिक जाता है।

''अच्छा!'' रब्बी ने कहा, ''क्या मैं तुम्हें एक कहानी सुना सकता हूँ?''

एक समय की बात है एक यहूदी शिक्षक था, जो दूर-दराज यहूदी बच्चों को खोजकर नकद भुगतान प्राप्त करने के लिए उन्हें पढ़ाने को बाध्य था। उसके सभी ग्राहक धनी नहीं थे। कुछ उसे सोने के सिक्के में भुगतान करते थे, तो कुछ उसे थोड़े से चाँदी के सिक्के दिया करते थे। और भी ज्यादा गरीब, जो उतना भी वहन नहीं कर पाते थे, वे ताँबे और गिलट के सिक्के दिया करते थे। वह शिक्षण कार्य के लिए मिले किसी भी प्रस्ताव को नहीं टालता था। साल भर वह एक शहर से दूसरे शहर यात्रा करते हुए जितना हो सकता, उतना कमा लेता। कभी-कभी वह साल भर से ज्यादा समय तक घर से दूर रहता था। जब वह दूर रहता तो उसकी पत्नी और बच्चे, जो उधार लेकर काम चलाया करते थे और उसके लौटने पर उधार के पैसे लौटा देते थे।

शिक्षक ने अपने लिए चमड़े का चौड़ा बेल्ट बनवाया था, जिसमें चार थैले लटके रहते थे—एक में सोने के सिक्के, एक में चाँदी के और बाकी ताँबे और गिलट के सिक्कों के लिए।

साल भर घूम-फिरकर वह अपनी कमाई के सिक्कों के चारों भारी थैलों के साथ लौट रहा था। घर पहुँचने के लिए उसे लंबा रास्ता तय करना था। रास्ते में सॅबाथ (Sabbath) सप्ताह का धार्मिक विश्राम दिवस जो यहूदी तथा ईसाई धर्म के लोग मनाते हैं। उसे गिरजाघर जाकर प्रार्थना में शामिल होना पड़ा। वह अच्छी तरह जानता था कि सॅबाथ में पैसा ले जाना निषिद्ध है। इसलिए उसने तय किया कि वह अपनी बेल्ट निकालकर और प्रार्थना में शामिल होने के पूर्व, पैसे को सुरक्षित कहीं गाड़ देगा।

उसने एक पेड़ के नीचे गहरा गड्ढा खोदा और जल्दी-जल्दी पैसे गिने। वह उनको गाड़ने ही वाला था, तभी उसने किसी के आने की आहट सुनी। डरकर उसने पैसा बाहर निकाल लिया और हड़बड़ाहट में एक नजदीक की सराय में चला गया, जहाँ उसने सराय मालिक को अमानत के रूप में पैसे रख दिए और प्रार्थना करने के लिए चला गया। उन दिनों बहुत से सराय मालिक सॅबाथ के अवसर पर लोगों को यह सेवा दिया करते थे। पैसे सुरक्षित सराय मालिकों की तिजोरी में रख दिए जाते थे और लोग प्रार्थना के लिए चले जाते थे।

प्रार्थना शुरू हुई, लेकिन शिक्षक चिंता के मारे अपने आप में नहीं था। उसने अपनी साल भर की कमाई एक अजनबी सराय मालिक के हाथों सौंप दी थी और जमा की गई रकम की कोई रसीद भी नहीं ली थी। वह इतना लापरवाह कैसे हो सकता था? यदि सराय मालिक कुछ सिक्के चोरी कर ले तो? वह चोरी सिद्ध कैसे कर सकता है? और यदि पैसे कम पड़ गए तो उसके बीवी-बच्चे साल भर कैसे गुजारा करेंगे? वे लेनदारों का भुगतान कैसे करेंगे? उसका ध्यान प्रार्थना से पूरी तरह भटक गया और

आँखें बंद किए हुए, उसके माथे पर बल पड़ रहे थे।

सराय मालिक एक संवेदनशील व्यक्ति था। वह समझ रहा था कि शिक्षक के मन में क्या चल रहा है 'उसे आश्वस्त करने और उसका मन प्रार्थना में लगाने के लिए वह बैग उठाकर ले गया और शिक्षक के सामने रख दिया तथा चुपचाप अपनी प्रार्थना करने चला गया।

जब वह अपनी प्रार्थना शुरू करने के पूर्व दंडवत् की मुद्रा में आ रहा था, तभी उसने देखा कि शिक्षक अपना एक थैला खोलकर हड़बड़ाहट में सोने के सिक्के गिन रहा है। फिर उसने दूसरा थैला खोला और चाँदी के सिक्के गिनने लगा, दोनों ही सिक्के पूरे थे।

सराय मालिक ने सोचा, अब निश्चित रूप से प्रार्थना के दौरान पैसे गिनने का अपवित्र काम वह नहीं करेगा। लेकिन ऐसा नहीं था। उस व्यक्ति ने अपने काँसे के सिक्के गिनना शुरू कर दिया। उसके बाद उसने गिलट के सिक्के गिने। जब सारे सिक्कों का हिसाब कर लिया गया, तब उसने प्रार्थना शुरू की।

यह देख सराय मालिक हैरान रह गया और चिढ़-सा गया। प्रार्थना के बाद जब वह शिक्षक से मिला, तब वह गुस्से में था।

उसने शिक्षक से कहा, "आपने अपने सोने और चाँदी के सिक्के गिने, आपने पाया कि वे पूरे हैं। फिर आप कैसे सोच सकते थे कि मैं आपके ताँबे और गिलट के सिक्के चोरी करूँगा? क्या सोने और चाँदी के सिक्के ज्यादा मूल्यवान नहीं हैं? जब आपने यह देख लिया कि मैंने उन्हें नहीं छुआ था, तब भी आपको शक था कि मैंने आपके तुच्छ ताँबे और गिलट के सिक्के चोरी किए होंगे? क्या यह सोच हास्यास्पद नहीं है?"

रब्बी मोटेल ने अपनी कहानी समाप्त की और चेर्नोबिल के युवक से यह प्रश्न पूछा, "हर दिन सुबह जब तुम सोकर उठते हो, तुम जान जाते हो कि तुम अब भी जीवित हो और ईश्वर ने तुम्हारी आत्मा, तुम्हारा शरीर, तुम्हारा दिमाग और तुम्हारा जीवन और अंग-प्रत्यंग भी तुम्हें वापस कर दिए हैं। ये सोने और चाँदी के सिक्कों के समतुल्य हैं। तुम ऐसी कल्पना क्यों करते हो कि वह तुमसे तुम्हारे ताँबे और गिलट के सिक्के (वह सामान, जो तुम बेचने के लिए खरीदना चाहते हो) छीन लेगा?"

उस युवक ने शर्म से सिर झुका लिया।

रब्बी ने कहा, "तुम्हें ईश्वर में अटूट विश्वास कायम करना चाहिए कि जिसने तुम्हारा जीवन लौटा दिया, वह तुम्हारे जीवन के गुजारे की भी व्यवस्था करेगा। मेरा सुझाव है कि सुबह की प्रार्थना के पहले तुम सामान खरीदने मत निकलो।"

~•~

विचार मनन

दिन की शुरुआत ईश्वर के साथ करो। सुबह उठकर जो काम हम करते हैं, उससे सारा दिन प्रभावित होता है। क्या यह सही नहीं है कि हमें दिन की शुरुआत ठीक तरीके से करनी चाहिए? हर दिन सुबह जब तुम जागते हो, तो तुम्हारे सामने एक विकल्प है—तुम आशावादिता, आस्था, सकारात्मक सोच और सही दृष्टिकोण का चुनाव कर सकते हो या तुम निराशावाद, पराजय, नकारात्मक सोच और निराशा चुन सकते हो। तुम क्या चुनना चाहोगे? दिन की शुरुआत अच्छी करो और ईश्वर शेष दिन ख्याल करेगा।

हर दिन जब तुम सोकर उठते हो, तो तुम्हारे होठों पर प्रार्थना रहनी चाहिए, एक साधारण प्रार्थना। ईश्वर से जो प्रार्थना मैं करता हूँ, वह मैं तुम्हें बता दूँ—"हे ईश्वर, यह नया दिन मुझे आपके बेदाग हाथों से उपहारस्वरूप प्राप्त हुआ है। आपने रात भर मेरा ध्यान रखा और मुझे यकीन है कि सारा दिन आप मेरा ध्यान रखोगे। हे ईश्वर! आपकी जय-जयकार हो। आपका नाम धन्य हो, आपका नाम धन्य हो, आपका नाम धन्य हो।"

आप चाहें तो इस प्रार्थना को अपने तरीके से शब्द दे दें। लेकिन ध्यान रहे कि आप अपने दिन की शुरुआत ईश्वर को याद करके करें। छोटी-मोटी समस्याओं के पीछे हड़बड़ाना और चिंता करना छोड़ दें। स्वयं और दूसरों पर ध्यान देने की जिम्मेदारी ईश्वर पर छोड़ दें। वह स्वयमेव हमें हमारी चिंताओं से मुक्त कर देगा तथा हमारी चिंता और समस्याओं का ध्यान रखेगा।

'श्री सुखमनी साहिब' नामक सिख ग्रंथ में एक खूबसूरत पंक्ति है, जिस पर ध्यान करना मुझे पसंद है—"अवर त्याग तू तिसै चितार"... हर चीज छोड़ दो, हर चीज फेंक दो, किसी बात की चिंता मत करो, बल्कि उस पर ध्यान लगाओ। अर्थात् उस पर एकाग्र होओ, उसके बारे में सोचो, अपने सारे कार्य उसे समर्पित करो। "अवर त्याग तू तिसै चितार"... यदि आप उसे सोचने की इच्छा रखते हैं, तो आपको अपना मन दूसरी चीजों से रिक्त करना पड़ेगा। जब तक आप चिंताओं को मन में पकड़े बैठे हैं, जब तक आपका मन खाली नहीं है, तब तक आप उसके बारे में नहीं सोच सकते—और आपको शांति नहीं मिलेगी। इसलिए अपने मन को चिंता और व्यग्रता से मुक्त कीजिए।

हम अपने मन और हृदय पर भारी बोझ क्यों ढोएँ, जब हम आसानी से

अपना बोझ उसके चरणों में रख सकते हैं, जो कि संसार भर के बोझ को वहन करने के लिए बहुत शक्तिशाली है? इसलिए अपना मन सभी चिंताओं और व्यग्रताओं से खाली कर लो। अपने बोझ उसके चरणों पर डाल दो और वह तुम्हें जीवन की चुनौतियों का सामना करने के लिए शांति, साहस और विश्वास प्रदान करेगा।